U0573432

全国教育科学"十三五"规划2019年度教育部重点课题《基于深度学习的高中数学概念教学研究》（DHA190444）研究成果

概念

深度学习数学的钥匙

白福宗 ◎ 著

光明日报出版社

图书在版编目（CIP）数据

概念：深度学习数学的钥匙 / 白福宗著. -- 北京：

光明日报出版社，2024.6. -- ISBN 978 - 7 - 5194 - 8020 - 2

Ⅰ. G633.602

中国国家版本馆 CIP 数据核字第 2024QN0134 号

概念：深度学习数学的钥匙

GAINIAN：SHENDU XUEXI SHUXUE DE YAOSHI

著　　者：白福宗

责任编辑：刘兴华　　　　　　　责任校对：宋　悦　李学敏

封面设计：中联华文　　　　　　责任印制：曹　诤

出版发行：光明日报出版社

地　　址：北京市西城区永安路 106 号，100050

电　　话：010-63169890（咨询），010-63131930（邮购）

传　　真：010-63131930

网　　址：http://book.gmw.cn

E - mail：gmrbcbs@gmw.cn

法律顾问：北京市兰台律师事务所龚柳方律师

印　　刷：三河市华东印刷有限公司

装　　订：三河市华东印刷有限公司

本书如有破损、缺页、装订错误，请与本社联系调换，电话：010-63131930

开　　本：170mm×240mm

字　　数：338 千字　　　　　　印　　张：19

版　　次：2024 年 6 月第 1 版　　印　　次：2024 年 6 月第 1 次印刷

书　　号：ISBN 978 - 7 - 5194 - 8020 - 2

定　　价：98.00 元

序　言

我认识白福宗老师，是在教育部首期名师领航工程"赵祥枝名师工作室"的揭牌仪式上。白老师幽默风趣、热情洋溢，与他交流，我能感受到他对教育的热爱，对数学和数学课程标准有着自己的认识和理解。

白老师主持了全国教育规划"十三五"教育部重点课题《基于深度学习的高中数学概念教学研究》，这本书就是他集近 30 年的教学经验，深入研究数学概念教学而成的。从教学实践出发，他研究概念教学在数学教学中的地位与作用，然后回归教学实践，逐渐形成行之有效的教学方法，取得了预期的教学效果。因此，这本书值得一读。

与初中的数学概念相比，高中数学概念更加抽象，学生不易理解，如果把握不好这个变化，不能实施恰当的教学方法，学生就会失去学习数学的兴趣，甚至会影响学生整个高中时期的数学学习。大概就是基于这样的理由，开篇初始，作者就从高中数学教学存在的问题出发，对数学概念教学的现状进行分析，指出问题之所在；然后，通过数学概念与数学本质的关联，强调数学概念教学的重要性，同时指明传统教学方法的弊病。对于高中阶段的数学教育，数学概念教学不应当单纯追求形式化、符号化，而应当创设合适的情境，提出合适的问题，让学生在情境中，在问题解决的过程中，感悟如何用数学的眼光观察、如何用数学的思维思考、如何用数学的语言表达，逐渐理解数学概念形成的必要性，让学生体会数学概念所蕴含的严谨与生动，让学生在这样的学习过程中感受数学的意义和学习的乐趣。

第二章，作者提出通过深度学习进一步加强数学概念教学。深度学习原本是机器学习的术语，是指通过样本数据的规律与层次获得有效信息，最终形成知识的学习，使得计算机能够在学习的过程中获得学习能力，是当代统计学一个重要的研究方向。作者把这个术语用到教育教学中，大概是为了更加强调学习的过程，引导学生通过教师设计的问题链深入思考，逐渐积累思维的经验，在学习的过程中学会学习。我们可以看到，这与我国数学教育提出的"四基"

"四能"的课程目标是一致的，因为"四基"就包括帮助学生积累基于数学基本思想的基本思维经验。会想问题、会做事情是经验的积累，这是教育教学的基本宗旨，数学概念教学的本质也在于此。于是，正如作者所总结的那样，真正地基于深度学习的高中数学概念教学是具有思维深度的有效教学活动。

第三章，作者在基于深度学习的数学概念教学的基础上，提出相应的教学策略。研究概念产生的背景，创设合适的教学情境；分析概念的数学本质，提出合适的问题；通过自然语言述说概念的含义，分析数学语言表达概念的逻辑。在这个基础上，作者通过恰到好处的例子，包括生活的、科学的，也包括数学的，实现概念的迁移与拓展。在这样的过程中，教师赋予学生数学概念学习的沉浸式体验，激发学生数学学习的积极性，提升数学学习的兴趣。

最后一章，作者通过经典的教学案例，呈现了充满活力的概念教学的数学课堂，这或许是这本书最吸引读者的地方。

总而言之，这是一本很好的教学参考书，是作者长期高中数学教学的经验积累和教育智慧的凝练，可以引发读者教学和理论的反思，也为读者提供值得借鉴的教育理念和教学案例。因此，这本书不仅对广大中学数学教师和教研员开篇有益，还适于研究数学教育的学者和研究生阅读。

史宁中

2023 年 9 月

（史宁中，教授，博士生导师，东北师范大学原校长，《国家中小学数学课程标准》修订组组长，全国教书育人楷模。）

序

"数学根本上是玩概念的，不是玩技巧，技巧不足道也。"这是李邦河院士关于数学学习的一句名言，它充分说明了概念在数学学习中的重要地位。然而，令人遗憾的是，在我省的数学教学中，教师长期存在"轻概念"的现象。在概念教学中，教师往往是"一个定义，三项注意，几个例题，大量练习"，既不讲概念产生的背景，也不经历概念的抽象、概括过程，仅从"逻辑意义"列举"概念要素"和"注意事项"，然后通过大量的例题教学替代概念的抽象、概括过程，认为"应用概念的过程就是理解概念的过程"，忽视了"概念所反映的数学思想方法"，缺乏概念要素之间关系的分析，导致学生难以对概念的实质性的深度进行理解，无法形成相应的"心理意义"。这样的概念教学，因为缺乏数学思想方法作为纽带，概念之间的关系无法被学生深刻认识，概念的联系也难以建立，导致学生的数学认知结构缺乏整体性，学生得到的数学概念的可利用性、可辨别性和稳定性就可想而知了。同时，这样的概念教学，也因为学生没有经历从具体事例中抽象共同属性并概括到同类事物中去的过程，也使学生在概念理解上先天不足，没有理解的应用是盲目的应用，其结果只能是"事倍功半"。不仅如此，这样的概念教学还会导致概念的"功能僵化"，学生在独立面对新问题时无法做到"透过现象看本质"，难以实现概念的正确、有效应用，数学教学质量、效益都无法得到应有的保障。因此，合理地改善概念教学，让学生深切理解数学概念的内涵、切实把握概念的本质，就成为提高我省数学教学质量的当务之急。

白福宗老师先后任教于厦门十中、北京师范大学厦门海沧附属学校、福建省厦门双十中学，多次参加厦门市、福建省的高三质量检测命题，还担任过命题组组长。在经历各级不同生源基础的学校的长期一线教学实践及参与各级教研活动中，他目睹了概念教学存在的种种弊端给学生理解、掌握数学造成的学习障碍，深切体会到改进数学概念教学对提高数学教学质量的重要性。他持续开展概念教学的研究与实践，积累了丰富的教学经验，取得了一系列骄人的教书育人成绩，受到学生、同行及各级领导的一致认可，一步步从普通中学走进福建省顶尖的示范性高中，也一步步从新教师成长为厦门市优秀教师、厦门市专家型教师，并被聘为福建教育学院兼职副教授，东北师范大学、集美大学硕士研究生校外导师等。为进一步梳理、提炼经验，并发挥其应有的辐射作用，白老师带领他的团队申请了全国教育规划办公室"十三五"规划教育部重点课题《基于深度学习的高中数学概念教学研究》及多个省市相关课题，对数学概念的教学进行了梳理，并进一步深入研究，深化了原有的经验，取得了丰硕成果。本书就是这一研究的主要成果之一。

　　本书直面高中数学教学中存在的实际问题，从深入分析数学概念教学的现状入手，剖析了深度学习的内涵、特征与维度，提出了"通过问题驱动实现有深度的概念教学，这是达成数学深度学习的钥匙，也是走向核心素养的途径，是核心素养落地课堂的关键"的教学主张，凝练了"深析概念背景，创设情境导入策略；深究概念本质，整体认识来龙去脉；深剖概念生成，认识结构初见雏形；深探概念内涵，巧设问题引领探究；深思概念迁移，重视外延拓展应用"等5条深度学习数学概念的教学策略，并就函数、三角、数列、立体几何、解析几何、统计与概率等多个不同的数学板块给出了基于深度学习的概念教学设计案例。这些策略是在丰富的教学实践的基础上提出的，既有实践案例的支撑，又有一定的理论高度，是基于教学实践的理论概括与升华，具有很强的可操作性，因而对"数学概念"的教学乃至整个数学教学都具有很好的指导意义。

　　作为白福宗老师的老朋友，我全程参与了他这些课题的开题论证、中期评估及正在准备的结题汇报，全程见证了其一系列观点的形成与凝练的过程。这一次，白老师把它们整理成书，我惊喜地发现，白老师对"数学概念"教学的认识又有了进一步的深化，不仅更加系统、深刻，而且增加了具体案例进行支撑，其关于深度学习数学概念的教学策略也更加鲜活，更具指导意义。总之，无论是白福宗老师的成长过程还是他的作品，都给了我很大的启示，我想，他一定也会给读者朋友带来很多启迪。

　　是为序。

陈中峰

2023 年 9 月

（陈中峰，正高级教师，特级教师，"苏步青数学教育奖"的获得者，福建省普通教育研究室高中数学教研员。）

前　言

《普通高中数学课程标准（2017 年版 2020 年修订）》指出在数学教学过程中，要发展学生的数学抽象、逻辑推理、数学建模、直观想象、数学运算和数据分析等数学核心素养，让学生学会用数学眼光观察世界，用数学思维思考世界，用数学语言表达世界。数学教学要通过反映数量关系与空间形式等本质属性的数学概念，加强对数学知识和思想的理解、掌握和应用，其教学关键点在于教会学生有意识地用数学思想和方法去思考、分析和解决问题。显然，课程标准强调了概念教学对培育学生数学核心素养的重要价值。

史宁中先生在《数学基本思想 18 讲》中指出，抽象就是从许多事物中舍弃个别的、非本质属性，得到共同的、本质属性的思维过程，是形成概念的必要手段。我们不应该沉迷于符号的世界中，即概念靠记忆、计算靠程式、证明靠形式。我们应该理解数学的本质，创设合适的教学情境，让学生在情境中理解概念和法则，体悟生成过程，感悟问题的本源和数学意义。

数学的高度抽象导致数学难学难教，其根源在于数学概念和数学本质的学习和理解不到位。相较于初中的数学概念，高中数学的集合、函数、导数等代数概念和椭圆、双曲线、抛物线等几何概念更加抽象，学生更不容易理解。即使意识到这一点，部分教师对概念教学依然没有给予足够的重视，用"一个定义，三项注意"简化概念教学的现象普遍存在，以至于学生觉得学习数学概念枯燥、乏味，甚至由此而失去对数学学习的兴趣。因此，我们有必要对当前的数学概念教学重新审视，寻求提升概念教学质量的有效策略。

教师的概念教学若少了生成、抽象、概括等过程，必然导致学生在概念理解上的先天不足，在概念应用上的盲目机械。如何能真正做到深度理解定义、还原抽象过程、提炼概念本质呢？如何通过概念教学深挖数学的育人价值呢？如何依托概念教学提升学生的数学核心素养呢？概念教学唯有充分落实基础知识、技能、思想、活动经验这"四基"，充分培育从数学角度发现、提出、分析、解决问题这"四能"，方能促进学生数学核心素养的提升与发展。落实的关键在于教师通过自身对概念的深度理解，融合有效教学模式进行深度教学，实现学生深度思考，深刻理解概念，提升抽象、推理、建模等核心素养，反过来，由学生的深度学习，反哺教师，促使教师不断地优化教学理念，帮助教师专业化成长。

深度学习引入教育领域主要指在教师引领下，学生基于理解，围绕着具有挑战性的内容，全身心积极参与，体验成功，获得发展，这是有意义的学习过程。学生以高阶思维的发展和实际问题的解决为目标，以整合的知识为内容，积极主动地、批判地学习新的知识和思想，并将它们融入原有的认知结构中，且能将已有的知识迁移到新的情境中。深度学习应该在教师深度理解高中数学概念后，对学什么、怎么学的问题进行重新整合，再通过深度教学，激发学生学习的积极性和主动性，学生由此开展深度学习，从而提升其核心素养。

真正的数学概念的深度学习一定是对问题的一次次自我追问与深度思考，是越来越接近问题本质的学习过程，一定是具有思维深度的。这就意味着以深度学习来促进核心素养的培育，要真正从学生的角度去理解深度学习，这样才能为核心素养及其培育奠定良好的基础。基于这一思考出发，我们在高中数学概念教学中尝试进行科学的深度教学、深度学习，并在其基础上寻找核心素养培育的途径。为此，作者申请了全国教育规划办公室"十三五"规划教育部重点课题《基于深度学习的高中数学概念教学研究》（课题批准号：DHA190444）和多个省市级课题就此进行深入研究，并取得了丰硕成果。

作者从高中数学教学中存在的问题出发，对数学概念教学进行现状分析，看清问题，提出深度学习数学概念教学，通过对深度学习的内涵、特征与维度进行了解从而知道其概念的本源，通过问题驱动寻求其数学概念教学的深度学习之道，达到学教研评促进学生核心素养的提升。在此基础上，作者提出深度学习数学概念的教学策略：深析概念背景，创设情境导入策略，深究概念本质，整体认识来龙去脉，深剖概念生成，认识结构初见雏形，深探概念内涵，巧设问题引领探究，深思概念迁移，重视外延拓展应用。最后，作者通过多篇经典独到的教学设计案例，实现深度理解学科知识，努力体现学科本质，有效促进理性思维、批判性思维和科学精神的形成。

作者认为，数学概念以及概念教学是达成数学"深度学习"的"钥匙"，也是走向核心素养的途径，是核心素养落地课堂的关键。作者在实践的基础上通过理论学习与深入反思，对数学深度学习有更深的理解，并通过教学设计的形式呈现充满活力、深度学习的课堂，充分展示数学之美，这也将是本书最吸引读者的地方。

　　本书对一线中学数学教师、数学教育工作者、数学教育专业的大学生、数学爱好者等有较强的教学实践意义和参考价值。我们希望同行们重视概念教学，选取适宜的教学策略，透彻理解概念引入的必要性、导入的科学性、生成的自然性、拓展的层次性、理解的深刻性、应用的广泛性，以此促进数学教学质量、学生数学能力以及核心素养的发展和提升。

　　本书力求数学关键能力的培育和核心素养的落地，提供理论研究和实践经验上的借鉴与参考，但由于作者认知水平、理论水平有限，不足之处希望能得到教育界同仁的指正。

2023 年 9 月

目 录
CONTENTS

第一章

数学概念教学及其现状分析

第一节　追溯根源　感悟历史长河中数学之美

灵魂三拷问："我是谁？我来自何方？我去向何处？"这让无数人为之痴迷和困惑。同样，"数学是什么？为什么学数学？怎样学数学？"这些问题也一直困扰着学生、老师和数学爱好者。几千年的数学大世界宛如一只万花筒，不管从哪个角度看都五彩缤纷，让我们赞叹不已，同时也让我们捉摸不透。

本节将简单认识一下数学的"定义"、数学的基本特征、数学蕴含的美、数学学习的重要性等。

一、数学的"定义"

定义是指对于一个概念的内涵和外延，或对一种事物的本质特征简要而确切的说明。在生活中，我们要准确地把握一个事物并掌握其规律，且要运用规律解决问题。这就需要感官去感知、摄影、复写、认识事物，通过思维去理解、修正认识，用实践去检验认识，并逐渐把握事物的本质特征。

然而，事物犹如河岸上的沙子、宇宙中的星球一样不可数，这就需要分而治之，以"类"划分。"类"，拥有共同的特点，可以称之为大概念。我们再对大概念逐步添加特征，加以细化，划分成较小的概念，以此类推。因此，我们可以将下定义看作我们认识事物的一种策略、手段和方法。加以区分后具有某些相同特质的一类事物，我们称之为一个定义。

我们在探索数学王国的过程中，也需要将数学中有相同特质的一类事物与其他加以区别，也就是在数学领域里下定义。

（一）历史上的"他们"谈数学

《普通高中数学课程标准（2017 年版 2020 年修订）》（后文简称《课程标

准》）指出，数学是研究空间形式和数量关系的科学，是刻画自然、社会规律的科学语言和有效工具。数学是自然、科学技术等领域的基础，并在人文、社会、经济的发展中发挥着巨大的作用。数学与计算机科学、经济学、物理学、化学、生物学等学科有机结合，为社会创造了巨大的价值，并大力推动着社会生产力的发展。更重要的是，数学在培养科学精神、提升理性思维、促进个人智力发展方面都发挥着不可替代的、独特的作用，数学素质是公民所必须具备的一种基本素质，同时数学所蕴含的文化是人类文明的重要组成部分。

但是，数学到底是什么？我们怎样来描述数学的"定义"？我们先看看历史上人们是如何为数学下定义的吧。

黑格尔（G. W. F. Hegel）说，"数学是上帝描述自然的符号"。柏拉图（Plato）说，"数学是一切知识中的最高形式"。高斯（Gauss）说，"数学是科学之王"。伽利略（Galileo di Vincenzo Bonaulti de Galilei）说，"自然界的书是用数学的语言写成的"。欧几里得（Ευκλειδης）说，"几何无王者之道"。康托尔（Cantor）说，"数学的本质在于它的自由"。这些描述主要从数学精神上诠释了数学定义。①

布尔巴基学（School of Bourbaki）说，"数学是研究抽象结构的理论"。笛卡尔（René Descartes）说，"数学不仅是知识的工具，也是其他知识的源泉"。毕达哥拉斯（Pythagoras）说"万物皆数"。祖冲之说，"迟序之数，非出神圣，有形可检，有数可推"。这些定义主要说明了数学研究的对象。②

华罗庚说，"宇宙之大，粒子之微，火箭之速，化工之巧，地球之变，生物之谜，日用之繁，无处不用数学"。莫里斯·克莱因（Morris Kline）说，"音乐能激发或抚慰人的情感，绘画使人赏心悦目，诗歌能动人心弦，哲学使人获得智慧，科学可改善物质生活，但数学能给予以上的一切"。这些说法主要从功能的角度对数学加以解释。③

更有意思的是，伯特兰·罗素（Bertrand Russell）在他所著的《数理哲学》中提出的定义，真叫人莫名其妙，"Mathematics is the subject in which we never know what we are talking about nor whether what we are saying is true"，翻译过来的话

① 克莱因. 古今数学思想：第一册 [M]. 张理京，张锦炎，江泽涵，等译. 上海：上海科学技术出版社，2014.
② 克莱因. 古今数学思想：第一册 [M]. 张理京，张锦炎，江泽涵，等译. 上海：上海科学技术出版社，2014.
③ 张景中. 感受小学数学思想的力量：写给小学数学教师们 [J]. 人民教育，2007 (18)：32-35.

就是：数学是这样一回事儿，研究他这种玩意儿的人也不知道自己究竟在干什么。

（二）近代数学哲学"定义"的三个主要学派

近代数学定义的三个主要学派，被称为逻辑学家、直觉主义者和形式主义者。每个学派都反映了不同的数学哲学思想，但都没有被普遍接受，其自身哲学逻辑都有严重的问题。

逻辑主义的开创者包括戈特洛布·弗雷格（Friedrich Ludwig Gottlob Frege）、伯特兰·罗素和诺夫·怀海德（North Whitehead）等人，其早期定义是本杰明·皮尔斯（Benjamin Peirce）在公元 1870 年提出的"数学是得出必要结论的科学"。① 罗素和怀海德所著的《数学原理》（*Principia Mathematica*），提出了被称为逻辑主义的哲学程序，数学陈述、数学概念和数学原则都是用符号逻辑来定义并试图证明的。"所有数学是符号逻辑"，该主张认为数学的定理可由逻辑原理推理出来。例如，直线、函数等数学对象不过是概念、性质、类等逻辑概念的组合。今天，逻辑主义已经有了新的发展，也就是新逻辑主义，支持者包括克里斯平·赖特（Crispin Wright），鲍勃·哈勒（Bob Hale）等。他们的主张主要是数学是先天可知的，且可由分析的规则推导而出；数学存在于关于对象的理想王国中，并独立于人类的心灵。这是典型的真值实在论和本体论。数学是如何被认识的呢？数学是通过我们使用数学语言时表达的意思的知识，也就是通过语言的方式被认识的。

直觉主义者的典型代表人物荷兰数学家布劳威尔（Brouwer），他认为，只有直觉的构造才能作为数学的基础。他认为庞加莱（Poincaré）等数学家主张的直觉主义仅仅强调数学的存在性，这并不能消除逻辑主义者的悖论，他认为数学以自明的原始概念到原初直觉，再到构造数学对象，先于语言、逻辑和经验。直觉决定概念的可接受性和正确性，通过直觉嵌入人们头脑的是数学概念。直观主义拒绝根据其他定义法确定有效的一些数学思想，直觉主义只允许可以实际构建的数学对象。布劳威尔指出，逻辑是从数学派生出来的，其本原是数学上的直觉，而这种直觉来自时间，数学最基础的直觉就是抛弃了一切内容的数学抽象。② 直觉主义的核心在于对排中律的拒绝。传统的直觉主义者是观念论和反实在论者，他们认为数学的语言和逻辑都是非本质性的，数学是一种精神活动，是一种进行中的构造活动。

---

① 克莱因. 古今数学思想：第一册［M］. 张理京，张锦炎，江泽涵，等译. 上海：上海科学技术出版社，2014.

② 克莱因. 古今数学思想：第一册［M］. 张理京，张锦炎，江泽涵，等译. 上海：上海科学技术出版社，2014.

　　形式主义者的典型代表人物哈斯凯尔·加里（Haskell Curry）将数学简单地定义为"正式系统的科学——用其符号和操作规则来确定数学"。① 正式系统是一组令牌、符号、规则。在正式系统中，公理不需要使用系统的规则导出，公理是正式系统的令牌的组合。他们认为数学的本质就是对符号的操作，所谓数学实际上是字符列表（至于这些符号是什么，则不属于数学）和一系列被允许的操作规则，所谓数学证明或运算就像是用这些符号进行某种游戏。数学可以是关于实在的数学对象，或与任何东西无关，这样数学的本体论问题和数学实践就进行了分离。德国著名数学家戴维·希尔伯特（David Hilbert）是一个著名的形式主义支持者，他认为所谓数学概念不过是满足相应公理的词项。"终有一天，我们能够用桌子、椅子、啤酒杯代替点、直线和平面。"② 希尔伯特在这句名言中表明他认为"点、线、面"究竟是什么根本是无关紧要的，例如有"两个点确定一条直线"这样的公理就行，形式主义者认为数学是无意义的。形式主义是一种典型的唯名论立场，它一直没有充分解释为什么数学是可用的，一些批评家认为数学不仅仅是符号操作，形式主义遗漏了数学的内在意义，而这对数学是极其重要的。

　　准确一点说，传统的三大主义争论的核心问题是，在规范性意义上，数学是什么、应该是什么、能是什么。其争论的重点是，在数学实践中什么是合法的，比如直觉主义拒绝排中律，而形式主义者认为数学陈述的意义和数学推理无关等。究其原因，这些问题与那个时代是息息相关的。集合论、维尔斯特拉斯（Weierstrass）函数、非欧几何之类的出现，导致数学家意识到数学需要更高程度的严格化和形式化，从而三大主义乃至更多数学流派随之出现。时至今日，希尔伯特的形式主义并没有回答数学为什么是可用的，数学哲学并未就数学基础问题的回答达成共识，只是传统三大主义的争论焦点不再是数学哲学争论的中心问题，对数学基础的追寻早已不再是数学家关注的重点。

　　当然，近代数学还有一些学派。譬如，自然主义者认为数学不是先天知识，而是经验知识。数学哲学之于数学仅仅具有描述性作用，数学的合法性地位来自科学或数学又或二者皆有。结构主义认为数学是现实世界中的系统结构的例示，数学对象的存在必须依赖包含它的结构，数学是关于结构的学科。虽然结构主义者都认可数学的真值实在论，但在本体论问题上，一些结构主义者是唯

---

① 克莱因. 古今数学思想：第一册［M］. 张理京，张锦炎，江泽涵，等译. 上海：上海科学技术出版社，2014.

② 克莱因. 古今数学思想：第一册［M］. 张理京，张锦炎，江泽涵，等译. 上海：上海科学技术出版社，2014.

名论者，另一些则是柏拉图主义者，他们之间还有较大的分歧。虚构主义者认为数学对象是不存在的，虚构主义说明科学是如何在没有数学的条件下成立的。

这么多学派产生的原因，一方面是如今的数学语言是高度抽象公理化的，看上去与现实世界没有直接关系；另一方面是作为人类，我们对一些简单的数学概念有着一种直观，这种直观可能是错的或不精确的。这也可以认为是"世界、语言和心灵"与数学之间的关系。

（三）我们也来给数学下"定义"

数学定义应该是对数学发展的概括和总结。18 世纪及之前，数学的主流定义是亚里士多德（Aristotle）的"数量数学"。从 19 世纪开始，数学研究的分支越来越多且领域越来越广泛，开始涉及投影几何和群论等与数量和量度无明确关系的抽象主题，数学家和哲学家也开始提出各种新的数学定义。一些定义强调了数学的抽象性质，一些定义强调了数学的演绎性质，一些定义强调数学的其他属性。即使在专业的数学家那里，他们对数学的定义也没有达成共识。数学是否是艺术或科学，数学家甚至没有一致的意见。许多专业数学家认为"数学是数学家做的"。他们对数学的定义不感兴趣，或者认为它是不可定义的。有些只是说，恩格斯（Engels）在《反杜林论》中，将数学定义为："纯数学的研究对象是客观世界的空间形式与数量关系。"[①] 这在客观上完整地概括了这一时期数学的对象和本质，因而被誉为"经典定义"。恩格斯的这个定义是 19 世纪提出来的，随着 20 世纪数学的发展，很多东西用这个定义概括不了。这也说明任何定义都必然具有其阶段性与局限性，不存在适合任何时期的、亘古不变的数学定义。

《课程标准》明确指出，数学研究的对象是数量关系和空间形式。数学的哲学基础是源于对现实世界的抽象，基于抽象结构，通过符号运算进行形式推理，得到模型建构等，数学解决的问题是认识、理解和表达现实世界中事物的本质、关系和规律。数学的社会性体现在数学与人类生活和社会发展的紧密关联中，数学是运算和推理的工具，也是表达和交流的语言，数学承载着思想和文化，是人类文明的重要组成部分。数学的地位体现在数学与数学素养在形成人的理性思维、科学精神和促进个人智力发展的过程中，并发挥着不可替代的作用。数学是自然科学的重要基础，已渗透在社会及人们日常生活的各个方面，数学直接为社会创造价值，推动社会生产力的发展。

---

① 布兰思福特. 人是如何学习的［M］. 程可拉，孙亚玲，王旭卿译. 上海：华东师范大学出版社，2013.

通过我们不断地追问和反思，我们发现数学定义并不是某个人所决定的，它是由所下定义的这一类事物的本质特征所决定的，给它下定义的数学家，只不过是从某个角度加以阐释。我们姑且这样给数学（或者说中学数学）下定义：数学是研究数量、结构、变化以及空间模型等概念及其关系的一门学科，透过抽象化和逻辑推理的使用，在对计数、计算、量度和对物体形状及运动的观察中产生，是由数学家拓展这些概念，为公式化提供新的猜想，以及从合适选定的公理及定义中建立起来，并严谨推导出的真理。

当然，数学到底是什么，怎么定义，真的那么重要吗？我们只要知道数学研究的对象是数与形，并且明白数学知识、方法和思想、教育功能都很重要，数学是思维训练的体操就可以了，其他的就留给数学家和哲学家去讨论吧！

二、数学的基本特征

人们如果看待事物的角度不同，那么把握事物本质特征的角度也不同，因此可能会出现同一类事物，有多种定义的现象。这只不过是他们看待问题的角度不同罢了。我们需要从不同的角度来研究数学，下面我们主要从数学的基本特征、数学的基本思想、数学蕴含的美出发来初步认识数学。

（一）数学的基本特征

1. 数学的高度抽象性

在数学中，人们把一组具有相似特征的事物称为集合，并用如 A、B、Q、R、Z……的符号来表示，而不必依赖实际的对象或经验，这个过程就是所谓的抽象。在数学的学习过程中，我们早就体会、体验过数学的抽象过程。譬如，自然数 1、2、3……本身就是一个抽象的概念，可能就是从一个苹果、两杯牛奶、三个人等抽象出来，这些自然数仅仅只是为计数的需要而产生。几何中的点、直线、面都是由现实生活中某个点（比如地点）、两个地点产生的路线、桌面等抽象出来的。数学的概念几乎有从现实生活、科学研究等抽象出来的这一特征。在数学中，整数、几何图形等概念都属于最原始的数学概念，在这些原始概念的基础之上又形成一些抽象程度更高的概念，比如有理数、无理数、实数、复数、函数、积分、微分……，（一维的）直线、（二维的）平面、（三维的）立体空间、n 维空间、无穷维空间……这些由原始概念抽象出的更高的概念，都有其研究的背景、现实的需要。

许多数学概念需要用数学符号来表示，这本身就是数学抽象的过程和抽象的结果。人们用符号 $\log_2 x$ 表示以 2 为底数，x 的对数，而一个简单的符号 $C_U A$

就是由四层含义抽象出来的：第一层是 $A \subseteq U$，第二层是 $C_U A \subseteq U$，第三层是 $A \cap C_U A = \varnothing$，第四层是 $A \cup C_U A = U$。数学符号是数学概念抽象的一种独特方式，它对学生生成和理解数学概念起着极大的作用，把学生掌握数学概念的思维过程明确化、简约化。许多用数学符号抽象出的数学概念就是用来表达和定义的，从而使数学概念更科学。

图形是另一种非常重要的数学抽象。有些数学概念本身就是由图形抽象而得，如椭圆、双曲线、抛物线等，只是这些概念是点在运动的过程中的轨迹呈现出的不变性。有些数学概念可以用图形来表示或定义，比如奇函数、偶函数的概念，还比如单调递增函数、单调递减函数都可以通过图形来定义。很多数学概念都具有鲜明的几何特征和几何意义，如正态分布的概念具有明显的概率密度分布的橄榄型特征。所以，数形结合是抽象数学概念的又一重要的、独特的方式，它通过图形、图象把数学概念数量化、形象化。

《课程标准》定义，数学抽象是指通过对数量关系与空间形式的抽象，从而获得数学研究对象的素养。数学抽象主要包括从图形与图形之间的关系、数量与数量之间的关系中抽象出数学概念，并抽象出其概念间的关系；从数学研究对象的具体背景中抽象出一般的数学规律、数学知识体系和数学研究结构，并用数学语言、数学符号予以表征。数学抽象主要表现为认识数学结构与体系、获得数学概念和规则、提出数学命题和模型、形成数学方法与思想。

数学抽象呈现出的特点主要包括：第一，在数学的抽象中只保留数量关系、空间形式及其数与形的关系，而舍弃与之无关的要素；第二，数学的抽象是逐级提高的，其所能达到的抽象程度大大超过其他领域的抽象；第三，数学研究的对象几乎周旋于数学的抽象概念及其相互关系的圈子之中，数学家证明定理只需用数学运算和逻辑推理。我们可以看出不仅数学的概念抽象是思辨的、抽象的，而且研究数学的方法也是思辨的、抽象的。

2. 数学逻辑的严谨性

爱因斯坦（Einstein）说过："为什么数学比其他一切科学受到特殊尊重，一个理由是它的命题是绝对可靠的和无可争辩的，而其他一切科学的命题在某种程度上都是可争辩的，并且经常处于会被新发现的事实推翻的危险之中。"[①] 这说明数学是最为严谨的科学，数学的论证使用了非常严格的演绎推理。古代的欧几里得几何学以公理、公设为出发点，以演绎的方式构成了欧式几何体系，

① 布兰思福特. 人是如何学习的 [M]. 程可拉，孙亚玲，王旭卿译. 上海：华东师范大学出版社，2013.

这个体系对数学的发展起到不可磨灭的作用。希尔伯特的《几何基础》把几何进一步公理化，叙述不加定义的点、直线、平面等基本概念（"几何元素"），其关系满足 5 类公理（关联公理、次序公理、全合公理、平行公理、连续公理），并指出其关系公理具有相容性、独立性和完备性，并统称这些几何元素的集合为"几何空间"。数学家通过公理确定基本几何对象的性质，并逻辑演绎推出欧氏几何的所有定理，使欧氏几何成为一个严谨的、逻辑结构非常完善的希尔伯特几何公理体系。《几何基础》成功地建立了希尔伯特公理体系，从而建构起几何学的理论架构，逐渐形成并不断丰富的现代基础数学严谨的逻辑体系。

数学的严谨性表现在数学概念和定义的准确性、数学逻辑推理的严谨性和得到的数学结论的确定性方面。数学家希望根据公理体系，以系统化的推理得到定理，尽量避免利用不可靠的几何直观，得出错误的"证明"或"定理"，所以数学要求非常严谨，譬如数学概念和定义。数学概念必须具有明确的性质和严格的定义，定义要准确、清晰，不存在模糊或二义性的解释表述。比如，在数学中，正四面体必须是六条棱都相等的三棱锥，而不能有其他变化或不确定性。定义应该方便理解和记忆，表述要简明扼要，当然也应该包括所有必要的条件和限制，以确保没有任何遗缺或漏洞。定义与相关定义应该一以贯之，避免出现互相排斥或矛盾的情况。定义应该是可检验的，即对于某些事物，我们能够根据定义来决定其是否属于该概念范畴。严谨是数学证明、数学求解中很重要且基本的一部分。

数学教学的重要目的之一就是发展学生的严谨的数学逻辑思维能力，而发展学生逻辑思维的核心环节就是通过数学的严谨性来达成的。在数学教学过程中，教师应逐步加强教学内容的层次性、逻辑的严谨性、思维的条理性，并使学生真正消化理解，这是培养学生逻辑思维的重要举措。教师应该在充分估计学生的接受能力的基础上，以发展的观点考虑学生的潜力，不断提高数学严谨性的要求。数学课堂教学应该返璞归真，教师要努力揭示数学概念、法则、结论的发展过程和数学本质。数学课堂要讲逻辑推理，更要讲道理，通过典型例子的分析并引导学生自主探索，使学生理解数学概念、结论逐步形成的过程，体会蕴涵在其中的思想方法，追寻数学发展的历史足迹，把数学的学术形态转化为学生易于接受的教育形态。

严谨性是数学的重要特征之一，但受限于学生知识储备及能力发展水平，若在学习之初对一些概念和定理一直强调其严谨解释，会导致教师越解释，学生反而越糊涂。所以在教学过程中，对一些数学概念，教师在帮助学生理解的基础上，不一定要反复强调其严谨性。在课堂教学中，教师要拿捏好严谨性的尺度，教学中要不断思考，在需要模糊的地方要加以模糊，而在该严谨的地方强调其严谨性。在讨论数学的严谨性的同时，教师也应注意到形式化是数学的基本特征之一。在数学课堂教学中，教师既要重视形式化的表达，也要强调对数学本质的认识，否则生动活泼、严谨有序的数学思维活动将淹没在形式化的海洋里。

3. 数学应用的广泛性

20 世纪以来，数学的广泛应用性是数学发展的显著特征之一。著名数学家华罗庚先生曾指出，"宇宙之大，粒子之微，火箭之速，化工之巧，地球之变，生物之谜，日用之繁，无处不用数学。"① 凡是出现"量"的地方就少不了用数学，人们研究量的关系、量的变化、量的变化关系、量的关系的变化等都少不了数学。

数学在现代科技中扮演着重要的角色，其应用贯穿一切科学研究，并成为科学研究的得力助手与不可或缺的工具。例如在物理学中，数学被用来描述物理现象、自然现象，需要用到微积分、线性代数、群论等数学基础知识。算法、数据结构、离散数学等数学工具广泛应用到计算机科学中。在经济学中，微观经济学、宏观经济学中的经济学模型都需要用到各种数学工具和数理统计知识，缺少了数学就不能准确地由已知数据推出其他数据，更不能准确地刻画出客观事物的变化规律，当然就减少或减弱了科学预见的各种可能性。因此，数学的研究和发展对个人、国家、社会的未来发展都显得尤为重要。

数学的本质不仅仅是研究数量、空间图形等抽象概念之间的关系，还包括对数学知识的应用以及用数学的思想方法解决实际问题。我国的数学教育在很长一段时间内，对数学与其他学科、数学与实际的联系未能给予充分的重视。近些年，我国大、中、小学数学建模的实践表明，开展数学应用、数学建模的教学活动符合社会的需要，有利于学生数学应用意识的增强，有利于激发学生学习数学的兴趣，有利于拓展学生的眼界和视野。

譬如，《课程标准》在"函数的应用"这一单元里指出函数的应用不仅仅体现在用函数知识解决数学问题上，而且更重要的是用函数知识去解决实际问题，用函数的思想和方法解决生活、生产和科学发展中的实际问题，真正提升学生发现问题、分析问题、解决问题的能力。通过"函数的应用"单元的学习，学生掌握并能够运用函数性质，并掌握二分法求方程近似解的基本方法，能理

---

① 张景中. 感受小学数学思想的力量：写给小学数学教师们 [J]. 人民教育，2007（18）：32-35.

解利用函数知识构建数学模型的基本过程，能运用函数模型的思想和方法发现、提出、分析和解决问题。

在人教社 A 版教材必修第一册 4.5.3 "数学模型的应用" 这一节中，书中提出理解函数是描述客观世界中数与形的变量关系、变化规律的重要数学语言和工具。教学目标要求学生会选择合适的函数类型去刻画现实问题的变化规律，结合现实情境中的具体问题，利用计算工具，比较对数函数、一元一次函数、指数函数增长速度的变化差异，理解 "直线上升、指数爆炸、对数增长" 等术语的现实含义。收集、阅读一些现实生活、生产实际或者经济领域中的数学模型，体会人们是如何借助函数知识刻画实际问题的，感悟数学模型中参数的现实意义。

教师应通过诸如 "函数的应用" 这些数学课程的学习，培养学生有意识地感悟数学与现实之间的关联，会用数学语言表达现实世界，会用数学眼光去发现和提出问题，积累数学实践的经验，会用数学模型去分析和解决生活、社会、工程技术、科学诸多领域的实际问题。教师应通过数学课堂教学促进学生逐步形成和发展数学应用意识，从而提升学生的实践能力，增强其创新意识和科学精神。

（二）数学的基本思想

数学思想是数学课程教学的精髓，是数学知识和逻辑体系背后蕴含的丰富的数学精神，是探索、发现和研究数学的基础，也是数学学科发展的根本。数学思想的内涵十分丰富，有学者认为把具体的数学知识、数学定理、数学公式、数学定义和解题方法统统都忘掉，剩下的东西就是数学思想。

数学家张景中先生曾经说小学生学的数学都很初等、简单，但尽管初等、简单，但这些知识里面却蕴含了一些深刻的数学思想，他以朴素的语言谈了小学数学教学中离不开数学思想的问题。日本数学教育家米山国藏在从事多年的数学教育研究之后，说过这样一段话："学生们在学校所学到的数学知识，在进入社会后，几乎没有什么机会应用，因而这种作为知识的数学，通常在出校门后不到一两年就忘掉了。然而不管他们从事什么职业，那种铭刻于头脑中的数学精神和数学思想方法，却长期在他们的生活和工作中发挥着作用。"[1] 理论研究和人才成长的轨迹都表明，数学思想能随时随地地发生作用，令人受益终身。

在平常教学过程中，教师要经常告诫学生重视数学思想和方法的学习。比如，教师可以告诉学生可能过十年、二十年后，脑瓜子里早就忘记什么是指数

① 涂荣豹. 数学教学认识论 [M]. 江苏：南京师范大学出版社，2003.

函数、对数函数，但用变化的观点、联系的观点看世界很重要，实际上这就是函数的思想留在记忆中、刻在骨子里的结果。同样，在解决复杂的问题时，先打包起来、化整为零，这实际是化归与转化思想和整体代换的思想在帮助你。再比如，现代社会是一个"看图、看表"的时代，这也有数形结合思想的影子。

柯朗（Courant）的《什么是数学》除了对整个数学领域中的基本概念及方法进行了透彻而清晰的阐述，还为这本书郑重其事地添加了副标题"对思想和方法的基本研究"。"研究"揭示了，在日常生活中相对浅显的字里行间，渗透着数学的学科性这样的思想骨架。这种学科性并非某些人的自由创造，并不需要为抽象而抽象，而是为学科发展的需要而抽象。当然，数学思想的存在和发展也不完全是从实物或者实际情景出发，尽管数学在现实生活中用途已经非常广泛了。

1. 数学抽象的思想

在讲数学的基本特征时，我们已经提到数学的抽象性是数学的基本特征，因此必然要重视数学的抽象思想。我读过最精辟的论述"数学的本质是研究抽象概念之间的关系。"[①] 其中"抽象"是主观过程，而"关系"是主观判断。数学的本质就是研究"抽象概念"之间的关系。数学是一门研究数量、结构、变化以及空间等概念之间关系的学科，它的核心是抽象概念。数学家通过对抽象概念的研究，发现了许多普遍存在的规律和定律，这些规律和定律是普适的，不受时间、空间、文化和语言的限制。数学抽象使数学成为高度概括、表达准确、结论一般、有序多级的系统。

数学抽象是数学的基本思想，是人类形成理性思维的重要基础。数学抽象反映了数学的本质特征，它贯穿数学产生、发展、应用的整个过程。譬如从牙牙学语抽象出"1、2、3……"，到高中复数的概念，到大学的群、环、域等，这都是数学里基本的抽象。通过高中数学课程的学习，学生能在复杂的情境中抽象出数学概念、命题、方法和体系，积累从具体到抽象的活动经验，学生能把握事物的本质，以简驭繁，养成在日常生活和实践中一般性思考问题的习惯，运用数学抽象的思维方式思考并解决问题。

2. 数学推理的思想

数学逻辑推理是指从一些事实和命题出发，依据规则推出其他数学命题和定理的素养。逻辑推理是得到数学结论、构建数学体系的重要方式，是数学严谨性的基本保证，是数学思维交流的基本品质，是数学学科的基本思想。通过

---

① 史宁中. 数学思想概论［M］. 长春：东北师范大学出版社，2014.

数学的学习,学生能够在比较复杂的情境中利用逻辑推理把握事物之间的关联和发展的脉络,掌握逻辑推理的基本形式,学会有逻辑、有条理、有层次、系统地思考问题,形成重论据、有条理、合乎逻辑的思维品质和理性精神,提高其沟通交流的能力。

逻辑推理在数学中主要表现为掌握推理基本形式和规则,发现问题和提出命题,探索和表述论证过程,理解命题体系,有逻辑地表达与交流。合情的逻辑推理主要包括两类:一类是从特殊到一般的推理,主要有归纳(不完全归纳和完全归纳)和类比;一类是从一般到特殊的推理,其推理形式主要是演绎推理。

教师应培养学生解题过程中思维的条理性、有序性和合理性,这样有利于培养学生的逻辑思维能力。而正是在数学课堂教学过程中缺乏解题思路的训练,即缺少解题思维过程的顺序、步骤与方法的训练,许多学生拿到问题无从下手,不知如何去想。其实正如解计算题,学生对运算法则、计算的顺序、运算的步骤都清清楚楚、明明白白,计算的每一步都书写出来,看得见、摸得着,学生运算顺序与思维过程是一致的,计算结果的对错也就一目了然。以数学运算为例,在解决数学问题的过程中,学生首先要读懂题意,然后分析条件与条件、条件与结论、已知与问题之间的各种数量关系、几何关系,寻找合理的解题的途径与方法,最后通过正确的逻辑推理解决问题。从审题到列式、从构建函数或构建几何图形到解决问题,思维过程少则几步,多则几十步,都是用数学内部语言形式进行的。如果在解题教学中能设计一套教学方法,它能构建思维的链条,使学生的解题思维过程由内隐到外化,还可以有计划、有步骤地训练学生的解题思路。教师通过综合的、发散的问题分析和联想思维方式的训练,培养学生思维的独立性、创造性、灵活性、流畅性和变通性,则有利于学生更好地运用所学的数学知识,解决日常生活中的实际问题。

我们下面用一个高考试题作为例题,说明解题过程要重视思维链的建构,要重视数学推理思想的教学。

【例题】(2022 全国甲卷理 11)设函数 $f(x) = \sin\left(\omega x + \dfrac{\pi}{3}\right)$ 在区间 $(0, \pi)$ 恰有三个极值点、两个零点,则 ω 的取值范围是(   )

A. $\left[\dfrac{5}{3}, \dfrac{13}{6}\right)$ B. $\left[\dfrac{5}{3}, \dfrac{19}{6}\right)$ C. $\left(\dfrac{13}{6}, \dfrac{8}{3}\right]$ D. $\left(\dfrac{13}{6}, \dfrac{19}{6}\right]$

【思路分析】由题意,我们利用正弦函数的极值点和零点的定义,求得 ω 的取值范围。

【解析】当 ω<0 时，不能满足在区间（0，π）极值点比零点多，所以 ω>0；

函数 $f(x) = \sin\left(\omega x + \dfrac{\pi}{3}\right)$ 在区间（0，π）恰有三个极值点、两个零点，令 $t = \omega x + \dfrac{\pi}{3}$ 则 $\omega x + \dfrac{\pi}{3} \in \left(\dfrac{\pi}{3}, \omega\pi + \dfrac{\pi}{3}\right)$，又 $y = \sin t$，$x \in \left(\dfrac{\pi}{3}, 3\pi\right)$ 的图象如图 1-1 所示：

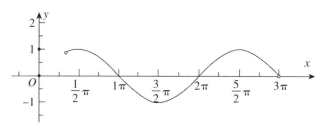

图 1-1

所以 $\dfrac{5\pi}{2} < \omega\pi + \dfrac{\pi}{3} \leqslant 3\pi$，求得 $\dfrac{13}{6} < \omega \leqslant \dfrac{8}{3}$，故选 C。

在解题过程中，教师要构建其思维逻辑链：（1）研究函数 $f(x) = \sin\left(\omega x + \dfrac{\pi}{3}\right)$ 性质的方法是利用换元，研究 $y = \sin t$ 在 $\left(\dfrac{\pi}{3}, \omega\pi + \dfrac{\pi}{3}\right)$ 的极值点和零点；（2）研究函数 $y = \sin t$ 的图象；（3）观察图象，依题需 $\dfrac{5\pi}{2} < \omega\pi + \dfrac{\pi}{3} \leqslant 3\pi$，解得 $\dfrac{13}{6} < \omega \leqslant \dfrac{8}{3}$。

解题的关键在于是否清楚正弦函数的零点就是函数 $y = \sin x$ 的图像与 x 轴的交点的横坐标，而极值点就是图象的对称轴（或者图象的最高点与最低点）的横坐标。因此，正确理解概念是顺利解题的基础，要从多元表征理解相关数学概念入手。

3. 数学建模的思想

数学模型搭建了数学与外部世界联系的桥梁，是数学应用的重要形式。数学建模是应用数学解决实际问题的基本手段，也是推动数学发展的动力。通过高中数学课程的学习，学生能有意识地用数学语言表达现实世界，发现和提出问题，感悟数学与现实之间的关联。学生学会用数学模型解决实际问题，积累数学实践的经验，还会认识数学模型在科学、社会、工程技术诸多领域的作用，提升实践能力，增强创新意识和科学精神。

高中数学课程提供了基本内容的实际背景，反映了数学的应用价值，开展

"数学建模"的学习活动，设立体现数学某些重要应用的专题课程。高中数学课程应力求使学生体验数学在解决实际问题中的作用和数学与日常生活及其他学科的联系，促进学生逐步形成和发展数学应用意识，提高实践能力。

波利亚（Polya）在《怎样解题》一书中提道："在科学研究中成功地运用数学的关键，就在于针对所研究的问题提炼出一个适合的数学模型。这个模型既能反映问题的本质，又能使问题得到必要的简化，有利于展开数学推导。""怎样解题表"就是《怎样解题》一书的精华，该表被波利亚排在该书的正文之前，并且在书中再三提到该表。这个表在一定程度上就是数学建模的过程，同时也是数学建模思想的体现。

我们下面用一个高考试题作为例题，说明解题也是数学建模的过程，因此教师要重视数学建模思想的教学。

【例题】（2022 全国乙卷理 11）双曲线 C 的两个焦点为 F_1、F_2，以 C 的实轴为直径的圆记为 D，过 F_1 作 D 的切线与 C 的两支交于 M、N 两点，且 $\cos \angle F_1NF_2 = \dfrac{3}{5}$，则 C 的离心率为（　　）

A. $\dfrac{\sqrt{5}}{2}$　　　　B. $\dfrac{3}{2}$　　　　C. $\dfrac{\sqrt{13}}{2}$　　　　D. $\dfrac{\sqrt{17}}{2}$

【分析】分析几何对象，我们需要得到结构模型解决问题。本题的数学模型是直线与圆锥曲线位置关系模型，但考查的重点和核心还是双曲线的概念。

【模型一】（双曲线的特征直角三角形）如图 1-2，分析几何对象，以 C 的实轴为直径的圆记为 ⊙O，过 F_1 作 ⊙O 的切线与 C 的两支交于 M、N 两点，双曲线焦点在 x 轴，则 N 在右支上，不妨设 G 为切点，则 $|OG|=a$，$|F_1G|=b$。

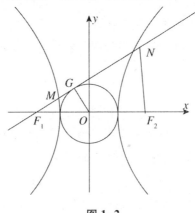

图 1-2

【模型二】（直角三角形模型）分析其几何对象，过点 F_2 作 $F_2H \perp F_1N$ 交

F_1N 于点 H，在直角三角形 F_2HN 中，$\cos\angle F_1NF_2 = \dfrac{3}{5}$，$|F_2H| = 2a$，$|NH| = \dfrac{3}{2}$

a，$|NF_2| = \dfrac{5}{2}a$。

【模型三】（双曲线的定义模型）分析其几何对象，$|F_1N| - |F_2N| = 2a$，所以 $2b + \dfrac{3a}{2} - \dfrac{5a}{2} = 2a$，所以 $2b = 3a$。

【模型四】（双曲线的离心率模型）分析其代数对象，$e = \dfrac{c}{a} = \sqrt{1 + \left(\dfrac{b}{a}\right)^2}$

$= \dfrac{\sqrt{13}}{2}$。

该题从双曲线的概念出发，利用解三角形求解。我们就以模型三为例，设双曲线的方程为 $\dfrac{x^2}{a^2} - \dfrac{y^2}{b^2} = 1$（$a>0$，$b>0$），设过 F_1 的切线与 $\odot O$ 相切于点 G，从而由双曲线的定义可求得 $|GF_1|$，过点 F_2 作 $F_2H \perp F_1N$ 交 F_1N 于点 H，由中位线的性质可求得 $|F_1H|$ 和 $|HF_2|$，又在 $Rt\triangle HNF_2$ 中，可求得 $|NF_2|$ 和 $|NH|$，利用双曲线的定义得 a 和 b 的关系，再由离心率公式求解即可。这些模型的构建过程就是深刻理解双曲线概念的过程，就是利用定义解题的过程。

4. 其他的数学思想和方法

在教学过程中，教师要注意基本数学思想下一层还有很多具体的数学思想，例如由数学抽象的思想产生出来数形结合、分类与整合、符号表示、对称、对应、有限与无限的思想等等。

很多的数学思想都是在基本思想下面派生出来的。例如，数学推理的思想，还能派生像归纳与演绎、公理化、化归与转化、类比、代换、特殊与一般的思想等等。又例如，数学建模的思想，还能进一步派生出来简化、量化、统计与概率的思想等等。

运用所学到的数学知识去解决一些实际或数学问题，这无疑是学生学习数学的目的。要解决实际或数学问题就要有一定的方法、方式、途径和手段，这就是解决问题的策略。这种策略受数学思想的影响和支配。数学思想指导着数学方法，数学方法是数学思想的具体表现。在教学中，教师既要重视数学知识、技能的教学，又要注重数学思想、方法的渗透和运用。就像我们不必给学生一直强调这是集合、这是函数等概念，教师有集合、函数等数学思想，并在数学教学过程中进行不断渗透、潜移默化，这才有助于学生数学素养的全面提升，有助于学生终身学习。

（三）体悟数学之美

数学既是一门学科，又是一门艺术，它可以让我们更好地去理解世界，并从中汲取智慧。数学处处散发着数学之美，美在其形，美在其思，美在其途。

1. 数学之美，美在其形，自然和谐

数学是以逻辑思维为构架去研究客观世界的数量关系和空间形式的科学。从美学角度看，数学有其自身散发和蕴含的美。这种美体现在形式上，有简洁美、和谐美、有序美、对称美、奇异美等等。这种美，是数学的内容抽象美与形式美的统一，是数学思想观念美与形象美的结合，是数学应用感性美与理性美的兼备。德国数学家庞加莱说，数学的抽象、数与形的调和、几何的优雅是所有数学家都应该知道的美。还未步入数学的门槛的人是无法感知数学之美的，能在数学学习和研究的过程中感悟到数学美的人，才是对数学的奥秘和真谛有所认识和理解的人。

具体说，数学形态之美突出表现在以下五个方面。

简洁美。譬如，数学语言中的数学符号与数学公式就富有简洁美。用 $\log_a x$ 表示以 a 为底数，x 的对数；用 A_n^m 表示从 n 个元素中抽出 m 个元素进行排列，总的排列数。这些符号无一不显示其数学简洁美，不得不让人为数学家的求简精神而折服。

统一与和谐美。统一与和谐也是数学内涵的本质特征。自然数到整数，再到有理数、无理数，到实数，到复数的发展历程及运算法则的定制都体现出数的统一和谐之美。实数与数轴上的点、函数的图象与其解析式、黄金分割的代数表示和几何直观中都反映了数与形之间的统一与和谐之美。

有序美。数学中有很多与顺序、排序有关的概念，这都是数学的有序之美。譬如，高中数学的任意角、有序数对、向量、多项式的排列、几何图形、方程按本质属性分类，还有数学学习的条理、层次都蕴含着数学的有序美。

对称美。数学中数式的对称、几何图形的对称无处不在。譬如，几何中的轴对称和中心对称，代数中的对称多项式，椭圆的定义、方程 $\dfrac{x^2}{a^2}+\dfrac{y^2}{b^2}=1$ 和图形，数学概念的对偶性（单调增函数、单调减函数，奇偶性等），这些都具有强烈的对称美。

奇异美。譬如，有些数学问题，貌似难以解答，但通过特殊的方法，如换元法、反证法等得以求解，把问题化难为易，这些体现了数学思想和方法的奇异与灵巧。

2. 数学之美，美在其思，思想深刻

数学基础知识主要包括数学概念、命题、法则以及内容所反映出来的数学思想方法。数学知识的和谐美和简练美是数学知识结构美的两个主要方面，这背后体现了数学的思想深刻之美。柯朗在《什么是数学》里深入浅出地介绍了许多数学中如明珠般的经典案例，这让普通读者在领悟数学精巧无比的结构之美的同时，窥其背后的数学灵魂和精髓，这或许也遵从了希尔伯特所倡导的"数学作为一个有机整体"的思想吧。

数学思维是人脑和数学对象交互作用，并按一般的思维规律认识数学的过程。数学思维的协同美大体上可归为归纳和演绎。数学中大量的问题需要归纳，同时数学推理也需要演绎。两者有各自不同的特点，但演绎推理的大前提——表示一般原理的全称判断要靠归纳推理来提供。同时为了增强归纳推理的可靠性，不管是对归纳推理的前提进行分析还是以一般原理作指导，人们都要用到演绎推理。归纳和演绎在思维运行过程中体现了两者之间是相互作用的。

数学知识的和谐美是数学存在的普遍形式，但这离不开数学思维的深刻性。教学时，教师不但要对这种思维之美有较深刻的领悟，而且要艺术地、数学化地表现出来。例如，在推导椭圆的标准方程时，定义"到两定点 F_1 $(-c, 0)$ 和 F_2 $(c, 0)$ 距离之和为定长 $2a$ $(2a>2c)$ 的动点 P 的轨迹"，可直接用方程 $\sqrt{(x+c)^2+y^2}+\sqrt{(x-c)^2+y^2}=2a$ 表示动点 P (x, y) 的横纵坐标满足的不变性。这个方程正确地表达了椭圆的代数形式，但比较复杂，不便于计算，更不能完美体现椭圆的代数表示的简洁美、对称美等形态之美。我们需要对上述方程化简整理，最后得到简洁对称的椭圆方程 $\frac{x^2}{a^2}+\frac{y^2}{b^2}=1$。方程中的 b 最开始似乎纯粹是为了追求方程的和谐美而引进的，但通过方程去研究椭圆性质时，我们可以发现 $2a$ 和 $2b$ 恰好分别为椭圆的长轴长、短轴长，a 和 b 都有其鲜明的几何解释。教师在推导过程中的言传身教，唤醒了学生的审美意识，学生也进入美的境界，得到美的享受。在推导椭圆方程后，学生根据定义，利用椭圆的对称性先画出第一象限的图形，再根据椭圆图象关于 x、y 轴和原点对称，补齐椭圆的图形。教师要引导学生用生动形象的数学语言，来表达自己的思维活动。这样，学生再次感受和体验到数学的形态之美、思辨之美和思维之美，并激励他们创造美，使数学美在教学中的作用发挥得淋漓尽致。

3. 数学之美，美在其途，陶冶情致

数学之美，美在对数学的无限可能的创造之中，美在对真理的无穷无尽的探索之中。

教师在教学过程中要注重创造数学之美，从教学的预设、引入、生成、探究、理解和应用等各环节来展示数学美感，使学生受到美的熏陶。教师应鼓励要求学生规范学习，做到思维习惯规范、书写格式规范，学习积极上进，形成学习行为美。教师在教学中能坚持细水长流的渗透数学之美，必然能潜移默化地培养学生的审美意识、审美情趣和审美能力，达到发现美、欣赏美、创造美的目的。

数学家、哲学家罗素（Russell）所说："如果你能正确地认识数学，那么你将发现它不仅是真理，同时还有着至高的美。"教师在数学教学中，要充分挖掘数学美的要素和环节，引导学生习惯对美的追求，使学生走入"乐学"的天地，从而摆脱"苦学"之束缚。学生在苦思冥想后感受数学的美，突然有"一览众山小"的感觉。众多的数学家和数学爱好者在追寻数学的真理的过程中，散发出无限的美的光芒。历史上，高斯发现用尺规作图可以画出正十七边形，然后把毕生的精力奉献给数学，并在自己的墓碑上只刻下正十七边形，由此可见数学之无穷无尽的魅力！

教师应通过数学的对称美、比例美、简洁美、神奇美、干净美、高冷美、和谐美、自然美来揭示数学至高无上的美，让学生深刻体会内心世界所追求的美恰好在外部世界得到如此完美的表现，这实际上体现了数学与世界的美与美之间和谐统一。我们可以这样说，虽然数学是一种规则，但数学的本质在于它的美感、它的自由！

三、数学与教育

（一）数学教育的重要性

《课程标准》指出数学教育承载着落实立德树人根本任务、发展素质教育的功能。明确提出数学课程的社会功能和教育功能，强调了高中数学课程要面向全体学生构建共同基础，又要充分考虑学生的不同成长需求，提供多样性的课程，供学生自主选择，为学生的可持续发展和终身学习创造条件。《课程标准》通过数学教育的总目标"三会"促进学生思维能力、实践能力和创新意识的发展，探寻事物变化规律，增强其社会责任感。数学教育在学生形成正确世界观、人生观、价值观等方面，在形成人的理性思维、科学精神和促进个人智力发展的过程中发挥独特的作用。数学素养应该成为现代社会每一个人应该具备的基本素养。

中国联通研究院院长张云勇建议加强数学教育，指出"正是由于数学的落后，才使得我国科技创新还落后于人，关键核心技术还受制于人。当前数学英才教育的缺失，是我国数学教育的重大隐忧"。因此，我国开展数学创新教育人才培养的研究迫在眉睫。

（二）数学教育之微思考

1. 数学教育应该是"爱教育"

"爱他，让他学数学；恨他，也让他学数学。"数学这门学科以其独特的魅力让很多人为之痴迷，同样又由于其抽象严谨，使得很多人望而却步。所以，教师要花更大的力气去帮助、去爱那些学习数学有困难的学生。有些孩子，面对某个数学的知识点或者数学方法，无论怎样教、怎么引导，总是无法掌握，但一段时间后，教师会突然发现这个知识点或者方法他也掌握了并能熟练地应用，原来这是他的"成熟"。很多学生学习数学有困难这个问题是肯定存在的，教师多等一等、不着急、静待花开，给他成长的机会、成熟的时间，这也是师生对生命的等候。

2. 数学教育应该是"做数学"

弗赖登塔尔（H·Freudenthal）说，告诉学生一个可以由他自己发现的秘密，这不是一个好的教学方法。对于数学课的"相机诱导"处理，离不开教师个人的数学见识，而要形成见识，则要靠教师深厚的数学功底，当然离不开教师的责任心、使命感。教师的责任不仅仅在教知识，还在教学，也就是教学生学，正如"授人以鱼不如授人以渔"。教师应该引导学生学会用数学的思维习惯和思维方式去思考、去探索未知世界，让学生体验数学推理了不起的效力正是数学永恒的魅力。数学教育应该做的事就是让学生通过自己的参与，通过"做数学"来体验数学。爱因斯坦一而再、再而三地谈到第一次接触欧几里得几何时的感受，也一再谈到数学思维方式和数学方法对他所做研究的重要作用，这让我们能够体会到好的数学教育应该是学生"做数学"的过程。

3. 数学教育应该是"美教育"

数学教育是对数学教学育人功能的高度评价和对数学价值的重新认识。深层次的认识数学教育应包括美育教育，这早已被部分数学教育工作者提出、论证、接受并付诸实践。然而，在整个数学教学实践中，数学教育还只是偏重于知识的传授和数学特定能力的培养，忽视其德育功能，缺乏美育情趣。无疑，美育教育还未取得许多数学教师的共识，客观上削弱了数学的魅力和教育性。

数学美育有利于诱发学生的数学兴趣，数学教育渗透美育教育势在必行。数学教育蕴含的数学之美以及其愉悦性使学生感知数学美越深，越能激发他们对数学的追求与爱好，美感对学生产生诱发力和吸引力，使其学习活动成为满足精神需求的自觉行为，从而变苦学为乐学。数学之美以其鲜明特性把知识的结构、关系、规律，以直觉的形式展现在学生面前，使数学学习更形象清晰，理解更透彻。数学美育有利于发展学生观察、对比、想象、分析、概括能力并得到有效训练。美育是五育之一，美育教育能培养学生高尚情操，能陶冶其感情，净化其思想，美化其人生，促进良好的行为品德的形成和发展。

很多人从古希腊被称作"几何之父"的欧几里得所著的《几何原本》，建立了最简单、最直观、最能为孩子们所接受的数学模型，然后教会他们用这样的数学模型去思考、去探索，并提供了大量的模型供他们去探究，让他们亲身体验数学推理的力量。点、线、面、三角形和圆，这是一些多么简单又多么自然的数学模型，却能让孩子们在数学思维的天地里乐而忘返。后世的许多数学爱好者、科学家和哲学家，利用它学会了几何知识、学会了逻辑推理，更重要的是学会如何思考。例如，牛顿、爱因斯坦等，都愿意以一种类似于《几何原本》的方式推演和阐述自己的理论。如此简单而富有成效的教材给了我们数学教育的素材，教师应该深挖细掘，学会在"爱的教育、美的教育、做的教育"中进行数学教育。

总之，数学教育应关注、关爱全部学生，提高其数学思维能力是数学教育的基本目标之一。学生在学习数学和运用数学解决问题时，不断地观察发现、直观感知、空间想象、归纳类比、抽象概括、符号表示、演绎证明、运算求解、数据处理、反思与建构等。这些正是数学能力、数学思维的具体体现，有助于学生对客观事物中蕴涵的数学模式做出判断和深度思考。数学能力、数学思维、数学之美为学生形成理性思维、培养科学精神发挥了独特而富有魅力的作用。

第二节　把握本原　初识数学概念及概念教学

我们上一节"定义"数学，本身就是在研究"数学"的一种定义、概念。我们其实还可以"定义"数学是由概念与命题组成的逻辑体系。数学概念（mathematical concepts）是数学研究的对象、数学组成的基本要素或称作数学组成的元素、细胞和基石。可以这么说，数学本质上就是研究数学概念，研究数学概念的应用。在数学中，以定理、法则、公式的方式表现出来的思维形式的判断与推理，其研究基础或者理论基础就是数学概念。学生通过正确理解并灵活运用数学概念，来掌握数学基础知识、运算技能，并实现逻辑论证和空间想象等能力的目的。

《课程标准》指出，数学课程不仅要考虑数学自身的特点，更应遵循学生学习数学的心理规律，强调从学生已有的生活经验出发。教师加强数学概念的教学，是学生学好数学的关键，数学概念教学必须建立在学生的认知发展水平和已有的知识经验基础之上，数学概念教学要有学生乐于接触的、有生活学习背景的、有价值的题材，概念教学应成为激发学生终身学习数学兴趣的重要环节。

数学概念教学的基本要求：为达到数学的理解、巩固、系统、会用的目的，需要教师能揭示概念的内涵与外延，使学生能深刻理解、灵活运用、牢固掌握数学概念。

一、概念教学之理论基础

（一）"他们"谈数学概念教学

李邦河院士指出："数学从根本上是玩概念的，技巧不足道矣。"由此可见，数学概念在数学教学中占有重要的、绝对统治的地位。概念是数学的细胞，是数学思维的载体。郑毓信教授在《多元表征理论与概念教学》指出，多元表征理论通过由"外"到"内"，由"一"到"多"的多种形式的表征及各表征之间的转译和转换来认识数学概念。华东师大鲍建生教授等在《变式教学研究》中指出，变式教学理论是概念教学过程中通过变更概念的非本质特征、改变问题的条件或结论、转换问题的形式或内容，有意识、有目的地引导学生从"变"的现象中发现"不变"的本质，从"不变"的本质中探究"变"的规律的一种教学策略。福建师大李彩红、李祎教授在《基于三种学习理论整合的数学概念教学设计》中指出，美国数学家、教育家杜宾斯基（Dubinsky）教授基于建构主义提出的 APOS 理论，认为数学概念的学习需要经历操作（Action）、过程（Process）、对象（Object）、图式（Scheme）四个阶段，是构建和应用数学模型、解释概念学习的本质、指明概念建构的层次，强调建构最终结果的过程。

虽然，贾兵等老师在《"APOS 理论"指导下的高中数学概念教学》中指出，数学概念教学中的深度教学应该基于价值引领、真实情境、高质量的数学问题、数学学科与其他学科间的知识整合性、思维思辨和探究建构的研究性教学。李祎等教授也指出在 APOS 的各个阶段，如何深化数学概念的学习过程，应采取怎样的教学策略，对数学概念的内化等方面还有不足之处。多元表征或变式教学等过分重视概念的叙述与记忆，不求深入地理解概念，从而导致学生思维中缺少能说明概念关键特征的具体形象。变式教学过分重视概念的应用，只注意掌握一些题型与具体的解题技能、技巧，学生难以形成数学能力。这些教学策略理论多从静态的角度刻画数学概念的学习，但对于富有层次性、过程性等特点的数学概念学习，仍缺乏全面、系统的描述和刻画。

恩格斯指出："在一定意义上，科学的内容就是概念的体系。"① 现代许多学者也认为"数学的学习过程，就是不断地建立各种数学概念的过程。"② 从这些数学家、科学家、哲学家的论述中，我们可以看出数学概念教学的重要性以及概念教学的得与失。

（二）数学概念教学的理论基础

有数学家或心理学家总结，数学概念的学习过程要经历感知、理解、保持和应用四个心理过程。数学概念教学主要依据理论如下：

1. 同化、顺应理论

瑞士心理学家，发生认识论创始人皮亚杰（Jean Piaget），他认为数学概念既不是客观的现实事物，也不是主观的想象存在，而是学生在与环境交互作用的过程中逐渐构建而得的结果。他认为数学知识、思想的发展受同化、顺化和平衡三个基本过程的影响。他认为学生在遇到新的数学概念时，总是试图在已知的认知结构中去同化，若初学者理解了新的概念，便能得到暂时的平衡，当原有的认知结构不能纳入新概念时，必须改变学生已有的认知结构，以适应新概念的生成，即作出顺应，不断调节原有认知结构，直至达到新的概念认识上的新平衡。

2. 联结理论

美国心理学家 E. L. 桑代克（Edward Lee Thorndike）在对动物进行实验研究的过程中提出了联结学习理论，其立场是较为古老的哲学联想主义的延续，他认为学习心理就是人的联结系统。他把联结分为两类，即本能和习惯，强调刺激与反应之间的本能联结，也强调人的心理的连续性，即习惯。联结学习理论包含准备律、练习律和效果律三条学习律。联结理论对美国科学家研究心理学的影响很大，它推动了对学习问题的研究，当然也推动着数学概念教学的研究。

3. 假设理论

著名行为科学家和心理学家，假设理论的奠基人维克托·弗鲁姆（Victor H. Vroom）率先深入研究社会组织、知识学习中个人的激励和动机，提出了比较完备的期望理论。对于激励力而言，他认为其主要取决于该行动所能达成的

---

① 史宁中. 数学思想概论［M］. 长春：东北师范大学出版社，2014.
② 布兰思福特. 人是如何学习的［M］. 程可拉、孙亚玲、王旭卿译. 上海：华东师范大学出版社，2013.

目标，以及能导致某种结果的全部预期价值乘以他认为达成该目标并得到某种结果的期望概率。他从分析领导者与下属分享决策权的角度出发，经过7个层次确定应当采用何种决策方式的树状结构（有点类似现在的思维导图或算法），然后根据判断选择学习模型。假设理论认为学生掌握概念是一个积极制造概念的过程，这有别于联结理论把概念掌握的过程看成是一个消极被动的过程。这个所谓的积极制造概念的过程，就是根据事实进行抽象、概括、推理并提出假设，再将这一假设应用于后续学习遇到的事例中，并加以检验的有效学习过程。

（三）数学概念学习遵循的规律

深度学习理念下的有效的概念教学，是建立在他们已有知识结构和认知基础上的，因此要在学生已有的知识结构和新概念间寻找"最近发展区"。在教学过程中，教师之教要教学生的学之所需。概念教学要强化概念的同化和顺应的过程，要贯彻数学教学重交流、重过程、重探究的课改理念。学生经历"概念导入（创设情境）—生成概念（形成判断）—探究概念（内涵外延）—反思概念（促进理解）—概念应用（拓展迁移）—归纳总结（反思提升）"的活动过程，体验参与数学知识的发生、发展过程，培养"用数学"的意识和能力，成为积极主动的数学概念建构者。

概念的学习除了要求教师要有比较科学、合理的教学方法外，还要求有能够促使学生较好学习概念的动机和策略。概念的学习要遵循一般的学习规律，主要包括建构主义学习理论、发现学习理论、掌握学习理论等。

1. 皮亚杰的建构主义学习理论

著名的心理学家皮亚杰认为学习是一种能动建构的过程，学习从属于心理发展，在有意义的学习过程中偶尔的错误是在所难免的，同时他还认为否定也是一种有意义的学习（这也是批判性思维的重要特征）。皮亚杰的建构主义学习理论提倡学习应该是在教师指导下、以学习者为中心的活动过程。他既强调学生不是被灌输的认知对象或外部刺激的被动接受者，而是有意义的主动信息加工建构者和主体，也强调教师的指导作用，教师是意义建构的促进者、帮助者，而不仅仅是知识的灌输者和传授者。要成为真正意义上的学习活动主动建构者，学生要依靠其认知能力，基于过往的经验，分析问题、解释问题，并提出自己的假设。新知识的生长点应该源于学生原有的知识经验，教师要积极主动引导学生调整、丰富自己的知识解释。师生、生生之间需要针对数学问题进行深入的探索，并在探索的过程中相互质疑和交流。

2. 布鲁纳的发现学习理论

美国教育心理学家、认知心理学家杰罗姆·布鲁纳（Jerome Seymour Bruner）

认为学习过程包括三个发生的过程：习得、转换和评价。他强调学习过程的直觉思维、内在动机、信息提取等。他认为，学生不是被动的知识接受者，而是积极的信息加工者。布鲁纳认为在数学学习中强调学习过程是相当重要的，他强调直觉思维和内在动机的激发。他持有"人类记忆的首要问题不是储存，而是提取"这样比较激进的观点。布鲁纳是致力于将心理学原理用于教育实践的典型代表，他对认知过程进行了大量的研究，在词语学习、概念形成和思维方面有诸多著述，在认知心理理论系统化和科学化方面做出了巨大的贡献，他是认知心理学的先驱者，也是继杜威之后被誉为对美国教育影响最大的人。

3. 布鲁姆的掌握学习理论

本杰明·布鲁姆认为学习程度是学生实际用于某一学习任务上的时间与掌握该学习任务所需时间的函数，即学习程度 $= f\left(\dfrac{实际用于学习的时间}{需要的时间}\right)$，用于学习的时间是由三个变量组成的。一是允许学习的时间，即机会；二是学生愿意积极从事学习的时间，即毅力；三是在理想条件下掌握该任务所需要的时间，即能力倾向。教师要想办法从用于学习的有效时间来提高学生有效学习程度。"掌握学习"的实施应阐明学习所必需的先决条件，研制实施的程序，评价这种策略对教师与学生所产生的结果。"掌握学习"倡导在集体教学的基础上进行个别化教学，客观上对教与学都提出不同的要求，并产生很大的影响。对于学生而言，"掌握学习"在激发学习动机，提高学习效率，消除压抑、焦虑心理有明显的效果；对于教师而言，有助于面向全体学生进行有效的因材施教，并对学生的学习和能力充满信心，实现教学效果的大幅提升。

二、数学概念及其分类

（一）理解数学概念的"定义"

数学概念是人的大脑对现实对象或者数学本身研究对象的数量关系和空间形式的本质特征的一种反映形式。学生要想正确地理解和形成一个数学概念，必须明确数学概念的内涵——对象"本质"的特征，及其外延——对象"量"的范围。一般来说，数学概念通过定义的形式来揭露数学的本质特征。数学概念经常用文字，即定义的方式来表述，定义是准确表达数学概念的方式。数学家在给数学概念下定义前需要通过实例、练习及口头描述来认识、理解概念。有些数学概念需要经过长期的酝酿，如函数、极限、微分、积分等数学概念，都是在人类历史发展过程中逐步形成并发展的，最后才以定义的形式表达出来。

为了增强概念的科学性，许多数学概念的定义是通过数学符号来表达其含义的。数学符号把学生掌握数学概念的思维过程简约化、明确化，是表达数学概念的一种独特方式，对学生理解和形成数学概念起着极大的作用。数学概念的抽象本身也是一种数学的思维形式。譬如，A_n^m 不仅表示"从 n 个元素中取出 m 个元素进行排列，不同排列的种数"，而且通过定义可以进行相应的运算；譬如，$b = \log_a N$ 不仅表示了"b 是以 a 为底数，N 的对数"，而且可以联想到这个等式也是由 $a^b = N$ 等价变形而得的等式。由此可以看出，仅仅通过 A_n^m、$b = \log_a N$ 这么简单的符号，我们就把研究问题的对象、解决问题的方法都融进了这些数学符号、数学语言中，使所研究数学问题的主体、客体真正融合。

为了直观地体现抽象的数学概念，许多数学概念还需要用图形来辅助表述。通过数形结合表达数学概念是概念表述的又一独特方式，它把数学概念形象化、直观化、数量化。一些数学概念本身就是图形，如向量、三棱锥、圆、双曲线等。有些数学概念可以用图象来表示，奇函数、偶函数、函数的单调性的定义，还有一些数学概念具有几何意义，如函数的微分、正态分布等定义。

（二）数学概念分类

要讲数学概念的分类，我们首先应了解数学概念的来源，其主要来自两个方面：一是对客观世界中的数量关系、空间形式的直接抽象；二是在已有数学理论上的逻辑建构。我们相应地可以把数学概念分为两类：一类是如三棱锥、四面体、二面角、直线与平面垂直等对现实对象或关系直接抽象而成的概念，这类数学概念与现实生活的模型很贴近，以至常常将它们与现实模型融为一体、"混为一谈"；另一类是纯数学抽象物，如方程、函数、微分、积分、向量的加法、向量的数量积等，这类概念是数学抽象、逻辑思维的一种数学逻辑建构的产物，虽然没有客观实在的模型与之对应，但这类概念对构建数学理论非常重要，是数学深入发展的逻辑源泉。

根据概念产生的来源，我们可以把数学概念分成原始概念、属加种差定义、揭示外延式定义等。

1. 原始概念

数学定义要求简洁明了，不能含混不清。如果给数学下的定义含糊不清，就不能明确概念的内涵与外延，自然而然也就失去了定义的作用。例如，"集合就是很多东西放在一起""直线就是直的线"等就是含混不清的定义。因此，给某个数学概念下定义时，数学家选用的必须是在此之前已明确定义过的一些概念。这样向上顺次追根溯源，一定会出现一些概念，它们不能用前面已被定义过的概念来下定义，这样的概念就称为原始概念。在中学数学中，其有着许多重要的原始概念，譬如，代数中的集合、元素、对应等，几何中的点、线、面等的解释，它们并非根据下定义得到的，而仅仅是加以描述。

2. 属加种差定义

"属加种差定义"是指按公式"邻近的属+种差＝被定义概念"来下定义的方法，是中学数学概念下定义的最常用方法。其中，种差是被定义概念特有的、它的属概念的其他种概念不具有的属性，即被定义概念与同一属概念之下其他种概念之间的差别。例如，等差数列的概念邻近的属是数列，等差数列区别于数列的其他种概念的属性即种差，是"从第二项开始，后一项减前一项的差是定值"，这样即可给等差数列下定义为"从第二项开始，后一项减前一项的差是定值的数列称为等差数列"。

一般情况下，利用"属加种差"定义概念，应找出被定义概念最邻近的属，这样可使种差简单一些。比如，正四面体的两个定义：棱长相等的正三棱锥是正四面体，以及每个面都是正三角形、侧棱长等于底边长的三棱锥叫作正四面体，由表述就可以看出前者的种差要比后者的种差简单。

"属加种差定义"有两种特殊形式：

（1）发生式定义

"发生式定义"的方法是以被定义概念所反映的对象，产生或形成的过程作为种差来下定义。譬如，椭圆的定义："在平面内，一个动点到两个定点的距离之和是定值（定值大于两定点间的距离），则动点的轨迹是一个椭圆"就是发生式定义。在这个定义中，种差是描述椭圆产生的过程。

（2）关系式定义

"关系式定义"的方法是以被定义概念所反映的对象与另一概念（或其他概念）所反映的对象之间关系，作为种差的一种定义方式。例如，若 $a^b = N$（其中 $a > 0$ 且 $a \neq 1$），则 $b = \log_a N$，即通过一个关系来定义概念。

3. 揭示外延式定义

数学中有些概念，很难揭示其内涵，可直接指出其外延作为概念的定义。

（1）逆式定义

"逆式"定义是一种给出概念外延的定义法，又叫归纳定义法。譬如，我们把正弦、余弦、正切函数统称为三角函数，把实数和虚数统称为复数，把逻辑学中的"或、且、非"等运算统称为逻辑运算，把椭圆、双曲线和抛物线统称为圆锥曲线等，都是通过用概念的外延来归纳定义的相关概念。

（2）约定式定义

"约定式"定义是通过约定的方法来揭示概念的外延。例如，规定：$C_n^0 = 1$、$0! = 1$、$\vec{0}$ 的方向是任意方向，就是用约定式方法给这些概念下定义。

由此可见,数学概念具有名相、符号、定义"三位一体"的可感性,这不仅使学生在生活背景中能准确地感知到实体模型,同时又明确地反映了概念的内涵。比如,圆锥曲线、三角函数、实数等,我们可感知它们的外延构成。对于复数、二次函数、指数、对数函数、不为零的数的零次幂等概念则具有约定性。

三、数学概念的特征

(一)抽象与具体的数学概念

数学概念具有思维协同的抽象性与具体性。

数学概念不是建立在具体的经验或感觉中,而通常是建立在抽象或符号的基础上。很多数学基本概念具有明显的直观意义,是客观事物在数量关系和空间形式方面本质属性的抽象,但通常还是以形式化的语言来表述。现代数学研究的许多概念是由概念生成的新概念,是在数学抽象之上的更抽象。例如,在数学中,我们不必依赖于实际的对象或经验,直接把一组具有相同特性的事物称为集合,并用符号来表示它们,而子集、交集、并集、补集等则是在集合的概念基础上再抽象出来的一个概念。同样,我们把具有大小和方向的量称作向量,而向量的加法、减法、数量积就需要在向量的概念上继续抽象。在数学中,"虚数、微分积分、n 维空间"等概念是"蕴含自由思维想象和饱含智慧结晶的产物"[1],貌似与现实世界有非常遥远的距离,但它们其实源于数学的自身发展需要。这些都说明,数学概念是高度抽象的思维产物。

另外,数学概念又是非常具体的,任何一个数学概念的背后都有许多具体内容支撑,都有着深厚的现实背景。比如,三维空间概念就可以通过正方体或者长方体来认识和理解。学生要真正掌握数学概念,不仅要理解、掌握数学概念的定义,还要能够举出概念的具体例子并加以应用。因此,教师在讲授这些概念时就会从实际出发,在现实生活中找一些与之相关的例子。借助教师这些例子确实会使学生容易理解,但同时学生也应该明白,很多数学概念在现实生活中并非真正存在原型,它只是为了数学自身的需要而产生的,这就需要学生在教师的帮助下通过自己的学习经验,运用自己的抽象思维在自己的知识体系中建立抽象的概念。

由此可见,代表一类"数量和空间图形"本质属性的数学概念,已逐渐从

---

① 克莱因. 古今数学思想:第一册 [M]. 张理京,张锦炎,江泽涵,等译. 上海,上海科学技术出版社,2014.

现实世界剥离出来，且抽象程度越高距离具体事物越远，这决定了数学概念具有高度的抽象性。我们应该注意到，无论概念如何抽象，都可以理解为低抽象度的概念是高抽象度概念的具体模型，高层次的概念总是以低层次的概念为具体内容抽象而得。例如，数字（特别是整数、有理数和实数等）是从现实世界抽象而得，而数字又可以看成抽象字母的具体模型，再往下一层，可以认为字母又是抽象函数的具体模型。数学命题、推理的基础成分源于数学概念，它又必然落实到具体的数、式、形之中。

（二）判定与性质的数学概念

数学概念具有判定特征和性质特征的"二重性"。

概念具有判定特征，即通过概念的内涵，便能判定某一对象是概念的正例还是反例。比如，我们由奇函数的定义，可以判定 $f(x)=3x$，$g(x)=x+\dfrac{4}{x}$ 是奇函数，而 $f(x)=3x+2$，$g(x)=x+\dfrac{4}{x}-3$ 不是奇函数。

概念所指对象基本性质的概括可以通过概念的定义来实现，因而数学概念具有其性质特征。例："设定义在 $[-2,2]$ 上的奇函数 $f(x)$ 单调递减，若 $f(m)+f(m-1)>0$，求实数 m 的取值范围。"我们就可以把 $f(m)+f(m-1)>0$ 变形成 $f(m)>-f(m-1)$，利用 $f(x)$ 是奇函数，得到 $f(m)>f(1-m)$，再利用 $f(x)$ 是增函数，去掉"函数外套"，得到 $-2\leqslant 1-m<m\leqslant 2$，从而使问题得到解决。总地来看，我们在整个解题过程中都利用了奇函数、增函数概念的性质特征。

从逻辑的角度看，定义既是概念的必要条件，也是概念的充分条件；既可以是"性质定理"，也可以是"判定定理"。比如，线面垂直的概念既是判断直线与平面垂直的方法，同时也是证明直线与直线垂直的工具，后者其实就是线面垂直的一个性质。概念的判定特征有助于厘清概念的外延，而概念的性质特征有助于认识概念的内涵。

（三）严谨与发展的数学概念

数学概念的"严谨"具有相对性与发展性。

如何使这些数字比日常用语更精确，如何熟练地运用数学语言（符号、图形、专用术语等）对于数学学习而言是非常困难的，如群、环、域、拓扑等字眼对于那些不是专门学数学的人士来说，理解起来是很不容易的。数学比日常用语更精确，这决定了在数学中必须使用数学符号和专用术语等。数学家将这种对数学语言的严格及逻辑推理的精确性的要求称之为"严谨"。这种严谨性体现在特定体系或某一研究领域内，数学概念的意义应该始终保持一致。例如，小学讲到的数始终是指正有理数，而初中的直线始终指同一个平面内的直线。

由于人类认识逐渐深化，数学的严谨性不再是一成不变的、绝对的，而是发展的、相对的。随着数学研究的深入，数学知识和体系的发展，数学中基本的概念，如数学研究的对象，即数量关系与图形关系等本身也处于不断发展之中。例如，自然数→有理数→实数→复数；直线上的点→平面上的点→空间中的点→n维空间中的点；锐角→任意角→空间角等。

近年来，随着时代的推进，数学得到极大的发展。一些人对欧几里得所著的，可能是研究最早、体系最完备、流传最广的几何教材《几何原本》提出疑问，西方出现以取代欧氏几何为目标之一的"新数学运动"，甚至出现了"欧几里得走开"之类的口号。人们对欧氏几何教材的质疑其一，欧几里得的逻辑基础往往要借助几何直观，有若干含混、不彻底、不严谨的地方；其二，数学已有了极其伟大的发展，为什么不教新的数学概念却拘泥于沿用两千多年前的"过时"材料？面对这些质疑，支持欧氏几何的人最好的回答可能是欧氏几何建立了最简单、最直观、最能为孩子所接受的数学模型，并且教会他们用这些数学模型去思考、探索，去亲身体验数学推理的力量。一些如三角形、圆等自然简单的数学模型就能让孩子们遨游在数学思维的海洋中，很难想象还有什么别的经典的几何教材，能够如此简单而有效。

这就需要教师能很好地把握精确严谨与粗疏含混之间的分寸。教师如果把教材弄成像希尔伯特的《几何基础》那么严谨，恐怕无论如何也不能让刚开始接触数学的孩子所接受。教师刚开始容忍孩子的一些含混和粗疏之处，正是为了让他们在更加成熟以后，能够学会严谨而不含混的数学。正如在懂得数学的严谨公理之前，人们早就学会了数数，试想，如果反其道而行之，让一个幼童在学习数数之前先学习严谨的皮亚诺自然数公理，又将会是怎样的一种局面呢？

弗赖登塔尔把严谨性作为数学教学的基本原则之一，也有很多数学教育家提出了概念教学中"严谨性的要求应受学生可接受性的制约"，即严谨性与量力性相结合的原则。也就是说，在学生可接受范围内，我们的教学必须遵循严谨但又不教条的原则。

四、初步了解概念教学的研究范畴

（一）概念教学的目标

概念教学的基本目标是让学生理解概念，并能运用概念去解决问题、表达思想。理解是概念教学的基础。从认知心理学看，"理解某个概念是指把它纳入一个恰当的图式"中，图式是一组相互联结的概念，概念越清晰，图式就越能捋清楚，就越能处理相关概念的复杂变式情景。数学概念的理解一般可分为三种不同水平，即工具性、关系性和形式性理解。工具性理解指概念作为甄别的工具，会用其判断以某一事物为概念的具体例证，而并不关心与之相关的联系；关系性理解指将它纳入概念系统中，不仅用概念做判断，而且与相关概念建立了联系；形式性理解指用逻辑推理构建起概念体系和数学思想体系，在数学概念符号、术语和数学思想之间建立起联系。

学生如果不理解概念就会判断错误，思维就会陷入困境，因此理解概念是明确概念间的关系、灵活应用概念的前提。例如，学生如果不理解向量数量积的概念，就无法正确理解投影向量，也无法理解 $\vec{a}\cdot\vec{b}=0$ 并不一定可以得到 $\vec{a}=\vec{0}$，$\vec{b}=\vec{0}$。同样，学生只有正确理解角的弧度制的概念才可能理解 $\lim\limits_{x\to 0}\dfrac{\sin x}{x}$，否则就会提出疑问：$\sin x$ 是一个函数吗？x 是一个角度，而 $\sin x$ 是一个数，怎么去求比值？最后才是思考如何求极限的问题。

概念学习不仅要理解定义描述的语义，判断某个对象是或者不是它的一个案例，还要从不同角度来理解，譬如举反例来甄别它的外延或表征，举正例去理解它的各种内涵或性质，这样才能更清楚地掌握这个概念。学生要理解一个数学概念，就必须围绕这个概念构建一个概念网络，使概念的学习网状化，网络的通道越丰富、结点越多，概念理解得就越深刻。概念的学习和理解需要一个过程，这是一个顺应和同化的过程，而不是一个单纯的逻辑解析过程，所以仅仅"讲清楚"数学的定义可能无法让学生真正掌握概念。

概念，特别是核心概念的教学应让学生了解概念引入的背景和为什么要引入，理解概念在解决问题或建立、发展理论中的作用，而不能仅仅满足于告诉学生"是什么"或"什么是"，还应该告诉"为什么"和"怎么样"。教师在概念教学要从学科理论角度，对概念的地位作用、内涵和外延、思想和方法、历史背景和发展、关系与联系等进行解析。教师从教学角度对概念抽象、概括过程进行"再造"，包括概念的符号语言、文字语言与图形语言的转换、内涵与外延的变式、正例和反例的举证、拓展与延伸等概念的发生发展过程的解析。

（二）概念教学的原则

1. 重视概念的引入与生成——现实性原则

虽然中学数学概念很抽象，在概念教学过程中，教师尽可能地在现实生活中寻找到其具体模型和现实情境。教师可以从学生的学习和生活经验出发（如研究函数的单调性、奇偶性、对称等概念），也要注意从解决数学内部的运算问题出发（如负数、无理数、复数概念、对数等）来引入概念。教师只有从学生熟知的材料中寻找理性信息，引导他们抽象出相应的数学概念，才能使学生较好地掌握概念的实质。

2. 揭示概念的内涵和外延——科学性原则

教师在提供感性认识的基础上，为了帮助学生准确、深刻地理解概念的内涵与外延，必须引导其辩证分析，用不同方法揭示不同概念的本质。例如，教师通过揭示其"种概念"与"类差"认识"种+类差"定义的概念，使学生认识被定义的概念的一般属性，又要强调其独有特性。通过讲清概念中的每一个字、词的真实含义，把握概念的外延和内涵，进一步掌握概念的本质。比如，等差（等比）数列可以理解为"数列+等差（等比）"，我们既要理解数列是正整数集到实数集的对应关系，是一种特殊的函数，也要理解它们是一种特殊的数列，其特殊性体现在数列的后一项减（比）前一项是定值 d（q）。

3. 讲清概念的来龙与去脉——系统性原则

学习数学概念应随着数学知识的发展，在数学知识体系中不断加深认识和理解。学生应通过分析数学概念之间的关系来学习概念，达到深化对所学概念的认识。

例如，学生应通过平面角—异面直线所成角—直线与平面所成角—二面角—二面角的平面角，一次函数—二次函数—幂函数—指数函数—对数函数—三角函数—数列—导数等概念之间的内在联系，明确概念的系统性，加深对有关概念的理解。

4. 辨识概念的正例与反例——比较性原则

有些数学概念是成对出现的，譬如，正数与负数、等差数列与等比数列等同属于一个种概念且呈矛盾状态；有些概念是由概念的逆反关系派生出来的，譬如，乘方与开方、指数与对数、导数与原函数的概念等；有些概念是由某一概念通过逐步推广引申而得到的，譬如，任意角的三角函数由锐角三角函数推广而来，平面向量推广到空间向量等。在教学中要注意对立、衍生、推广概念之间的比较，特别是通过反例加深对概念的理解。譬如，函数 $f(x)=\dfrac{x^2-x}{x-1}$ 的解析式虽然可以变形为 $f(x)=x$（$x\neq1$），但其定义域并不关于原点对称，从而判断它不是奇函数。教师以此来纠正学生在理解奇偶函数定义中的忽略定义域的错误，有利于帮助学生准确理解概念。

5. 加强概念的巩固与拓展——应用性原则

中学数学的运算、推理、证明等都是以相关概念作为依据，因此在教学中应加强概念在运算、推理、证明中的应用。我们可围绕着一个概念配备变式训练，从多层次、多角度进行巩固性应用、综合性拓展，在应用延伸中达到切实掌握数学概念的目的。

（三）概念教学的方式

我们前面已经讲到，概念的获得有两种基本方式——概念形成与概念同化。概念形成是指同类概念的关键属性由学生从同类概念的大量例证中独立发现；概念同化是学生利用已有认知结构中的有关知识理解新概念，用定义的方式直接揭示概念。两种获得方式对应着两类概念及两种教学方式。

1. 概念形成教学方式

一些数学概念是对现实对象或关系直接抽象而得，可通过概念形成教学方式，从客观现实出发，创设情境，抽象共性，寻找特征，概括本质，形成概念。譬如，初中数轴的引入，就是从秤杆、温度计等实物出发，在充分感知的基础上再进行概括，寻找发现其共同特征：度量的起点、度量的单位、明确的增减方向。学生从而抽象出数学模型，形成数轴概念，同时也不断强化理解数轴的三要素：原点、正方向和单位长度。这种方式遵循了由形象到抽象的思维规律。同样，高中数学中也有很多概念，譬如向量、复数等都有强烈的现实背景，要引导学生主动积极地挖掘其原理和本质，形成概念，但也要引导学生仔细观察、认真体会，防止出现由概念类化不足或过度引起的错误。

2. 概念同化和顺应教学方式

皮亚杰认为人在认识客观事物之前都有一个认知结构或者图式，一切外来的刺激都必须经过主体图式的同化或者顺应才能被我们认识。同化是认知结构不发生改变，外界刺激直接纳入原有认知结构中，是量变；顺应是当我们不能解释这个现象，从而改变认知结构接受知识，是质变。同化是客体对主体的适应，是特殊到一般的过程，是发现式的教学，是由例子到规则的过程；顺应是主体对客体的适应，是一般到特殊的过程，是接受式的教学，是由规则回到例子的过程。

针对基于数学逻辑建构形成的新概念，教师通常采用概念同化和顺应的教学方式，通过逻辑演绎来进行概念教学，可有不同的引入途径，但要强调引入新概念的必要性。为了弥补没有经历概念形成的"原始"过程而出现的概念加工不充分、理解不深刻的缺陷，教师在教学过程中应及时用典型的实例和直观原型来帮助学生同化概念。

数学概念大都通过逻辑建构而产生，所以概念同化和顺应是学生获得数学概念的主要方式。同化和顺应有利于学生从概念的联系中学习概念，在概念系统中体会概念的作用，让学生更清楚地认识概念的系统性和层次性，从而不仅促使学生加深对概念的理解，而且有利于概念的灵活应用。我们也应注意概念教学的基本原则是采用与概念类型、特征及其获得方式相适应的方式，以有效促进概念的理解。

（四）概念教学的策略

1. 直观到抽象

数学概念的掌握需要经历由生动的直观到抽象的思维、再从抽象的思维到实际的应用的几个反复的过程才能实现。抽象概念要借助其直观背景，进行直观化表征，提高概念的有效教学。数学中的直观包括具体而生动的直观，如教具、模型、实物、多媒体等，也包括由熟知的概念、原理生成的诸如函数的图象等虽属于抽象范畴却还相对直观。譬如，我们提到"函数"的概念，可能立即想到指数函数、对数函数等熟悉函数的具体解析式和图象，也有部分优秀的学生可能会想到诸如 $f(x)=(x^2-2x)e^x$ 等函数的图象，能注意到图象的渐近线，能联系函数的单调性、极值、最值，利用图形直观解决问题。

2. 举正、反例

学生在很多情况下不一定能记住概念，但却对其正、反例印象深刻，所以加深概念理解可通过"样例"来实现。在数学思维中，概念和样例是相伴相随的。譬如，"异面直线"概念，要通过概念的正例（三棱锥的对棱所在的直线）和反例（三棱锥过同一点的两条棱或者两个平行平面被第三平面所截的两直线，虽都可看成在不同平面内，但不是异面直线），让学生理解异面直线是指"两条直线永远不可能落在同一个平面内"，而不是"在两个不同平面上的直线"。概念的反例提供了许多有利于辨别真伪的概念信息，可使学生更精确、准确地理解概念的内涵，从而深化对概念的认识。我们需要注意的是，为了防止学生在刚接触概念时用反例，将有可能使错误概念先入为主，干扰概念的理解，所以反例应在揭示概念定义，对概念有一定理解后才使用，这样可以进一步突出概念的本质特征，防止错误理解概念。

在概念教学中有很多反例，教师要善于利用反例或学生在解题中的错误，让学生更精确地深度理解概念。下面就是错误利用定义解题的反例。

【例题】若动点 P 到定点 $F(1,1)$ 的距离与到直线 $l: 3x+y-4=0$ 的距离相等，则动点 P 的轨迹是（ ）

A. 椭圆   B. 双曲线   C. 抛物线   D. 直线

【错解】由抛物线的定义可知，动点 P 到定点 F 的距离与到直线 l 的距离相等，所以动点 P 的轨迹是抛物线，故选 C。

错误的原因：一是没有深刻理解抛物线的定义；二是没有分析题设中的点与直线的位置关系。题设中的定点 F（1，1）在定直线 l：$3x+y-4=0$ 上，而抛物线定义中的定点要求在定直线之外，导致错误地套用抛物线定义，错选 C。因此，学生解题一定要从已知条件出发，正确列式求解。

【解法 1】设动点 P（x，y），∵ 点 P 到点 F 的距离和到定直线 l 的距离相等，

∴ $\sqrt{(x-1)^2+(y-1)^2} = \dfrac{|3x+y-4|}{\sqrt{10}}$，整理得 $x^2+9y^2-6xy+4x-12y+4=0$，即

$x-3y+2=0$。∴ 动点 P 的轨迹是直线。故选 D。

【解法 2】因为点 F（1，1）在直线 l：$3x+y-4=0$ 上，所以动点 P 到定点 F 的距离和到定直线 l 的距离相等的点一定在过点 F 且和直线 l 垂直的直线上，即点 P 的轨迹是一条直线。故选 D。

3. 对比与变式

在概念教学过程中，对具有种属关系的概念作类比，突出被定义概念的特有属性，还要对容易混淆的概念作对比，澄清模糊认识，减少直观理解错误。譬如，在学习"排列"和"组合"概念时，我们通过对比知道，排列指的是元素间有顺序，而组合则没有顺序，当然也要注意这个"顺序"与平常我们说的"顺序"是有区别的。譬如我们"从 10 个人中抽取 5 个人，按由高到低的顺序排成一列，有多少种排法？"这其实是一个组合问题。同样，"最值"和"极值"两个概念，我们通过对比函数 $f(x)=\dfrac{x^2+4}{x}$ 与 $g(x)=\dfrac{x}{x^2+4}$ 的图象（如图 1-3），可以认识"最值"和"极值"内涵的差异，事实上，前者有极值但无最值，而后者的极值就是最值。

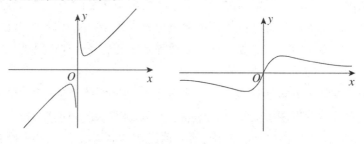

图 1-3

教师通过变式可以指导学生从不同角度全面认识概念，研究概念，使学生

更好地掌握概念的本质。教师可以通过变更概念的角度、方法，变更概念非本质属性特征的表征，来突出隐含的本质要素，突出本质特征，进行概念的变式教学。我们以"等差中项"为例，除了认识"若a，b，c成等差数列，则称b为a，c的等差中项"这一定义外，还必须认识变式"$b-a=c-b$"或"$b=\dfrac{a+c}{2}$"或"$a+c=2b$"，从而建立求a与c的等差中项的算法$b=\dfrac{a+c}{2}$，还可建立几何直观模型（线段的两个端点与其中点的横（纵）坐标的代数表示），由此亦可迁移"等比中项"的概念。

我们需要注意的是，只有在概念理解的深化阶段、探究应用时使用对比和变式，才可达到理想的学习效果。否则，变式和对比的复杂性反而会干扰学生理解概念，不仅不能达到理解变式的目的，还可能对概念混淆不清。所以，学生在进行概念的对比和变式的运用时，要掌握好对比和变式的时机。

4. 多元与精要

数学概念往往有多种表征方式，如利用现实情境中的实物、模型、图象进行的形象表征，利用口语和书写符号进行的符号表征等。不同的表征方式将导致不同的思维方式。概念多元表征可以促进学生的多角度理解，在不同的表征系统中建立概念的不同表征形式，并在不同表征系统之间进行转换训练，可以强化学生对概念联系性的认识。学生建立概念不同的表征间的广泛联系，并学会选择、使用与转化各种数学表征，是有效使用概念解决复杂、综合问题的前提。

譬如，充要条件是高中数学学习的一个难点，如何帮助学生突破思维的瓶颈，真正理解充要条件这个概念呢？在概念教学中，我们可以从以下四个方面加以阐释。

首先厘清定义，若$p \Rightarrow q$，且$q \nRightarrow p$，则p是q的充分不必要条件，q是p的必要不充分条件，若$p \Leftrightarrow q$，则p是q的充要条件，若$q \nLeftrightarrow p$，则p是q的非充分非必要条件。

（1）通过集合关系理解

【例1】已知p：$x^2-8x-20>0$，q：$x^2-2x+1-a^2>0$，若p是q的充分不必要条件，求正实数a的取值范围。

【解析】由p：$x^2-8x-20>0$得 A = $\{x \mid x>10$ 或 $x<-2\}$，

由q：$x^2-2x+1-a^2>0$得 B = $\{x \mid x>1+a$ 或 $x<1-a$，$a>0\}$。

依题意：$p \Rightarrow q$，说明 A 是 B 的真子集，

所以，$\begin{cases} a>0 \\ 1+a\leqslant10 \\ 1-a\geqslant-2 \end{cases} \Rightarrow 0<a\leqslant3$，

所以，正实数 a 的取值范围：$0<a\leqslant3$。

【评析】已知命题 p，q 的解集分别为集合 P，Q，若 p 是 q 的充分不必要条件，则 P 是 Q 的真子集，若 p 是 q 的必要不充分条件，则 Q 是 P 的真子集。

充要条件还可以从集合的包含关系的角度来理解命题之间的对应关系。设满足条件 p 的对象组成集合 P，满足条件 q 的对象组成集合 Q。

（ⅰ）若 $P\subseteq Q$，则 p 为 q 的充分条件，其中当 $P\subsetneqq Q$ 时，p 为 q 的充分不必要条件。

（ⅱ）若 $Q\subseteq P$，则 p 为 q 的必要条件，其中当 $Q\subsetneqq P$ 时，p 为 q 的必要不充分条件。

（ⅲ）若 $P\subseteq Q$，且 $Q\subseteq P$，即 $P=Q$，则 p 为 q 的充要条件。

（ⅳ）如果以上三种关系均不成立，即 P、Q 之间没有包含或相等关系（$P\subsetneqq Q$ 且 $Q\subsetneqq P$）。

（2）利用互为逆否命题的等价性处理

【例2】设 $\neg A$ 是命题 A 的否定，若 B 是 $\neg A$ 的必要不充分条件，那么 $\neg B$ 是 A 的（　　）

A. 充分不必要条件　　　　　B. 必要不充分条件

C. 充要条件　　　　　　　　D. 非充分非必要条件

【解析】由 B 是 $\neg A$ 的必要不充分条件得，$\neg A\Rightarrow B$，且 $B\nRightarrow\neg A$，由互为逆否命题的等价命题知，$\neg B\Rightarrow A$，且 $A\nRightarrow\neg B$，因此，$\neg B$ 是 A 的充分不必要条件，故选 A。

【评析】对于否定形式的充要条件问题要利用互为逆否命题的等价性进行转化。

（3）转译成数学符号处理

【例3】已知 p，q 都是 r 的必要条件，s 是 r 的充分条件，q 是 s 的充分条件，s，r，p 分别是 q 的什么条件？

【解析】用箭头符号"$\Rightarrow$"画出表示题设条件的图形，由下图1-4，知 $s\Rightarrow r\Rightarrow q$，所以 $s\Rightarrow q$，又 $q\Rightarrow s$，所以 $s\Leftrightarrow q$，即 s 是 q 的充要条件。由 $r\Rightarrow q$，$q\Rightarrow s\Rightarrow r$，得 $r\Leftrightarrow q$，即 r 是 q 的充要条件。由 $q\Rightarrow s\Rightarrow r\Rightarrow p$，得 $q\Rightarrow p$，故 p 是 q 的必要条件。

图1-4

【评析】我们要善于正确处理数学中的三大语言——文字语言、图形语言、符号语言间的相互转换。

（4）等价转化思想处理

【例4】"不等式$|2x+5|\geqslant7$"成立的一个必要不充分条件是（　　）

A. $x\geqslant1$　　　　B. $x\leqslant-6$　　　　C. $x\geqslant1$或$x\leqslant-6$　　　　D. $x\neq0$

【解析】N的一个必要不充分条件是$M\Leftrightarrow M$是N的必要不充分条件，说明N是M的真子集，由于$|2x+5|\geqslant7$的解集是$A=\{x\mid x\geqslant1$或$x\leqslant-6\}$，而A是$\{x\mid x\neq0\}$的真子集，故选D。

【评析】复杂的推理问题常采用等价转化思想，使问题简单化、具体化。概念的精要可理解为抓住概念的精华和本质，这就需要我们首先利用图象等几何直观引入概念，到用数学语言描述，再到数学符号表示，寻找本质的关键词，对概念本质属性的关键词进行表征，这正是概念精要所要达到的高度。使学生掌握概念的多元表征，并能在各种表征间灵活转化，是数学概念教学的基本策略。

第三节　着眼问题　了解数学概念教学之现状

数学概念是学生数学思维的基本单位，一切数学教学活动、研究发现都是从理解概念开始的。概念不清、关系不明，学生很难进一步进行其他数学的学习和研究。李邦河院士说："数学根本上是玩概念的，不是玩技巧。技巧不足道也！"[1] 因此，概念教学在高中数学教学中具有举足轻重的地位。

对概念理解的考查贯穿于所有的数学测试，概念在数学学习的重要性由此可见一斑。可以说，数学的基础知识几乎是概念。但是，课堂中不重视概念教学、概念教学走过场、解题教学代替概念教学等概念教学中的"短、平、快"的现象还横行在当今的数学课堂教学中。"一个定义，几项注意"是概念教学的

---

① 罗增儒，李文铭. 数学教学论［M］. 西安：陕西师范大学出版社，2003.

常态。在概念的引入、生成、理解、拓展、延伸上，教师没有给学生充分的、足够的机会去概括数学概念的本质特征，结果导致学生对数学学习的内容、方法、思想、意义知之甚少，"数学育人"也将成为空谈。不少教师轻概念、重解题，导致数学教学为解题而解题，与概念的理解严重脱节，导致学生对概念含混不清、一知半解，极大地限制了学生创造能力的提升、创新思维的发展。这严重背离了《课程标准》倡导的培养学生探究、应用能力与创新思维的精神。

当前，数学概念教学主要存在目标不明、重点不清、逻辑不分、方法不当等四方面的不良倾向。

一、数学概念教学之现状

（一）概念教学目标不明

1. 师生对概念教学重视程度不够

《课程标准》凸显了数学概念的基础性和重要性，但部分教师美其名曰"大容量、快节奏"，刻意追求习题教学的最大化和概念教学的最小化，"轻数学概念、重解题技巧"的倾向还烙印在部分教师的意识中，这种舍本逐末、缺失精髓的教育必然影响学生核心素养的提升。有些教师认为数学概念很简单，讲授概念时仅仅蜻蜓点水般地点到为止，更有甚者提出让学生自学、淡化概念的观点。教师对概念教学的不重视，导致学生对概念的学习和理解不够重视，以为只要会用概念解题就万事大吉了。部分师生认为概念学习单调乏味没有意思，对概念不加重视、不求甚解，以至于对概念的认识模糊不清。另一部分师生是对核心概念、大概念死记硬背、浅尝辄止，零碎机械地认识富含深刻含义的数学概念，自然而然导致学生没能正确理解概念，无法形成数学核心能力，只能模仿教师用已见过的特定解题方法去解决一些曾经遇见的题目类型，而一旦遇到新的背景、新的情境、新的题目就束手无策、无从下手，以至于恶性循环，从而师生陷入无底的题海漩涡之中。长此以往，考试的分数成了学生、教师、家长、学校荣辱的符号，谁还会在意、谁还会重视概念的教与学的过程？其实，这些想法、做法都说明师生对数学概念的重视程度不够。

2. 教师对数学概念理解不到位

除了师生对概念教学不重视外，更令人担忧的是，有些教师不知如何教概念，深究其原因在于教师没有深度理解数学概念。《课程标准》指出：数学教学中应加强对数学基本概念、基本思想的理解和掌握，要把核心概念和基本思想反复强化贯穿教学的始终，帮助学生逐步加深对概念、大概念、核心概念的理解。部分教师无法真正意识到概念是反映数量关系与空间图形本质属性的思维形式，无法认识到数学公式、公理、定理是数学概念生成而得。教师对概念的理解不到位，使他们虽然不想淡化概念，但在教学实践中却只能忽视概念教学。

（1）不能把抽象的概念具象化

数学概念的抽象导致学生对概念的理解只能浮光掠影，停留其表面。教师应该认识到高中抽象的数学概念，其实都可以找到客观现实的具体实例。把抽象的数学概念具象化，这是数学教师必须做的工作。

在立体几何教学中，这个道理是显然的。没有实物模型，只会让学生陷入混沌之中，教师要善于从现实世界中找到相应的模型。譬如，教师通常在讲授异面直线间的距离概念时，先给出异面直线公垂线的概念，然后指出两垂足间的线段长就叫作两条异面直线间的距离。教师可以帮助学生回顾一下已学过的距离概念，如两点之间的距离、点到直线的距离、平行线之间的距离，引导学生去求同找异，寻找发现其共同特点是"最短"与"垂直"。教师此时可以通过利用正方体、长方体等实物模型，启发学生思索，哪些是异面直线，两条异面直线是否也存在这样的两点，它们的连线与这两条异面直线垂直，并且它们之间的距离最短。如果存在，它们有什么特征？通过师生共同探究，他们很容易就找到相应的两点，它们所连成的线段和两条异面直线都垂直，且线段最短，这样就通过正方体、长方体上的线与线的位置关系，自然而然地给出了异面直线距离的概念。

我们从上述例子可以看出，在将抽象的数学概念具象化的过程中，学生可以认识两条异面直线的距离概念的本质属性，这样不仅训练了学生的概括能力，还让学生体悟到数学发现之美。牛顿曾说："没有大胆的猜想，就做不出伟大的发现。"教师在概念引入、生成、应用的过程中要善于利用实物模型，让学生敢于猜想，通过几何直观形成数学直觉，进而发展其数学思维，从而使学生获得数学发现的基本素养，培养学生的创造性思维。

（2）对概念的理解缺乏深度

教师对概念所包含的丰富内涵和外延理解不够、挖掘不透，才使教师对概念的讲解粗枝大叶，只能让学生通过模仿记忆和大量的练习来理解概念，熟悉其知识与技能，这就是教学中的事倍功半。例如，当学生真正理解椭圆的定义后，一看到"动点 P（x，y）满足 $\sqrt{(x+1)^2+y^2}+\sqrt{(x-1)^2+y^2}=4$"，他们就知道点 P（x，y）的轨迹方程是 $\dfrac{x^2}{4}+\dfrac{y^2}{3}=1$，而不是化简整理了半天后，还计算错误，无功而返。学生如果不能把方程 $\sqrt{(x+1)^2+y^2}+\sqrt{(x-1)^2+y^2}=4$ 的几何意义翻译出来，无法抽象动点 P (x, y) 到定点 F_1 $(-1, 0)$、F_2 $(1, 0)$ 的距离之和等于定值4，当然也就无法用椭圆的定义来解决实际问题。

在教学中，学生对基本概念理解不准确，其实是教师对之理解不准确、不全面所致。教师没有全面认知、深刻理解数学概念的内涵和外延，如常见的概念函数的概念、函数的性质、曲线与方程、椭圆、双曲线、抛物线等，只能叙述概念的数学表示，而不能描述其前提条件、相应的几何图形、实际意义等，只知其然而不知其所以然。

教师深度理解概念首先要明确数学概念"是什么"——名称、定义、属性和例证，其次要探寻"为什么"这样定义概念——形成的原因、形成的合理性，最后思考概念"怎么样"——运用、拓展。教师要认识数学概念，既要给出事物是与否的标准，又要刻画概念的本质属性，所以要将数学思维回归到定义上。教师加强概念教学的剖析过程，概念引入、生成和理解的重点难点要分层突破，要求学生在解题过程中灵活运用概念，这些不仅可以起到优化思维的作用，还可以培养学生严谨科学的数学思维品质，这才是数学概念教学中至关重要的一环。

3. 教师对概念教学目标不明晰

在数学概念教学过程中，教师既要讲授基本知识，又要培养学生的思维能力和解决问题的能力。但是，在实际的教学过程中，我们发现很多学生并不喜欢数学、对数学知识掌握不牢固，这个现象和教学目标的缺失有很大的关系。教师如果对教学目标不清晰，就会导致学生对学习方向的迷失。由于缺乏目标，学生不知道要学些什么，也就很难专注于课堂上的讲解。教师应该在教学中明确目标，突出教学重点，使学生知道自己要学些什么。概念教学的目的应该是让学生掌握相关概念、培养概念理性思维，教师要明确教学要求和评价标准。

例如，对于导数概念的学习，教师应该明确教学的目标是通过大量的具体实例，让学生逐渐理解物理学意义上的平均速度变成瞬时速度，数学意义上的函数的平均变化率变成瞬时变化率，几何直观意义上的割线斜率变成切线斜率，从而让学生理性接受导数的概念。在讲授导数的概念时，教师抽出一节课时间和学生讨论生活中的变化率的问题，引用现实中大量的例子，譬如，变速直线运动位移随着时间的变化而变化，研究位移相对于时间的变化率（平均速度→瞬时速度）；在高台跳水运动中，运动员相对于水面的高度 h（单位：m）与起跳后的时间 t（单位：s）存在函数关系，体会 h 与 t 的变化率（平均速度→瞬时速度）；对于吹气球问题，均匀吹气时气球体积与吹气时间之间存在函数关系，考查气球的膨胀率（体积的平均变化率→体积的瞬时变化率）；在容器注水实验中，注水时间的变化导致水面高度的变化情况（平均变化率→瞬时变化率）……通过这些大量的实例，就将变化率问题由感性的了解，上升到理性的认识，学生用极限的方法求瞬时变化率，也就自然能接受和理解瞬时变化率。教师的教学目标清晰，就会在课堂上对重要的概念、思想留出足够的时间，让学生在体验中理解概念产生的背景、概念的自然生成、概念的广泛应用、概念蕴含的深邃思想。

（二）概念教学重点不清

1."眉毛胡子一把抓"，导致概念教学平均用力

有些教师对概念教学不分主次，"眉毛胡子一把抓"，不仅导致自己吃力不讨好，而且学生对概念也没有充分理解，学习乏味，学习效果自然不好。

教师在概念教学时，要抓住主要概念、大概念、核心概念，选择讲解的重点。每个概念有很多辅助概念，应有主次地讲解主要概念。比如，对于函数概念，有常量、变量、自变量、因变量、定义域、值域、对应法则、函数关系等概念，但只要牢牢地抓住"函数关系、定义域"这两个主要概念就可以了（本来很多人常说函数有"定义域、值域、对应法则"三要素，我认为函数概念中值域是由定义域和对应法则决定的，所以只要"定义域、对应法则"即可）。

概念教学的核心应该是通过对一节课、一单元、一章节、一分支中的主要概念进行解构，剖析出有共同本质指向的、重要的、不可或缺的基础概念。教师找到核心概念（大概念），也就解决了"这一节课你的教学究竟要干什么"的方向，在核心概念的指引下，反思、完善对概念的解构，匹配相应的数学思想方法，完成概念教学的主构架。数学概念教学要让学生经历认识事物的发展过程：引出问题—形成猜想—演绎推理—应用拓展。这样可以让学生在观察中分析，在类比中发现，在探索中概括，在探究中获取新知，在应用中提升素养。

2. 教学重点不清，导致概念教学要求失当

教师对概念教学不分主次轻重，以至于教学的重点不突出，教学的要求失当。教师在概念教学中应注重刻画概念的本质，抓住概念中的关键字眼进行分析。比如等差（等比）数列的概念，"如果一个数列从第二项起，每一项与它的前一项的差值（比值）等于同一个常数，这个数列就叫作等差（比）数列"。其中的"第二项起、差值（比值）、同一个常数"，这些字眼教师都应该做着重的分析。对于等比数列，教师还要强调首项不等于 0，比值不等于 0。教师通过对关键字词的重点分析、提问思考，就能抓住概念的本质，对数学概念深度理解。

概念教学重点清晰，教师就能够加强概念的规范名称、符号、表示方法、

概念间的关系等，使学生明确概念的科学内涵。教师就会在教学过程中通过各种变式，使学生重点认识概念的关键特征，通过正例来揭示关键字眼，通过反例排除非本质特征的干扰。

（三）概念教学逻辑不分

1. 教师无视概念教学的条理性、层次性、逻辑性

数学概念的抽象性就决定了数学概念学习需要一定的理解接受能力和逻辑思维能力，这也是概念教学的难点。由于概念内涵的挖掘不到位、教学课时压缩、考试压力过大等因素的影响，数学概念教学忽视概念的本质属性，忽视概念的理解、公式的推导过程，教师甚至直接给出结论，教师教学的重点会在解题训练、概念的应用上面。

概念教学应该强调逻辑性，教师要讲解各类概念的内涵、外延、特性和规律，明确它们之间的内在联系和相互作用，理清它们的逻辑关系和脉络。概念教学应该适当结构化，在概念和相应的知识点之间建立逻辑的桥梁，使学生形成清晰的知识体系。概念教学结构化的目的就是使知识系统更加清晰可见。概念教学应渐进式地进行，从浅到深、从简单到复杂、从具体到抽象，学生从容易到困难、从系统性到整体性，逐步掌握各种概念。概念教学须采取系统性和结构化的教学方法，这有利于学生全面掌握知识和相关的概念，并将其有机结合起来，形成一定的知识体系。教师只有在概念教学过程中重视条理性、逻辑性、层次性，学生才能系统、完整地理解和应用概念，才能形成理性的思维。

2. 学生忽视概念的逻辑关系，概念混淆不清

我们经常听学生说，"数学上课听懂，下课解题不会"，究其原因，根在何处？学生产生这种问题的关键，是学生对数学概念的理解不到位，只知其然，却不知其所以然。学生在解题时只能模仿解题过程，变成了套路化的解题模式。学生在教师的熏陶下，习惯于只对解题方法进行总结，却没有从数学概念的本质上看问题。这样就出现了学生在课堂上思路清晰，知识似乎都懂，但课后却出现思路混乱、解题时无从下手的现象。课堂概念教学简单化、碎片化，学生自然不能很好地理解和运用概念，造成数学概念理解与解题不对称的问题，使理解性学习的概念变成机械记忆，这将导致学生的数学学习变得很艰难，学生学习数学的兴趣和信心也逐渐消失。

概念教学应该鼓励学生自主性探究式学习。教师要适当引导学生，做好教学准备，包括教学内容的整理、教材的准备、教学工具的选择等；实施概念教学；认真讲解概念的内涵外延，分析概念的应用以及概念与相关知识点的联系；在学生逐渐掌握基本概念之时，培养其自主探究能力，积极发挥学生的主观能

动性。教师通过课前积极的准备、课中丰富的教学语言、课后有意义的问题反思，来激发学生学习数学、数学概念的热情。学生通过理解概念的内容与规律，来掌握学习知识的方法和思维方式。教师通过渐进式教学、逻辑性、结构化与自主学习这四个指标不断提升学生的能力，让学生达到掌握真知的目的。

（四）概念教学方法不当

1. 教师教学方法陈旧，教学要求不当

教师不能够准确地把握教材、驾驭教材，尤其是"重结果、轻过程"，把形成概念的生动过程、有趣的探索过程变成了死记硬背的记忆过程、呆板无聊的理解过程、枯燥无味的应用过程。教师在概念教学时忽视思维训练，不根据自己学生的认知水平来进行教学，只是照搬照抄教学，使概念与思维训练脱节现象严重。教师不能根据学生思维最近发展区进行教学，反而在一开始就给学生设立思维障碍点，把学生当成容器，采用注入的方式硬塞给学生，学生总是被动地听、被动地学。很多教师将概念讲解得烦琐冗杂、晦涩难懂，使学生感到无聊和厌烦。这些都是教师在概念教学中教不得法、教法失当的体现，导致教学目标缺失，教学成效严重缩水。

因此，教师应该选择适合学生认知特点的教学方法，如讲解得通俗易懂、生动具体、直观形象、善用信息技术辅助教学等。教师应根据不同概念的特点选择切实恰当的教学方法，注意启发、引导学生综合应用类比推理、归纳推理和演绎推理等发现和提出概念，使概念教学具有针对性和灵活性。同时在概念探究中融入问题，教师的讲授与学生活动有机结合，做到概念学习与培养学生智慧紧密结合，以保证在学生了解概念的基础上，发展他们的创新精神和实践能力。

2. 学生学习效率低下、课堂主体不明确

课堂教学仍以教师为主，教师沿用传统的"填鸭式、灌输式"的教学方法，导致学生学习主体地位不够明确。在概念教学过程中，假探究、假运用还充斥于课堂。长此以往，学生都被动接受、记忆、运用知识，导致其求知欲、探索欲不能够被有效激发，学生的学习兴趣、学习动力自然就不足，概念的综合应用水平就达不到理想的状态。高中数学概念等基础知识掌握水平的高低，直接影响其数学综合水平的高低，也从多个层面影响学生的学习兴趣和动力。数学学习本来就是一种高强度的学习，需要学生注意力高度集中，如果教师一味地讲解和灌输，一段时间之后学生就会出现大脑疲劳的现象，反而会降低课堂教学的有效性。

数学概念的教学课堂要充分发挥教师的主导作用，充分调动学生的主体作用，以培养学生主动学习为目标，提高学生学习的自主性、积极性和主动性。由于数学基础知识具有抽象性强、思维和逻辑要求高的背景，教师在具体教学时，不仅要引导学生理解基础知识、核心概念，还要引导学生了解概念的关键点、找到关系的连接点、理解思维的困难点、寻到概念的突破点。

（五）学生学习数学概念所面临的问题分析

1. 用现实生活中的概念代替数学概念

教师在讲授一些抽象的数学概念时，为了让学生更直观地理解和掌握数学概念，总是尽量从现实生活中找到与之相关的概念。然而，现实生活中概念的宽泛性、易变性、多义性，使有些学生理解错误。

例如：在立体几何中讲到"垂直"时，教师总是习惯在现实生活中以地平面为参照而忽略了另外要研究的相对应的几何对象，以致于有些学生在学习"两个平面互相垂直"概念时，就以日常的"垂直"概念代替"互相垂直"的概念，使他们无法理解面面垂直的判定定理与性质定理对直线的要求是不一样的，即"如果一个平面经过另一个平面的一条垂线，那么这两个平面互相垂直"只提到一条垂线，而在面面垂直的性质定理"若两个平面互相垂直，那么在一个平面内垂直于它们的交线的直线垂直于另一个平面"中却是两条直线的关系。

2. 用概念原型代替数学概念

概念原型或者模型是反映概念属性的"典型代表"，在数学概念学习中发挥着重要作用。刚开始接触新的概念时，学生往往借助于对模型原型的观察、分析来获得对概念的本质特征的认识。一方面，数学原型加深了对概念的理解，另一方面也使得学生在记忆"原型"的相关特征时，把一些无关特征加以记忆，导致在运用概念时往往以原型来替代概念。

例如，在学习异面直线概念时，有的同学拿起两支粉笔比作"异面直线"，认为当这两支粉笔再粗些，它们就会相交了，从而认为异面直线不存在。显然，他们把粉笔当作直线，忽略了直线是现实抽象出来没有粗细的一个抽象概念。同样，有些学生一直不理解"如果两个不重合的平面有一个公共点，那么它们有且只有一条过该点的公共直线"。究其原因，学生把现实生活中的面（桌面、地面、正方体的表面）认为是数学抽象出来的平面，没有真正理解数学中的平面是向"四周无限延展的"。

诚然，很多数学概念都有着深厚的现实背景，教师在讲授这些概念时从实际出发，在现实生活中找一些与之相关的例子，这是合理的、普遍的教学方法。借助这些例子学生确实会容易理解，但同时也要清楚，很多数学概念在现实生活中并非真正存在原型，它只是为了学习数学的需要而产生的，这就要求学生在教师的帮助下通过自己的学习经验，运用自己的抽象思维在自己的知识体系中建立抽象的概念。

3. 用"形象描述"代替数学概念

概念符号化是概念教学的必要步骤，这是因为数学概念大都由规定的数学符号表示，这使数学的表示形式更简明、清晰、准确，更便于交流与心理操作。这里要注意让学生掌握概念符号的意义，并要进行数学符号和其意义的心理转换，来促进他们对数学符号意义的理解。在学习过程中学生会用自己的语言符号描述概念，他们习惯通过一个介于实验、实例与概念定义之间的实例、图形进行描述，具有"形象"性。学生对描述的语言、符号使用不准确，这就容易造成概念错误，包括模糊、遗漏、增补、修正、变异等错误。

譬如，在学习异面直线所成角的概念时，有些学生对角的描述就可能是"两条直线平行移动相交所成的夹角（要区别角、四个角、较小的角）"，他们在解题的时候就会混淆不清。

【例题】 已知，空间四边形 $ABCD$ 中，$AB=CD$ 且成 $60°$ 的角，点 M、N 分别为 BC、AD 的中点，求异面直线 AB 和 MN 成的角。

【错解】 如下图 1-5 所示，取 AC 的中点 P，连接 PM、PN、MN，

因为 M、N 分别为 BC、AD 的中点，

所以 $MP /\!/ AB$，且 $MP=\dfrac{1}{2}AB$；$NP /\!/ CD$，且 $NP=\dfrac{1}{2}CD$，

又因为 $AB=CD$，且 AB，CD 所成的角为 $60°$，

所以，$MP=NP$ 且直线 MP 与 NP 成 $60°$ 角，

所以 $\angle MPN=60°$，即 ΔMPN 是等边三角形，所以 $\angle PMN=60°$，

即直线 AB 和 MN 成的角为 $60°$。

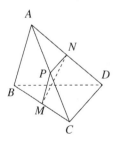

图 1-5

【剖析】 上面的解法遗漏了当直线 MP 与 NP 成 $60°$ 的角时，$\angle MPN=120°$ 的情形，此时直线 AB 和 MN 成的角为 $30°$。在平常教学过程中，学生最易忽视这

种错误，看到题目不经过缜密的思考，对异面直线所成角的概念理解不到位，把眼见到的角当成所求角，就会出现"千里之堤，溃于蚁穴"的思维不严密的后果。为防止遗漏或错误，学生在解题过程中应正确理解概念。

4. 忽略数学概念中的约束条件

我们知道，概念通常包括四个方面，分别是概念的名称、定义、例子和属性。同样，数学概念除了名称定义、例子外，还有与之相应的定理、公式、法则。这些数学概念在解决具体数学问题时起着很大的作用。因为定理、公式、法则都是针对某一个数学概念的，它们自身就有不少的约束条件。然而，学生在学习数学概念及相应的定理、公式、法则时，往往忽略其重要的约束条件。

例如，在学习椭圆概念时，学生忽略条件"$|PF_1|+|PF_2|>|F_1F_2|$"，学习双曲线概念时，学生忽略条件"$||PF_1|-|PF_2||<|F_1F_2|$"，学习抛物线的概念时，忽略条件"定点 F 不在定直线 l 上"。

二、数学概念教学误区

（一）华而不实，偏离本质

1. 远离教材，误解"不是教教材，而是用教材教"

《国家基础教育课程改革指导纲要》明确提出，"用教材教"而不是"教教材"，提倡教师依据时代发展变化和课程标准灵活地、创造性地使用教材。《课程标准》倡导教师根据学生实际学习情况，删除或更换教材中干扰概念教学的示例，不是简单地"教教材"，而是"用教材教"。教师要融入自己的科学精神和智慧，创造性地使用教材，进行教学重组和整合，设计丰富多彩的课程，充分有效地将教材知识的智慧结晶激活。《课程标准》倡导开放、民主、科学的课程理念，教师不仅是课程实施的执行者，还应该是课程的建设者和开发者。教师在数学概念教学过程中，要发挥主体作用，形成强烈的课程意识和参与意识，灵活地使用教材。

我们也要防止错误地理解"不是教教材，而是用教材教"。有些教师在概念教学过程中完全抛弃课本，另起炉灶，完全按照自己的经验，凭感觉去理解和讲授数学概念。他们完全无视教科书和教材编写专家、学者的心血和智慧，无视编写过程中吸取的广大教师长期教学实践中探索的宝贵经验。新课程知识体系的编排大部分呈螺旋式，这样的编排方式对学生的学习，特别是概念的学习有很大的好处。教师应当潜心钻研教材，充分认识教材编写者的编写意图和编制特点，一丝不苟地学习、理解教材并用好教材，充分发挥教材的积极作用。

实际上，教材编写者尽可能地考虑了不同地区、不同层次的教学实际的需要，所以我们不能盲目地崇拜教材、迷信教参，但也不能弃之如敝屣，要充分发挥教材指导、引领、示范的作用，同时避免机械、被动地依赖课本和教学参考书。教师应该根据教学实际对教材进行补充、延伸、拓宽和重组，同时鼓励学生对教材提出疑问和建议。教师既要让学生知道"是什么、有什么"，还要让学生知道"为什么、怎么样"，让学生"亲历科学探究发现的过程"，通过对知识建构的过程性经历，让学生批判性地学习，从而使能力发展成为可能。

教材是"能力之桥"，是"知识之舟"，是心灵"洗礼之池"。一些教学名师说，用教材"教"，教材是"范本"，以教材为圆心，可以把概念的内容和形式向外延伸。教材是"诱饵"，去"钓"学生思考的"鱼"。教师用教材教，让学生从实际的经历、生活的实践中结合要学的知识，进行概念学习。

2. 故弄玄虚，探究收效甚微

数学概念教学活动中的"探究"，不仅体现在知识生成的过程中，还孕育着新的发现，同时也是有效促进学生思维品质提升的途径。很多教师对开展"自主探究"的教学做了许多的尝试，课堂上学生热火朝天地讨论，探究的积极性很高，但在实施过程中效果往往不尽如人意，教学效率低下，课堂探究活动是无效探究或低效教学，教学无法完成教学任务。课堂没能为学生提供足够充分的数学活动机会，使学生通过概念学习去理解和掌握基本的数学知识、数学技能、数学思想方法变成镜中花、水中月。究其原因，师生对探究活动的目标不够清晰而故弄玄虚，对探究活动的过程的针对性设计不充分。在探究活动中，学生的思维尚未激活，在探究活动中，遇到问题、提出问题无从解决。

为保证概念教学探究活动的有效性，教师在探究活动中必须找准位置，清楚"台上"与"台下"、"台前"与"幕后"的角色定位，充分发挥主导作用，才能使课堂探究活动有效开展。《课程标准》指出："学生是数学学习的主人，教师是数学学习的组织者、引导者与合作者。"这并不意味着教师要把教学的舞台全部让给学生，由教学的"中心"走向"边缘"。在数学概念学习探究活动中，教师要充分发挥作为探究活动信息的收集者、探究活动氛围的营造者、探究活动方向的引导者、学生思维活动的促进者、探究活动的评判者的作用。

（二）无效教学，缺乏反思

1. 强化应用，误把特征当本质

教师要结合现实生活情境，精心设计情境进行概念教学。生活化的教学情境的作用有三：一是贴近学生生活，富有趣味性，激发学习兴趣；二是使学生初步体会数学建模的过程，即现实生活、生产中的实际问题可以通过数学化的过程，形成数学问题，通过求解数学模型，得出数学结论，最后还原实际问题；三是自然导入新课，概念的引入和生成是水到渠成的。

数学概念的重要性强调了数学概念不是用来背的，而是用来理解的，学生要剖析和理解概念中的每一句话。每一个数学概念都有其自身的叙述逻辑，而这个逻辑通过我们不断地总结和提炼，最后成了解题逻辑或者解题过程。部分解题步骤、路径和逻辑，就源于对数学概念的提炼。

但是在教学过程中，教师也要避免把概念呈现出的特征当成本质来理解和应用。我们以奇函数为例，如果在解题过程中能灵活应用"奇函数在 $x=0$ 有定义，则 $f(0)=0$"的特征，就可带来意想不到的效果。这并不是奇函数的本质特征，比如奇函数 $f(x)=\dfrac{x^2-1}{x}$ 就不满足 $f(0)=0$。在概念教学过程中，教师经常设置一些学生易错易混的问题，让学生深度理解、深入挖掘概念的内涵与外延，这样学生就能灵活运用、熟练掌握概念。

2. 提炼缺失，误置结论为过程

教师忽视概念的生成过程，追求快速的概念应用，忽视概念生成对学生思维的帮助和影响。数学概念的提炼过程缺失，误把结论的记忆、理解当成概念学习的过程。这使数学概念教学步入空心化，学生对数学理解的过程就残缺不堪，数学思维、数学思想的提炼就得不到提升。

在概念教学过程中，教师要在概念学习的全过程中引导学生，在认识概念、生成概念、理解概念、拓展概念、应用概念、反思概念的过程中，一步一步、循序渐进、螺旋式地理解和掌握概念。譬如，教师用正方体为模型观察认识异面直线，并通过揭示异面直线所成角的实际背景，将数学家的思维活动充分暴露给学生，诱使学生沉浸于对新知识的渴求、期盼之中，触发其积极主动的学习思维活动。

3. 浅尝辄止，总结反思流于形式

在概念学习过程中，学生总结和反思是提升学生深度理解概念、灵活运用概念必不可少的一步。教师要经常引导学生总结反思，而不是浅尝辄止，不让概念学习的总结反思流于形式。譬如，数学中许多概念具有一定的抽象性和相似性，学生对这些概念的理解容易产生混淆。教师要引导学生去归纳辨析这些概念的异同，推敲它们之间的区别与联系，深刻理解这些概念，例如频率与概率、映射与函数、对数与指数、子集与真子集、相互独立事件与互斥事件等。同样，许多概念学生从正面理解比较困难，容易产生一些不正确的认识，而反例是推翻错误认识的有效手段，有时能起到意想不到的效果。例如，学生往往将"异面直线"的概念错误理解为"在不同平面内的两条直线"。教师这时可用书本作为反例,翻开的书本,书脊两侧页面的底边,可以近似地看作分别位于两个页面上的线段,符合"在不同平面内",但它们却是相交于一点的,显然不是异面直线。经过课堂教学,学生在反思教师在课堂中生成反例的教学过程中,不仅加深了概念内涵的理解,还增加了数学学习的方法和路径。

在如今的概念课堂教学中,教师可能还存在如下的问题:在教学中过分注重定义的叙述,而不求深入地分析概念的内涵和外延;在教学中简化了概念的形成过程,对概念定义一带而过,甚至忽略定理的证明过程;在教学中仍采用孤立单一的概念教学方法,忽略对以往所学知识的类比同化;在教学中盲目地使用题海战术,不注重概念的引入,只注重概念的应用,把教学重点放在训练学生的解题技巧和方法上;在教学中忽视对概念定义的总结和复习。学生在学习过程中对数学概念的抽象性和概括性把握不够,难于理解;在学习过程中主观上认为基本概念单调乏味,对数学概念不重视,对数学概念理解模糊,缺乏应用意识是学生高考数学失分的主要原因之一;在学习过程中不能透彻理解数学概念的本质,只能死记硬背、生搬硬套地解决简单的数学问题,更缺乏举一反三的能力;在学习过程中认为对数学概念的核心关键的知识点通过练习掌握即可,而忽略细节、时间上的安排,盲目做题疲于应付……

我们由此可见,以上在概念教学过程中存在的问题一定程度上限制了数学课堂教学质量的进一步提升。对于课堂教学中存在的这些问题,教育部门要通过切实有效的措施加以整改和解决。将解决问题的方法落实到实际教学中,其关键在于教师。教师要以高度的责任心投身于课堂教学之中,为学生提供更加有效的指导,使学生的数学学习变得相对轻松。学生也应树立正确的数学学习观念,充分调动自身的学习主动性和主观能动性。数学概念的学习对培养学生数学学科核心素养具有非常重要的意义,我们可以从学生应具备的数学学科核心素养及数学概念的重要性入手,结合数学概念的教学现状,分析产生问题的原因。我们从概念的引入、概念的建立、概念的巩固及应用等方面,结合实际的案例进行分析和论证,引导学生回归数学本源,找到数学概念的本质特征及内涵、外延。

第二章

深度学习数学呼唤概念教学

第一节　深度学习之本　理解其内涵、特征与维度

深度学习（deeper learning）的概念源于辛顿（Hinton）等学者于 2006 年提出的有关人工神经网络的研究。深度学习引入教育领域后，以北京师范大学郭华教授为代表的专家定义深度学习，他们将其定义为一种学生基于理解、围绕着具有挑战性的内容，在教师引领下，全身心积极参与、通过学习体验成功获得能力的发展的、有意义的学习过程；以发展学生高阶思维和解决实际问题为目标，积极主动、批判性地学习新知识，并融入原有的认知结构中，且能进行知识迁移的一种学习。我们理解的深度学习主要指在教师深度理解高中数学概念后，对学什么、怎么学的问题重新进行整合，通过教师的深度教学引领，激发学生学习的积极性和主动性，从而展开深度学习，达到提升其核心素养的目的，再通过学生的深度学习，反哺教师的深度研究和深度教学。

一、深度学习之内涵

（一）深度学习研究索源

自 2013 年以来，深度学习教学改进项目在教育部基础教育课程发展中心的专家团队的研究开发下，对落实学生发展核心素养实践策略和途径开展积极探索。郭华教授在论文《深度学习及其意义》中指出，深度学习既尊重教学规律，又主动回应时代挑战。华东师大特聘研究员汤立宏在讲座《深度学习与布鲁姆教育目标分类体系》中指出，早在 1956 年布鲁姆在其《教育目标分类学》中关于认知维度层次的划分，已蕴涵"学习有深浅层次之分"，指出低阶思维活动的浅层学习包括知道、领会等认知水平，高阶思维活动的深层学习对应分析、综

合、应用、评价等认知水平。莫景祺博士在《指向核心素养的深度学习报告》的讲座中指出,深度学习指在真实复杂的情境中,学生利用已有知识,运用逻辑思维,将其知识技能用于解决实际问题,来发展学生的创新能力、批判性思维、合作精神等认知策略。深度学习与传统的浅层学习相比,异于传统的教师灌输、学生被动接受知识等学习,其明显特征是强化了情感驱动的非认知学习。特级教师陈柏良在论文《在深度学习中发展数学核心素养》中指出,深度学习突出深度思辨的思维指向,侧重于挑战性内容和高阶思维能力的学习,通过问题链的思辨引导学生独立思考、自主判断挑战性问题,比较和辨析不同观点,从而发现新问题、提出新观点、探寻新规律。南京大学郑毓信教授在《以“深度教学”落实数学核心素养》中指出,从深度学习走向深度教学,促使提升学生的核心素养从理念走向行动。

(二)深度学习深在何处

简单来说,深度学习可以从几个层次来理解,即挑战性的学习主题、知识技能等学科本质、有意义的学习过程和思想情感态度等目标的实现。

1. 深度学习深在教师对教学内容的理解上

深度学习深在教师对核心内容的整体分析中,使教师确定深度学习的学习目标。准确把握学情和深刻解读教材是教师引导学生深度学习的基础,教师要深度理解教材,在深谙学生认知基础上对教材进行解读。首先,教师要充分注意教学内容的心理因素,奠定深度学习的基础,即如何选择、呈现、组织教学内容,激发学生学习的学习热情与认知欲望,建立已有知识与教材内容的联系;其次,教师要考虑教学内容的问题因素,通过问题的推进促进深度学习,把学习内容变成一系列问题串,引导学生分析、解决问题,在解决问题的过程中激发学生强烈的问题意识,并生成更多更深刻的问题;最后,要组织教学内容的结构因素,突出知识、方法和思维学习的系统性,保证深度学习的高效性,即如何对教学内容进行处理,尽可能让学生掌握知识的结构,而不是见树不见林。

在处理好上述心理、问题、结构因素的基础上,教师才能够决定教学内容的舍与取、略与详、简与繁、次与主、含与露的关系,为深度学习打下坚实的基础。

2. 深度学习深在教师对课堂教学的设计上

深度学习深在教师根据内容和学情而开展的教学设计上。数学教学是锻炼思维、活跃思维的教学,深度学习的教学设计要做到不矫揉造作,但简约大气,思维锻炼的层次和水平要有深度和广度,不是简单地停留在单一的线性水平上,要凸显思维的大气自然。课堂教学要促使学生深度学习,取决于教师对“问题串、问题链"的设计。教师应当设计一系列包括内容关联、方法关联和研究数学问题的视角关联的"问题串、问题链",引导学生进行系统的、连续的思维训练。事实上,一串好的问题,就能构成一堂"不需要讲授的课"。

3. 深度学习深在教师对教学形式的组织上

深度学习深在教师引领学生主动探究、深度思考的教学课堂中。教师在课堂上要给学生充分的时间思考、交流和表达,避免课堂出现"学生思维被教师思维替代,全班学生思维被一个学生思维替代"的现象。美国教育学家帕克·帕尔默著的《教学勇气》中有一段话:"你问了一个框架很好的问题,随之而来的是一片沉寂,你就等啊等……在我打破沉默的那一刻,我阻止了所有真实学习的机会。当我的学生们知道我总是把自己的想法灌输给他们的时候,他们怎么会静心思考他们自己的想法呢?"这段话启发我们,教师应学会"等待",给学生足够的时间去思考、交流和表达,从而构建深度学习的课堂。教师组织了充满活力而又富含思维火花碰撞的课堂,学生在交流和表达中就能更进一步深度学习,这使学生在课堂教学中不仅仅只是获得知识,而且情感、态度、价值观也能得到充分的发展。

深度学习需要学生的有效参与和深度探究,探究具有挑战性的学习主题,所以教师在课堂教学组织上,要用少量主题的深度研究去替换所有主题的表面研究,用少量主题去深度理解关键概念,避免学习浅尝辄止。教师运用模型认知与逻辑推理的思维方式,形成结构化的核心知识、核心概念以及核心思想方法,培养学生用数学思想解决问题,提升其创新精神和实践能力。

4. 深度学习深在教师对学习质量的评价上

深度学习深在教师对学生学习质量的调控和评价上。数学课堂的深度学习需要对学生的学习效果和质量进行实时评价,促使学生一步一步、一层一层地进行积极思维。针对不同的思维"交锋",教师对学生的思维表达进行积极评价,这是对其学习质量的肯定,很多时候学生愿意往深处再"想一想",很多时候源自教师的正向评价和鼓励。教师对学生的学习进行正向的评价,可以引导学生对概念多层次、多角度理解,教师对问题的一题多解、多题一解的求解方法进行分析与比较,让学生不断地建构思维的有效"模型",深度理解数学概念和数学知识,这也强调了学生的学习质量与深度学习是紧密相连、密不可分的。

(三)深度学习期待高阶思维

美国教育学家本杰明·布鲁姆的"教育目标分类学"把学生的数学思维分为低阶思维的记忆、理解和运用,高阶思维的分析、评价和创造。对于学生来说，低阶思维包括教师讲解、学习模仿、练习强化，高阶思维包括自主探究、合作研讨、猜测与验证。

学生通过深度学习促进具有学科特征的高阶思维的发展。伴随着数学课程改革的推进，数学教学理念不断被刷新、升级。数学课程与教学目标也悄然发生了变化，从"双基"到"四基"，从"四能"到"核心素养"。贯穿改革前后亘古不变的是学生对"深度学习"的呼唤，是发展学生"高阶思维"的企望。学生只有真正进行深度学习，才能促进他们自己高阶思维发展。反过来，学生数学的高阶思维的发展也需要展开深度学习来实现。

1. 高阶思维的实践呼求就是深度学习

《高中数学课程标准》对数学核心素养的定义是"会用数学的眼光观察世界、用数学的语言描述世界、用数学的思维思考世界"，这就要求数学课堂要发展学生的高阶思维，要引导学生超越浅层，改变被动学习的状态，展开探索性、批判性、创造性和深度性的学习，才能有数学眼光、用数学语言、提数学思维。

（1）深度体验，是高阶思维发生的催化剂

学生在数学学习中被动接受、临渊羡鱼等浅尝辄止的低阶思维数学学习，获得的只是浅表化、浅层次的数学知识。学习结果具体表现为学生数学学习缺乏深刻性、缺少批判性、不可变通性等。学生深度体验的高阶思维，需要经过充分的、真实的、完整的数学探究历程，不断发现问题、分析问题、解决问题，提高数学的能力和素养。

（2）深度认知，是高阶思维方式转变的过程

深度认知让学生学习的知识与思维活动交融并进。高阶思维的学习将学生的"做"与"思"紧密结合，通过数形结合、几何直观、具象化等数学操作，避免学生低阶学习的简单、重复、被动导致的肤浅理解、机械操作等。

（3）深度实践，是改善高阶思维形态的途径

教学活动中可以通过变式、问题链展开深度实践，并且在深度实践中交流、合作、研讨、分享、互学、共辩等。教师课堂精讲少讲，学生可操作、思考、反思、感悟的机会就多了，在此学习过程中，学生既掌握了数学知识的本质内涵，又形成了高阶的思维认知。

2. 高阶思维是深度学习的价值取向

高阶思维是学生深度学习的实践价值取向。学生的高阶思维引发深度学习，从而实现多角度思维、多层次抽象。美国学者恩尼斯认为，高阶思维具有三个特质：一是使用抽象的思维结构；二是将信息组织成一个整合体系；三是应用

合理逻辑和判断准则。

（1）通过情境导向、任务驱动形成学生高阶思维的思想准备

深度学习是通过情境驱动、任务导向，基于发现、分析与解决问题的学习，是一种在理解、记忆基础上的综合运用与创造性的学习。在情境驱动、任务导向下获得深度体验，学生形成高阶思维认知，据此催生学生的数学深度学习。教师通过问题驱动、任务导向，让学生深度体验知识的动态生成，积累具有创造潜质的活动经验。高阶思维的数学教学是多向的、有深度的，而不是单向的、线性的。

（2）通过自主思考、多向交流建构学生高阶思维的心理活动

学生深层的数学思考才能导向高阶思维。为此，在数学教学活动中，教师既要顺应学生数学思维促进知识建构，又要让学生把握数学抽象的时机，引导学生深度思考，建构学生高阶思维。教师要有意识地设置富有启发性、挑战性的数学问题，引发学生自主思考、深层质疑，启发学生不断思考、调整思维、观察交流、归纳反思，从而形成对数学问题的本质认识。教师要把握学生的认知心理，故意设置"漏洞、障碍"，故意"示弱、装萌"，学生经历"山重水复疑无路"后，自然会"柳暗花明又一村"，使高阶思维的"曲径通幽"得以实现。教师要引导学生不断进行数学实践，激发其认知冲突，用问题引发学生的深度思考和多向交流，导向数学深度思考和深度学习，发展学生的高阶思维。

（3）通过综合加工、多层抽象积淀学生高阶思维的实践路径

深度实践是实现学生高阶思维的路径，通过学生的综合加工、多层抽象形成学生的数学核心素养。在学生的深度实践过程中，教师要处理好"放手"与"指导"的关系，把握好"思考"与"交流"的关系，协调好"独立探究"与"合作完成"的关系，让学生从更广阔的角度进行思维，助力、内化、延伸学生的深度实践。在数学教学活动中，教师要关注学生的数学实践活动，让其数学实践从浅表走向深层，并在实践中使学生形成高阶思维。

（四）深度学习呼唤活力课堂

课堂是教学的主战场，是师生交流和对话的主要平台。在教学反思中，教师应当深入思考以下问题：课堂上，学生是否深度学习了？学生有深刻、活跃的思维活动吗？学生有"发现、沉思、表达、探究、反思"的机会吗？数学课堂教学有呈现认知主动、问题开放、思维多元和建构丰富等四个特征吗？通过以上问题的指引，教师将更好地理解深度学习与活力课堂的关系，意识到学生在课堂上发现、唤醒、成为自己应该成为深度学习的活力课堂的"标配"，要使

学生成为数学课堂学习的真正主人，促进学生思维活跃和深度学习。教师不仅要关注学生学习知识的情况，还要关注学生作为一个"真实、完整的人"为什么要学、学什么、怎样学。

1. 深度学习的活力课堂需要学生活跃的思维活动

思维是人类所特有的，是人脑对事物本质和事物规律的反映，是认识客观现实的高级形式。人们需要通过思维来认识事物的本质和规律，并运用思维来预见和推知事物的发展进程，指导自己的实践活动。师生思维同步前进的课堂教学是教师传授知识与学生获取知识的双向交流过程，深度学习的课堂要注重发展学生的思维能力，协调师生的思维关系。活力的数学课堂要有效地培养学生的思维能力，要让学生产生共鸣，必须激活学生的思维，激发学生学习的兴趣。活力的课堂氛围，能够使学生更深层次地理解数学。

2. 深度学习的活力课堂需要互动反馈、多维对话

深度学习的活力课堂需要思维的灵活性，学生思维灵活，其迁移能力就强，就会根据客观形势的变化进行相应的调整。为此，深度学习的活力课堂需要师生的互动反馈、多维对话。教师在课堂教学中要以变应变，可以通过"诱导—自研—互动—归纳"的方法调动其学习积极性，利用多种感官参与思维活动，用多变的教学方法加速学生思维的提升和转换过程。互动反馈能抓住问题间的内在联系，有利于加深认识，优化认知结构。教师在多维的对话过程中发展学生的求异思维、发散思维，学生能收获较多的思维成果。其活跃的发散思维主要体现在课堂气氛活跃程度上，教师要通过对教学内容的深度理解，把教材分解重组、对照分析，通过有意义的逻辑链、有深度的问题链促使学生思考，保持其思维热度，从而促使逻辑思维的有效发散，达到数学学习举一反三、触类旁通的效果。

3. 深度学习的活力课堂促进学生深度学习的思考

深度学习要求学生的学习必须是递进式的、有层次的、阶梯式的，强调通过切身的体验和深入的思考达成对数学本质和概念意义的深透理解。这样的活力课堂才会促使学生积极主动地融入教学活动中，也只有学生积极主动地参与课堂教学活动，学生的学习才可能是有深度的。活力的数学课堂要突出问题由浅入深、深入浅出、层层递进，以期促进学生深度学习。

二、深度学习之特征

东北师大马云鹏教授在讲座"核心素养与深度学习的课堂变革"中指出，深度学习的基本特征包括对学科内容的关注与学生学习的整体理解，其学习重

点在于培养学生高阶思维与解决问题的能力，深度学习是以深度探究为特征的整体学习。深在深层动机，认知的内驱力源于学习者内部的好奇心、求知欲和探究欲。深度学习是一种身心专注、沉浸、投入的主动学习，伴随忘我的积极情绪和满足感，所以深层动机是深度学习的源头。深在切身体验，深度学习发生在真实的具体情境中，通过"做"从经验中学习，即直接感知、实际操作、亲身体验；深在高阶思维，前面已经提到高阶思维是高层次的思维能力，比如信息整合能力、批判性思维、创造性思维、科学精神等，高阶思维既是深度学习的目标，也促进学生的深度学习；深在问题解决，深度学习通过学生的实践应用和问题解决表现的一种基于问题解决的学习，指向知识的重构与运用，产生知识迁移，解决生活中的真实问题，深度学习是促进学习者把课堂教学中获得的知识应用于现实世界的学习。

（一）深度学习是尊重规律的学习

学生的深度学习活动是基于教育教学规律、尊重心理学、脑科学等科学，精心设计教学活动并展开的深层次的学习。无论其学习内容的难易程度、学习强度的大小、学习方式的优劣，还是学习的环境、时间、节奏等因素，都应该与学习者的年龄特征、身心发展水平及认知水平相符合，这是深度学习的前提，这是深度学习应尊重的学习规律。譬如，在数学学习中，学生对概念的理解很困难，这是因为缺乏对认知规律、认知科学的学习，致使教师理解的数学概念与我们希望学生领悟的概念存在差异。师生对概念理解和认识的不同，往往是造成师生间"互不理解"的关键。

（二）深度学习是探究本质的学习

学生要实现深度学习，必须对研究对象的问题情境、与其相关的背景、环境等因素本身进行全面、深入、完整的理解。深度理解问题本身，使深度解决这个问题成为可能。譬如，教师教学要思考一个根本性的命题，即"数学教学究竟要给学生什么"，指出"数学教学要培养学生对美的鉴赏、体现科学和艺术的教学"[①]，"数学要树立学生的科学精神"，"数学教学要体现精神性、思辨性和艺术性"等观点。我们可以这样说，数学学习的深浅程度就是对数学问题本身的本质特征及其相关要素的发现、分析、剖析和理解的程度。

（三）深度学习是深入理解的学习

人的深度学习是对某些问题、事物、现象等全面而具体的学习，是理解数学本质、直抵数学核心概念和核心问题的学习。这种深度学习促使学生的认知、

---

① 张景中. 张景中教育数学文选 [M]. 上海：华东师范大学出版社，2021.

思维、能力、思想观念等向更高阶段或更高层次发展，深刻理解问题背后的可能，后续的问题深度解决，数学深度学习才成为可能。

（四）深度学习是思辨思维的学习

无论是学习还是教学，有思辨才有深度，要深度必须有思辨。学生的数学认知进阶顺序通常为"是什么，为什么，怎么做"，但比"为什么"更高阶的是学习者要思辨参悟"为什么"背后的逻辑是什么，即这种思考背后为什么思考。学生如果能关联、打通数学所有要素，就能深入数学的核心概念，就能理解数学的本质。学生通过思辨实现从表象到本质，从具象到抽象，深度洞察譬如"数、形、数与数、形与形、数与形"的关系。

（五）深度学习是全身心参与的学习

纸上得来终觉浅，绝知此事要躬行。绝知即深度学习，其必须建立在学生的躬行上，即实践和深切的体验。深度学习要让学生用全部的身心体验学习，自觉、自主、积极、深度学习。深度学习的学习者根据自身的需求和实际情况进行调整，参悟"为什么"背后的逻辑，形成每个个体"自己"独特的认知逻辑，给自身带来学习的成长和改变，在学习中找到"自己"，并实现某些方面更高阶、更高层次的学习。

三、深度学习之维度

郭华教授在 2016 年 11 期的《课程·教材·教法》上发表了《深度学习及其意义》一文，指出深度学习，是极为复杂的活动，判断深度学习，可从以下几个方面来说明，或者说深度学习应该有五个维度，分别是联想与结构、活动与体验、本质与变式、迁移与应用、价值与评价。

我们下面从数学学科角度，以《直线的倾斜角与斜率》这一节课为例对这五个维度加以阐释。

（一）通过联想与结构实现经验与知识的相互转化

"联想与结构"，一方面指学生学习方式的样态，另一方面指这样的学习方式所处理的学习内容，包括要处理的外在知识与学生经验之间的转化问题。

例如，《直线的倾斜角与斜率》这节课的引入要提出问题：在以往的几何学习中，我们通过直观感知、操作确认、思辨论证等方式进行研究，在本章，我们进入解析几何的学习，学习如何将几何问题转化为代数问题进行研究，如何逐步实现这一目标。我们然后提出问题①建立在代数与几何中的桥梁是什么？（答：坐标系）；问题②直角坐标平面上的点的代数形式是什么？（答：坐标，点的坐标与有序实数对之间是一一对应的）；问题③坐标平面上的几何图形能否用代数形式表示？（答：最简单的平面图形——直线应该怎样表示）。

这一节课已有的认知基础是，在初中建立点与坐标的一一对应关系、一次函数解析式的图象与直线的对应关系，学生已初步感知了数与形之间的对应关系，这是坐标法最初的认知和理解。《直线的倾斜角与斜率》是解析几何起始课，也是将基本几何图形进行代数化研究的样本，是构建用代数方法研究几何问题路径的第一课。为了研究直线的有关问题，我们首先探索在平面直角坐标系中确定直线位置的几何要素（两个点或者一个点加上方向），然后研究如何用代数表示这些几何要素，譬如斜率概念可以按照"方向—倾斜角—倾斜角的正切值—斜率—直线上任意两点纵横坐标的差与商"的过程，将直线逐步代数化，把"形"逐步转化为"数"，用"数"来表示"形"。

学生通过回顾以往的学习经验和知识储备，来参与当下的直线学习，这样就将当下的学习内容与已有的经验建立起结构性的关联，从而将知识转化为与学生个体有关联的、能够操作和思考的内容。学生通过自己的记忆、理解、关联能力以及系统化的思维与结构能力，可以完成《直线的倾斜角与斜率》相关知识和方法的"联想与结构"。学生以建构的方式学习结构中的知识，再通过建构将学习内容本身所具有的关联和结构进行个性化的再关联、再建构，从而形成学生自身的知识结构。

（二）通过活动与体验构建学生的高阶学习机制

"活动与体验"是深度学习的核心特征，研究学生学习机制问题。"活动"是指以学生为主体的主动活动；"体验"是指学生作为个体全部身心投入活动时的内在体验。

《直线的倾斜角与斜率》通过下列问题串、问题链，让学生主动融入"探索、发现、经历"知识形成的过程中。

问题 1：确定一条直线的几何要素可以是什么？如何在平面直角坐标系确定一条直线 l 的位置？

问题 2：如何表示这些直线的方向？

问题 3：以 x 轴为"基准"，当直线 l 与 x 轴相交时成四个角，我们用其中的哪个角表示直线的倾斜程度比较好呢？

问题 4：已知直线过点 P（0，1），且与 x 轴所成的角是 45°，请画出满足条件的直线。

问题 5：两点确定一条直线，已知直线经过点 P_1（x_1，y_1）、P_2（x_2，y_2），其倾斜角为 α，则这两点的坐标与倾斜角之间存在怎样数量关系？

问题 6：$\tan \alpha = \dfrac{y_2 - y_1}{x_2 - x_1}$ 对任意给定的两点都适用吗？这个公式的意义是什么？与我们日常生活中刻画斜面倾斜程度的坡度有联系吗？

问题 7：直线的倾斜角发生变化时，直线的斜率有何变化？

问题 8：过两点 P_1 (x_1, y_1)，P_2 (x_2, y_2) $(x_1 \neq x_2)$ 的方向向量怎么表示？你能找到它与斜率之间的联系吗？

问题 9：（1）在平面直角坐标系中，如何探究确定直线位置的几何要素？与平面几何中确定直线位置的几何要素有何差异？（2）直线的倾斜程度、倾斜角、斜率之间有何关系？如何用直线上两点的坐标表示直线的斜率？（3）直线的方向向量在刻画直线的倾斜角、斜率方面有什么作用？（4）蕴含什么数学思想方法？

教师通过问题的层层递进，引导学生主动地、有目的地学习，学生得以全身心地投入学习与体验已有认识成果及其过程，真正成为教学活动的主体。通过递进的问题串、问题链的思索与探究，学生成为教学的主体，成为一个具体而丰富的人。

师生对问题链的解决的过程就是师生或学生间的交流、沟通与合作的过程。教师的启发、引领，同学间的互助合作、课堂讨论中的相互启发、小组研习中的相互依赖与信任等等。学生以全部的思想和精神去感受和体验学习活动的丰富复杂、细微精深，真切或模拟地去体验伴随活动而来的痛苦或欣喜的感觉经历，其学习过程本身就是学生体验社会性情绪、情感，进行积极正向社会化的重要活动。

（三）通过本质与变式完成学习对象的深度加工

"本质与变式"回答的是如何处理学习内容的问题。它要求学生能够抓住教学内容的本质属性去全面把握知识的内在联系，而不是简单地掌握孤立的知识点或记忆更多的事实性知识。

例如，在《直线的倾斜角与斜率》一课中，教师通过一串追问、探究活动，完成对直线的倾斜角和斜率概念的深度加工。

追问 1：倾斜角的范围是多少？

追问 2：直线与 x 轴平行或重合时又该如何定义？

探究活动 1：在平面直角坐标系中，设直线 l 的倾斜角为 α。

（1）已知直线 O $(0, 0)$ 经过 P $(\sqrt{3}, 1)$，α 与 O、P 的坐标有什么关系？

（2）类似，如果直线 l 经过 P_1 $(-1, 1)$、P_2 $(\sqrt{2}, 0)$，α 与 P_1、P_2 的坐

标有什么关系?

探究活动2：一般，如果直线 l 经过点 P_1 (x_1, y_1)、P_2 (x_2, y_2)，它的倾斜角为 α，α 与 P_1、P_2 的坐标有什么关系?

追问3：如果直线 l 经过点 P_1 $(-1, -1)$、P_2 $(\sqrt{2}, 0)$，α 与 P_1、P_2 的坐标有什么关系?

追问4：与我们日常生活中刻画斜面倾斜程度的坡度有联系吗?

追问5：所有的直线 l 都有斜率 k 吗?

学生通过把握、质疑、探究、归纳、演绎、情境体验等，与数学知识建立一种紧密的思维联系，通过变式练习把握数学概念的本质，做到以简驭繁、削枝强干。教师在对学习对象进行深度加工、把握事物本质的过程中，发展学生深刻而灵活的思维品质。学生只有把握了数学概念的本质，才能认识本质的多样变化的表现，才能举一反三，闻一知十。学生把握数学的本质，不仅能够举"一"反三，由本质而想象幻化出无穷的变式，实现"迁移与应用"，而且学生"学会学习"，学会对数学概念等进行深度加工，学会深度理解数学思想方法。

（四）通过迁移与应用完成数学模型建构

"迁移与应用"解决的是如何把间接经验转化为数学运用能力的问题，转化为综合实践能力的问题。"迁移"是经验的扩展与提升，"应用"是将内化了的知识外显化、操作化的过程，也是将间接经验直接化、将符号转为实体、从抽象转到具体的过程，是知识活化的标志，也是学生学习成果的体现。深度学习需要学生的综合能力、创新意识，通过"迁移与应用"的活动有意识地培养学生的理性思维和科学精神。

有学习就会有迁移，"应用"就是"迁移"的表征之一，也是检验学习结果的最佳途径。学习内容的系统性、结构性，随着活动深化而展现本质的深刻性与丰富性，学生学习的主动性、积极性、自觉性都在"迁移与应用"中得以显现。可以说，"迁移与应用"是重要的学习过程与学习方式。

教师在"直线的倾斜角与斜率"这一课可以设置如下的课堂练习和课后作业，完成学习的迁移与应用。

课堂练习1：若某直线 l 的斜率 $k \in (-\infty, \sqrt{3}]$，则该直线的倾斜角 α 的取值范围是（　　）

A. $\left[0, \dfrac{\pi}{3}\right]$　　B. $\left[\dfrac{\pi}{3}, \dfrac{\pi}{2}\right]$　　C. $\left[0, \dfrac{\pi}{3}\right] \cup \left(\dfrac{\pi}{2}, \pi\right)$　　D. $\left[\dfrac{\pi}{3}, \pi\right)$

课堂练习2：若点 P (x, y) 在以 A $(-3, 1)$、B $(-1, 0)$、C $(-2, 0)$

为顶点的 $\triangle ABC$ 的内部运动（不包含边界），则 $\dfrac{y-2}{x-1}$ 的取值范围是（　　）

A. $\left[\dfrac{1}{2},\ 1\right]$　　　B. $\left(\dfrac{1}{2},\ 1\right)$　　　C. $\left[\dfrac{1}{4},\ 1\right]$　　　D. $\left(\dfrac{1}{4},\ 1\right)$

课堂练习 3：已知函数 $f(x)=\log_3(x+2)$，若 $a>b>c>0$，则 $\dfrac{f(a)}{a}$、

$\dfrac{f(b)}{b}$、$\dfrac{f(c)}{c}$ 的大小关系为（　　）

A. $\dfrac{f(c)}{c}<\dfrac{f(b)}{b}<\dfrac{f(a)}{a}$　　　　　B. $\dfrac{f(a)}{a}<\dfrac{f(b)}{b}<\dfrac{f(c)}{c}$

C. $\dfrac{f(c)}{c}<\dfrac{f(a)}{a}<\dfrac{f(b)}{b}$　　　　　D. $\dfrac{f(a)}{a}<\dfrac{f(c)}{c}<\dfrac{f(b)}{b}$

课堂练习 4：（多选）下列说法正确的是（　　）

A. 若 α 是直线 l 的倾斜角，则 $0°\leq\alpha<180°$

B. 若 k 是直线的斜率，则 $k\in R$

C. 任意一条直线都有倾斜角，但不一定有斜率

D. 任意一条直线都有斜率，但不一定有倾斜角

课后作业 1.（倾斜角的定义）（多选）设直线 l 过坐标原点，它的倾斜角为 α，如果将 l 绕坐标原点按逆时针方向旋转 $45°$，得到直线 l_1，那么 l_1 的倾斜角可能为（　　）

A. $\alpha+45°$　　　B. $\alpha-135°$　　　C. $135°-\alpha$　　　D. $\alpha-45°$

课后作业 2.（斜率的定义）经过下列两点的直线的斜率是否存在？如果存在，求其斜率，并确定直线的倾斜角 α。

（1）求经过两点 $A(2,3)$、$B(4,5)$ 的直线的斜率，并确定直线的倾斜角 α；

（2）求经过两点 $A(\alpha,2)$、$B(3,6)$ 的直线的斜率。

课后作业 3.（定义的应用）已知两点 $A(-3,4)$、$B(3,2)$，过点 $P(1,0)$ 的直线 l 与线段 AB 有公共点。

（1）求直线 l 的斜率 k 的取值范围；（2）求直线 l 的倾斜角 α 的取值范围。

课后作业 4.（三点共线初认识）已知三点 $A(a,2)$、$B(3,7)$、$C(-2,-9a)$ 在同一条直线上，实数 a 的值为_____，该直线的方向向量是_____。

学生通过课堂练习和课后作业，实现对直线的倾斜角和斜率概念的建构，达成对概念的理解，构建思维模型。教师要促进学生进一步思考，让学生深入地研究直线的倾斜角与斜率的内在联系，完善对直线的倾斜角和斜率认识的系

统性和深刻性，为后续学习直线的方程等做好准备。

（五）通过价值与评价提升"人"的核心素养

"价值与评价"回答的是课堂教学的终极目的及其意义，即明确数学教学是培养人的社会活动，要以人的成长为首要任务。深度学习的教学活动要自觉帮助学生形成正确的价值观，形成学生发展的核心素养。

在教学前，"直线的倾斜角与斜率"设定知识目标是：（1）结合具体图形，探索确定直线位置的几何要素；（2）理解倾斜角与斜率的概念及两者之间的关系；（3）理解直线上两点坐标与斜率的关系，掌握过两点的直线斜率的计算公式；（4）能用斜率公式判断两直线平行和垂直的位置关系。

在课堂教学后，教师应反思在教学过程中是否实现相应的目标：（1）学生能够在探索直线位置的几何要素的问题情境中，主动构建并理解直线的倾斜角和斜率的概念。（2）学生能够结合图形探究直线上两点坐标与倾斜角的关系；能从具体到一般，推导直线两点斜率公式，理解不是所有的直线都有斜率；能利用直线两点坐标、倾斜角、斜率三者的关系解决简单的直线问题。（3）学生利用倾斜角和斜率变化关系的图象，建立形与数的联系，通过分析、描述两者关系，培养直观想象的核心素养。（4）学生能用斜率公式解决两直线平行和垂直关系问题。（5）学生可以有逻辑地思考问题，探究运算思路，选择运算方法，形成合乎逻辑的解决问题的路径和思维品质，提升学生的逻辑推理、数学运算的核心素养。

深度学习的"迁移与应用"与"本质与变式"有着密不可分的关联。"本质与变式"强调学生对教学内容的内化，而"迁移与应用"则强调学生对学习结果的外化。先有对事物本质联系的把握，才有"迁移与应用"，"迁移与应用"是对"本质与变式"的印证与检验。"迁移与应用"与"联想和结构"也是对应的，有"联想"才能有"迁移"，有"结构"才能去"应用"。深度学习的过程既是对"联想和结构、迁移与应用、本质与变式"的评判，也是学生学习价值和学生思维品质的体现。全部的学习活动都内隐着"价值与评价"这一要素。数学深度学习使学生自觉思考所学知识在知识系统中的地位与作用、用途与限制、优势与不足，对所学知识及学习过程主动进行质疑、反思、批判与评价。

总之，深度学习是学生源于自身内部需求的动机，对有价值的数学知识展开完整的、丰富的、准确的、深刻的学习。深度学习过程既是学习知识的过程，也是学生成长的过程。深度学习是一种主动的、探究式的、理解性的学习方式，要求学习者掌握非结构化的深层知识并进行批判性的高阶思维分析、主动的知识建构、有效的迁移应用及真实问题的解决，进而实现认知能力、问题解决能力、批判性思维、创造性思维、理性思维等高阶能力的发展。

第二节　深度学习之道　问题驱动的数学概念教学

概念的基础性和高度的抽象性导致概念教学成为课堂教学的重点和难点。在概念教学中，教师应采用问题驱动教学法，有助于学生对数学概念的理解。问题是数学的心脏，也是数学学习的灵魂，用问题作为驱动，有助于学生经历数学知识发生、发展的全过程，弄清楚知识的来龙去脉，可以激发学生的数学学习兴趣和激情，也能更好地发展学生的数学思维。

布鲁纳说，教学过程就是持续不断地提出问题、分析问题、解决问题的过程。问题驱动教学法是以学生为主体，基于数学问题，以问题为学习起点，用问题作为课堂教学的核心来规划学习内容，让学生围绕问题链提出解决方案的一种有效学习方法。其目的是提高学生学习的主动性，提高其参与度，激起其求知欲，活跃其思维。教师是课程活动的设计者、问题提出的引导者、学习结果的评估者。

促进数学高阶思维发展的深度学习，与"浅入深出"的问题驱动理念是契合的。学生的自主学习、知识创新、终身学习能力都要以深度学习为基础，其通过问题教学成为培养学生核心素养的重要途径。

一、问题驱动的数学概念教学是深度学习之道

"学起于思，思源于疑"，质疑是推动学习的原动力，问题是数学学习的助推器，"问学交融"促使学生的数学学习过程真实有效发生。在传统的高中数学教学中，教师主导而学生被动接受知识，虽然学生投入了大量精力，但学习负担沉重，学习效率低下，学生解决实际问题的能力并没有提高。问题驱动强调尊重学生的主体地位，提高学生的自主、主动与创造能力，在解决问题的过程中，这必将提升学生的自信心和内驱力，让学生在问题解决的体验中获得新知识。知识的获得应该"始于问题，终于问题，强于问题"，教师应从生活实际出发，结合高中生现有的数学认知水平，加强教学的组织和管理，注重《课程标准》、教学内容、教学目标的实施，设计出合理的驱动性问题。驱动性问题有生活的情境化、可行、可持续，可激发高中生提出、探究、解决问题的兴趣和动力。

（一）问题驱动有利于激发学生学习热情，培养学生深度思考习惯

教师主导和学生主体的和谐程度直接影响数学"教"与"学"的质量，交织在一起的教师教学中的"欢喜心"和学生课堂中的"欢喜心"将让同学沉浸在轻松、愉悦的学习心境中。问题驱动式教学通过问题的提出，燃起学生学习数学的热情，通过问题的解决，激励学生学习数学的兴趣，通过问题的延伸，激发学生学习数学的延续持久。

我们可以利用问题驱动式教学培养学生日常的数学思维逻辑，引导学生透过问题看到事情的本质，进而挖掘事物的更深层原理，使学生养成良好的深度思考习惯，才能达到数学的核心素养培养的要求。问题驱动式教学是教学手段，也是逻辑思维方式，它通过对问题的发掘探究，培养学生解决问题的能力，并通过问题链的驱动学习，建构知识体系的过程让学生体验到成功的喜悦，新知识体系建立后，尽可能及早地解决问题让它"活"起来、"立体"起来，教师通过问题的深度思考和数学的深度理解，让学生感到数学是有用的，从而通过学生的内驱力引发学习的激情。

（二）问题驱动有利于形成发现问题、解决问题、探寻数学思想方法的有效途径

教师充分利用概念的生长点和学生邻近的知识发展区，用问题驱动学生的概念学习，设计有效的问题来调动学生的积极性，促使学生主动积极地参与概念的建立，感知发现问题、解决问题的方法，深刻体会数学思想方法，这还有利于学生促进数学思维的发展。在鲜活的课堂里，教师设计的问题要留有余地，才能有利于生成的有意义的新问题的处理。发现、解决问题是学习能力的培养过程，探索知识、追求真理的过程就是学生自主学习、架构知识体系的过程。学生建构学习活动体系、知识架构体系的过程也是数学思想方法形成的过程，而问题驱动就是思想方法形成的有效途径。

（三）问题驱动有利于学生数学思维能力的有效提升

在数学教学过程中，问题驱动教学会促使教师关注概念的产生背景及生成过程，关注数学概念的本质，去设置问题链。学生在解决问题的过程中，经历概念的发生、生成、探究过程，体会概念所蕴含的丰富的数学思想和方法。学生通过问题串的解决，实现深度学习的抽象、推理和建模。在教师的有效引导和学生的积极参与下，教师创设"有效问题"，驱动学生主动探究和知识建构。教师设计有层次、有意义、引发思考的一系列问题，让学生的学习经历类似数学家提炼、完善数学概念的过程，让学生经历概念的发生、发展和概念的建立、概念应用的全过程，学生分层次地学习数学概念，从而发展学生的高阶思维。

学生的学习方式通过问题驱动发生改变，促使学生形成数学素养的"内在机制"与"思维结晶"的高阶思维。

二、深度学习数学概念从设置问题开始

以数学问题为驱动，这对改善学生学习方式、提高学生学习效率、锻炼学生数学思维能力具有积极的现实意义。教师要正确认识数学问题素材的教学价值，以驱动性数学问题为引领，引导学生有序展开数学课堂探索学习活动，给学生数学学习思维、数学知识理解带来更多启迪，提升学生数学知识应用能力，培养学生数学学科核心素养。一个恰当的、优质的问题能够激发学生数学学习的好奇心，增加数学学习的兴趣感。在概念探究学习的过程中，学生通过遇到一个又一个问题、解决一个又一个问题、总结一个又一个问题来获得知识，提升数学解决问题的能力，优质的问题是驱动学生顺利进行学习活动，并进行良好发展的方向标。

（一）在悬疑处设问，以矛盾激活学生探究数学概念的动力

在数学的深度学习中，教师设置的问题必须能激发学生课堂学习的兴趣，让学生通过问题的解决主动参与知识的探索，从而调动其积极性和学习动力，这对教师如何设问提出了较高的要求。为了制造学生的认知冲突，增强其思维活力，教师布设悬疑性较强的驱动问题，可调动学生探究的好奇心，切实提高其课堂参与度。教师尊重学生学习的心理特点，结合其已有的认知、生活经验和兴趣取向等要素，设计让学生感到出乎意料又在情理之中的数学驱动问题，这样能促使学生在思维活跃状态下展开数学新知探索的学习。

教师遵循"先设悬、再释悬"的教学程序，结合课堂教学的核心知识内容，来设置悬疑性问题，运用悬疑问题引入数学概念教学的重难点知识，进行适当的思维干预和启发诱导，发现概念外延和内涵存在的教学对接点，教师顺势进行思维引导，启发学生对比探究学习。教师利用认知冲突设计悬疑问题，有利于学生进行数学猜想，教师用猜想导入概念，有序地展开数学知识的探究学习，提升了学生参与学习的主动性。

（二）分层问题导向，由浅入深启动学生高阶活力思维

"循序渐进，螺旋上升"的概念教学，可以由浅及深、由易到难地展开学生追寻数学知识的探索之旅。从学生数学学习的思维落脚点和思维起点开始，教师有序递进地投放有层次、有逻辑、有深意的问题，用细化拆解后的驱动问题开启学生的数学思维，引领学生抽丝剥茧、层层递进地对数学问题、数学概念、

数学规律、数学定理开展分析探索，并使学生把握概念的数学本质。

细化分层的数学问题导向可以降低数学概念探究的思维难度，多思维台阶、缓思维进阶，可使学生展开有效的高阶的数学思维活动，从而使数学探究学习变得有章可循。教师课前立足新旧知识和学习方法的关联性，充分做好学情分析和教学预设，布设一些回顾旧知、复习概念的简单问题，唤醒学生与新知相关的旧知的理解与回忆，这奠定了数学课堂迁移学习的基础，再设置多层次、有意义的问题，让学生理解课堂教学中的核心概念和核心知识，螺旋式递进地引导学生探索数学新知，提高学生对数学概念理解的准确性，提升思维能力，达成思维进阶。

问题导向可以使学生的思维更有层次性。问题是客观存在的，虽然由教师来设置问题，但问题导向的对象是学生，导向带有主观意识。问题导向中能够起到导向作用的问题才是好问题。问题导向所涉及的问题是一系列可以让学生的思维不断深入的问题，显然，深度学习所追求的就是这样的问题探究、问题理解和问题解决，问题导向将打开学生深度学习的"任督二脉"，通过问题导向可以实现学生高阶思维的形成。

（三）巧设链式问题，于关键处延伸概念学习认知深度

我们要设置多维度、多层面的链式数学问题，这有利于数学概念的整体思考、数学知识体系的系统梳理，有利于通过数学概念之间的关联性锻炼认知思维能力。从课堂教学的重点知识出发，教师抛出有关数学概念、数学公式简单应用基础性的链式问题，再逐步拓展多维度考查的数学问题，通过更深层次的问题，引导、启发学生思考数学概念的形成过程与本质属性，培养学生深挖本质和数学应用的意识。链式问题体现问题的开放性，有利于充分发挥学生的自主意识和主体性，给学生留出足够的思维空间，引领学生进入深度学习的数学概念课堂。

问题的提出与问题的解决相伴相形、相得益彰，在概念的学习过程中其相伴交互、交相辉映。我们首先提出基础问题，然后解决基础问题，在此基础之上提出较高层次的问题，接着解决较高层次的问题，进而提出更高层次的问题……如此往返，逐步形成一个螺旋上升的"问题链"，进而生成具有挑战性的学习主题。学生围绕这些学习主题，经历全身心积极参与、体验成功、获得发展，有意义的深度学习过程。设计链式问题时，教师要以整体教学视角，深耕教材内容编排意图，精选链式问题切入点，辅助学生对数学知识的理解应用。教师立足课堂教学的知识性目标，在链式问题中逐层提高问题难度，将学生的学习逐步引向纵深，充分发挥链式问题多维度的思维训练价值，培养学生思维

的发散性和聚焦性，锻炼学生数学知识综合应用能力，拓展其认知的高度和思维的深度。

（四）布设变式逆向问题，于思维深处加强概念的应用理解

变式教学本身就是问题驱动，其中反例或逆向问题可以加深学生对概念内涵与外延的认识。我们可以通过直观或具体的变式引入概念，从概念多角度理解的变式进行切入，通过变式明确概念的外延，通过变式突出概念内涵的本质属性，常用的有"反例"变式，也可以通过概念学习过程解释概念的形成过程，如"一题多析、一题多变、一题多解、一法多用、多题一解、多题一法"等。

在学生已经较好地掌握了数学的相关概念时，教师可选择在课堂总结环节或阶段性复习课程中布设逆向问题，用逆向问题驱动学生完成概念的重组与建构。概念教学是培养学生高阶思维能力、提升学生智力水平的主阵地。教师要从学生高阶思维能力的训练出发，针对性地培养学生逆向思维能力，借助逆向问题设计，引导学生从正向、逆向两个方向思考数学问题，深化数学知识的应用。高中数学学习对学生对数学概念的理解、掌握与实践应用都提出了较高的要求，在解决逐层深入的问题的过程中，教师依托逆向问题能够提高学生数学知识应用的决策力和准确性，通过对数学概念的意义进行重组与建构，实现数学概念的学以致用，进一步提升学生思维的灵活性。

三、问题驱动的数学概念教学五步骤

概念是组成数学的细胞、元素，同时也是数学体系的基石、主体。学生深刻理解数学概念是学好数学的基本前提。目前，数学概念教学存在长期困扰师生的低效的现象，究其原因是数学教学长期存在注重数学概念的形式而忽视概念的本质理解的现象，存在注重概念的应用而忽视思想方法的渗透等问题。以"问题"为纽带、聚焦关键核心的问题驱动，将充分发挥以学生为主体、教师主导的作用，教师通过问题驱动破解概念教学的重难点，提升概念教学的有效性。学生以"问题导学"教学模式为切入点，经历概念导入、生成、理解、迁移、提升这五个步骤来深度学习数学概念。

（一）用趣味问题来导入

教师在概念导入环节设计具有"生活化、情境性"的引人入胜的趣味问题，调动学生更大的热情，来更好地投入到学习中去。教师概念教学的问题设计、问题驱动应重视寻找生产生活中概念产生的原型，为概念的有效建构提供表象

认识，让学生充满好奇心，在"玩数学概念"中激发他们产生"为什么要学概念"的兴趣，体会数学源自生活、抽象于生活，又应用于生活、高于生活的乐趣。

趣味性问题可以引领学生的探究方向，让学生具有针对性地探究问题，逐步完成知识的吸收与内化，从而构建较为完整的知识脉络。在教学中，教师利用问题驱动，在问题设计过程中融入趣味性元素，不仅可以用问题驱动学生的积极思维，还可以让学生体会到数学问题探究的趣味性。这就需要教师分析学情，摸清兴趣点，寻找有趣点，刺激好奇心，对问题的内容进行精心选择与设计，增强学生学习的动机和热情。教师要尽可能让学生通过直观情境接受数学知识，在教学中密切联系生活实际，使数学知识更简洁与更形象，让数学思想方法得以渗透与形成。

（二）关联问题激生成

概念的生成过程，应尽可能设计关联性的问题，让学生经历观察、归纳、猜想、验证等一系列的过程。教师通过具有关联性的问题链，可以让学生理解概念产生的"合理性"，理清概念的来龙去脉。在课堂的导入环节，教师要提出能够引发学生对旧知识进行回顾复习及与新知识进行对接吸纳的问题，来促进学生对新知识的学习。关联性的问题可以调动学生学习数学的主动性和积极性，促使学生积极思考、深度学习，从而提升学生的科学精神和创新意识。

数学概念生成的过程，应该是自然而然的，教师通过关联性强的问题一步一步引导，让学生在"活动与体验"中、在"参与"概念形成的过程中、在批判初识概念的过程中水到渠成地生成新的概念。例如，在讲直线与平面垂直的概念时，教师设想由生活中的线面垂直现象为数学原型，以学校升旗仪式为教学切入点，提出问题："旗杆与地面、门轴与地面、铅垂线与地面是什么位置关系？"由生活实例出发，使学生对即将出现的线面垂直的概念有直观的认识，学习过程是自然的。这既符合学生的认知水平，也可以激发学生学习的兴趣，同时还可以领略生活之中无处不在的数学之美。

（三）层次问题促理解

概念深化、概念理解，即抓内涵外延，是讲授新课的灵魂，它是在"概念形成"的基础之上，通过有层次的问题，即设计有梯度的问题，让学生加深对概念的理解，使学生熟练地进行文字语言、符号语言、图形语言的转换。问题的设计要符合学生的认知能力，设计适量问题，使问题具有层次性，提出的问题是由浅入深、由易到难、层层递进的，这样才能理顺学生思维，使学生从认知水平出发，发现数学知识规律。

学习数学，学生掌握基本概念及知识点是必要的，但这并不意味着学生的数学能力就提高了。我们想要提高学生的应用能力，还需要对学生进行相应的训练。教师要让学生从具体问题入手，分析融合于其中的数学思想方法，提高分析问题的全面性与缜密性，使逻辑思维更严密，避免知识漏洞的产生。因此，高中数学教学中的问题设计，我们要从细节着想，从基础知识入手，巧妙设计问题情境，让各层次学生不仅能掌握基本概念，还能把握数学的整体知识体系和整体逻辑架构，从而更好地体验数学，提高数学应用能力。

我们同样以"直线与平面垂直"为例，在探究直线与平面垂直的判定定理时，为了加深理解线面垂直的概念，设置层层递进的问题。

问题1：若一条直线垂直平面内一条直线，这条直线垂直这个平面吗？

问题2：垂直平面内的两条直线能否判断线面垂直？

问题3：垂直平面内的无数条直线能否判断线面垂直？

问题4：要判断线面垂直，至少需要多少条直线？

问题5：要判断线面垂直，只是需要两条直线，那么对这两条直线有什么要求？

经过这五个环环相扣问题的引导，学生很容易就可以概括出直线与平面垂直的定义，以及直线与平面垂直的判定定理。教师对定义中的关键点加以点拨，引导学生把文字语言转化成图象语言，再把文字语言转化成数学的符号语言，最后进行适当归纳、总结和反思——"故曰，线不在多，两条就行，相交则灵"。教师通过设计以上层次性问题，引发学生对线面垂直概念有更深刻的理解。

（四）变式问题通迁移

学以致用是概念学习的主要任务，这需要通过概念迁移、应用环节来实现。教师通过研究学生的"最近发展区"，找准概念应用的着力点，有目的地进行精讲、追问、反问和练习学生的困惑点，使学生学会利用概念进行一题多解、一题多变，寻找解题规律，培养学生分析、思考、解决问题的能力，让学生达到"做一题、归一类、通一片"的境界，实现理解概念、概念迁移的教学效果最优化。教师通过变式问题，按照由易到难的梯度来设置题目，减少学生做题的盲目性，培养学生自主探究的能力，培养学生学习的兴趣，使不同层次的学生都能在解题的过程中获得成功的体验，达到延伸思维的效果，训练学生思维的灵活性，让学生学会举一反三，并进行概念的灵活应用。

例如，在"复数的概念"一课，生成概念后，教师要让学生进行如下变式训练。

问题1：指出下列复数 0、i、$2+\sqrt{7}$、$-2+\dfrac{1}{3}i$、$(1-\sqrt{3})i$ 的实部与虚部，并指出哪些是实数，哪些是虚数，哪些是纯虚数？

问题2：当实数 m 取什么值时，复数 $z=m^2-1+(m-1)i$ 是实数，是虚数，是纯虚数？

问题3：已知 $(x+y)+(y-1)i=(2x+3y)+(2y+1)i$，求实数 x，y 的值。

通过上述变式训练，加深学生对复数、复数相等概念的深度理解。教师一方面采取问题变式，设计一题多解、一题多变、一法多用的有效变式题组来引导学生多方面应用概念；另一方面，教师也可以对数学知识设计应用变式，将新学的知识点应用在不同类型的题目中，使学生掌握概念的多个应用方法，促使学生思维灵活性的发展。

（五）反思问题达提升

概念的提升、升华需要通过反思总结来实现。课堂的小结反思环节通常被称为"凤尾"，是一节课的"点睛之笔"。学生反思总结概念将体现学生对知识的重点和关键点的深入理解，构建自己系统的知识网络。同样，在"复数的概念"总结提升环节，教师可以提问：通过学习"复数的概念"，知识上有什么收获？在知识方面，我们了解了数系扩充的基本"规则"、复数的相关概念、复数相等以及复数的分类等等。在今后的学习中，我们可以借鉴、运用这节课的什么方法？思想上领悟到什么？在方法上，我们使用了类比的研究方法，通过类比从自然数集到实数集，尤其是有理数集到实数集的扩充过程，将实数集扩充到了复数集上。"古典概型"概念一课，学生可以自己提问。问题1：古典概型是怎样算的（算法）？问题2：为什么这样算（算理）？问题3：其他算法有吗（多样化）？问题4：几种算法之间的关联是什么（关系梳理，归类）？问题5：哪种算法合适（方法择优问题）？问题6：关系式是什么（数学建模）？

通过一系列的反思问题，学生解决了因不能把握概念本质、深刻理解概念内涵，而使概念混淆、解题失误的问题。对此，教师可创设更多批判性思维的反思问题，帮助学生深化概念，抓住事物的本质。在数学教学实践中，教师要注重培养学生的数学元认知，给学生创造更多的数学元认知问题，通过问题串和解题自我指导语，增强学生的数学元认知监控，加强学生问题解决后的各环节的反思，最终提高学生的数学思维。

四、问题驱动在数学概念深度学习中的有效应用

问题驱动教学的重点是问题设计，问题是学生学习的蓝本，因此，教师必须精心设计教学问题，把概念教学的内容、知识点以及重点和难点都融入任务中。

（一）精心设计的问题要合情合理

学生对概念深度学习的过程大致是，在预设情境中体验，预设情境与已有经验产生冲突，从而不断产生各种疑问，经过学生的思考和联想，将疑问转化为可以讨论的问题；利用问题驱动，进行自我探索与合作交流，运用所学的知识和方法解决概念生成理解中的问题，进一步学习新的知识和方法，在交流、反思、回顾中总结所学的数学概念，建立概念之间的联系。这就是发现问题、提出问题、分析问题、解决问题、反思问题、再形成新的问题的过程。学生的思维和情感持续参与，思维呈螺旋式发展，在问题驱动解决的过程中，学生获得知识、积累经验、发展能力、养成良好的品格。教师要有意识，学生才有意识，所以要把合情合理的问题贯穿整个概念学习的始终。

（二）提出的核心问题要恰如其分

孔子说，"不愤不启，不悱不发。"在概念学习过程中，教师如果对大大小小的知识点都设问提问，核心问题就不能凸显，因此在课堂教学中提问要重视问题实质、淡化形式，不要顾其形而忘其实。教学要重视问题实质，淡化形式。数学概念教学要注重通过问题和问题驱动讲解数学公式、概念、定理的来源、证明和推导过程，而不是单单要求学生进行公式、定理、概念的机械化记忆。概念教学的课堂如果紧紧围绕恰如其分的核心问题、核心概念和大概念展开，学生就会去探求规律，努力挖掘数学概念的本质，去探寻形与数的共性与差异。恰当的问题体现了数学的魅力与数学的严谨性，以及研究数学问题的一般方法。

（三）提问学生要恰逢其时

课堂教学不可能让每一个学生都有机会回答问题，但应该让每一个学生都有机会思考问题。问题提出之后，教师要给予学生一定的"等待"时间，问题给出之后的静默是留给学生思考并组织答案的时间，学生在思考中提升了思维能力。在教师提出问题后的停顿时间，学生表现出的各种神态和肢体语言也就提示了教师何为最好的提问时机，从而在正确的时机提问最合适的学生，对其进行表扬、鼓励、鞭策或激励。

（四）学生问题的解决要适时点拨

学生在学习数学概念时是否达到效果，在合作交流时是否能抓住重点，这与教师是否讲清楚概念的来龙去脉、道清楚概念的因果缘由有很大关系。这就需要教师将学生的思维引向深入，使学生直面在学习过程中遇到的问题，然后在恰当的时机对学生加以点拨。

在学生概念学习遇到困难时，教师要直面学生的认识误区。教师要有效捕捉、利用、组织教学中生成的资源，学生在体验中需要教师及时疏导、疏通，教师在课堂中提取相关信息、抓住指导点，这是提高课堂实效的重中之重。在学生对概念的应用过程中，教师要解决学生无法从不同角度去理解和认识概念的问题。学生不能充分地理解问题，而且他们的解题方法或理解问题的方式和方法单一，教师可以在寻求不同方法时适时引导。

学生数学概念学习要经历由情境化到数学化，然后再把数学化的概念应用到生活生产实践中的过程。这是真正理解数学的过程，也是学生思维的广阔性和深刻性的发展过程。学生把概念串联起来，形成了完整的数学概念体系，可以选择帮助他们巩固所学知识，强化知识之间的联系，拓宽数学思维，使思维更加开放。教师要加强学生的批判性思维的训练，学生从高一到高三数学思维的差异逐渐体现在思维的深度上。学生常因不能把握概念的本质、深刻理解概念的内涵，而混淆概念，导致失误。教师可精心创设形似实异的情境，帮助学生深化对概念的理解，使学生抓住概念的本质。教师同时可以培养批判性思维的深刻性，通过问题串、问题链、问题驱动，加强学生问题解决后各环节的反思，最终提高学生数学思维。

在概念延伸拓展时，教师要充分调动学生的数学学习兴趣。数学概念学习是一个大单元的、整体的、系统的学习，不能仅仅就一个知识而教一个知识，而要将兴趣延伸到后面的教学中。延伸什么知识点，在什么地方延伸，这是所学知识的构建，是学习方法思想的迁移，更是课堂魅力之所在，是学生对学习产生持久兴趣的原动力。为使教学目标达成，教师应时刻直面本节课的教学目标，在每个环节中都要紧紧围绕课前出示的那些显性的教学目标进行教学，更要关注学生的数学核心素养的培养，即那些隐形的目标。所以，我们教师在课堂上要抓大放小，不被枝节问题纠缠。

（五）学生提问要善于引导

教师在课堂上除了关注学生问题意识的培养外，还要关注学生对问题的提问能力，要培养学生在善于发现问题的同时，也会精准地将所发现的问题表述出来。教师在日常的教育教学工作中，要善于引导学生对数学问题进行深入思考，对数学问题要敢于大胆质疑，对所遇问题要大胆表述出来，对数学问题敢于自主探究尝试，让学生逐步养成善于思考、敢于质疑的问题意识。在教学中，教师要积极引导学生、传授学生提出问题的技巧和方法，提升学生的语言表达能力和数学逻辑思维能力，让学生能够灵活思考问题，在日常学习的点滴积累中，让学生潜移默化地提升质疑能力、提问能力、语言表达能力和数学逻辑思维能力。学生这样才能够整合概念资源，构建概念体系，强化问题意识，不断锻炼分析、解决问题的能力，提升数学逻辑思维能力，成为具有批判性思维的新型人才。

总之，深度学习理念下的概念教学总是围绕问题驱动来进行教学，由问题出发，从问题走向问题，用问题贯穿整个概念教学过程。问题驱动为高中数学概念的教与学提供了一个很好的契合点、切入点。教师将问题驱动教学模式融入高中数学概念的教学实践中，通过不同情境下问题的设计、提出和解决，使学生能够更好地、更加深刻地理解所学概念的本质，并且在概念学习过程中体验数学与生活的联系、新旧知识间的内在关联，然后在体验中领悟数学的价值和所蕴含的数学之美，使学生在理解概念的同时，思维能力、情感态度与价值观等多方面得到进步和发展。

第三节　深度学习之用　研教学评促核心素养提升

很多学生在学习数学的过程中轻阅读、轻听讲、轻讨论，片面追求做题的数量和速度，无视概念表述的准确与严谨，不注重数学概念的生成、理解和应用，没有对数学思想方法进行总结、归纳和提炼，从而导致"上课听不懂、听懂不会做、会做做不对、做对做不好"，走入"准备学习—初遇困难—寻求帮助—没有响应—无法完成—丧失信心—主动放弃"的死胡同里，这种表层学习使"虚假学习"的学生、"伪优生"沦为学困生。深度学习研究的是教师教学引导与学生个体经验的相关性，确立了学生的主体地位，使学生模拟性地"参与"数学概念的生成，而教师的价值也在深度教学中得以充分实现。如何让高中生在数学概念学习中做到积极与从容兼备、善于联系和对比、追求简洁与精准、努力洞悉重难点和关键点、注重归纳总结和提升、真正做到深度学习，这些都是理论实证、实践探索的意义所在。

一、促使教师深入研究，引发对概念"高屋建瓴"的深度理解

数学概念因为其高度抽象，所以就显得寓意深刻，尤为精练。教师要把数学概念讲清楚、道明白，就需要对概念做深入的、辩证的分析，对概念中每一个词、每一个句子进行仔细推敲，从不同的角度、用不同的方式揭示不同概念的内在本质，通过对概念本质特征的分析，引领学生对整个概念的认识和理解。教师如果没有对概念知识从广度和深度进行深入研究，课堂教学生成的过程就无从谈起。深入研究概念之前，教师要搞清楚几个问题，即概念的来源、内涵与外延，与之有关的概念的相互关系、概念蕴含的文化思想。教学过程是教师深度挖掘、深度理解教学内容，把知识转变为动态的、鲜活的人类认识的过程，数学概念等成为可以进行思维操作和头脑加工的对象，成为引导学生深度操作、加工所学知识之后所获得的体会、掌握的知识，能够在学习活动中转化为学生的精神力量，成为引导学生成长与发展的东西。当静态的固有的数学概念转化为学生的现实思维时，人类已认识的数学知识才实现了自身的价值，才能成为与未来社会实践相关的人类历史成果。这正是教学之于人类历史文化自身的价值所在。

深度学习将外在的教学内容转化为学生内在的精神力量，将学习材料转化为能够进行思维操作和加工的学习对象。教学材料蕴含着能够通达教学意图的符号或实体性材料。教材主要包括音像、教具以及教师的板书、示意图等用于表述知识的符号，以及具体的物质实体。教学材料既是人类认识成果的具象化体现，内在蕴含着知识、思想、情感态度、价值观，又是教师对学生素养形成的自觉规划与引领，包括教师为学习活动而设计的活动方案的方式、路径、过程、环节等。教学材料是学生在教学中能够操作、思考、学习的对象，学生通过操作、思考和学习，全面把握并内化知识的核心本质。

教学材料所蕴含的不仅仅只有通常所说的知识，也有让"知识"得以生发的情境、情感、情绪（如纠结、疑虑）、价值观、思想过程、思维方式（如质疑、批判、推理、归纳等）等等。所以，教师要深入钻研教材，深度挖掘教材蕴含的内涵，探寻概念的本质。

数学知识之间具有关联性，教师要了解学生已有的知识框架，分析学生的接受程度，向学生介绍知识的背景。教师要重构数学历史，了解知识的文化背景，追根溯源，从历史的视角去认识数学，感受数学家的探索过程，在顺应内在逻辑的基础上形成新的推论。数学知识具有内在连贯性，如数系的扩充，从自然数到正负数，从有理数到无理数再到复数，不断补充，不断完善，形成一

个有机的整体。教师要站在一定的高度审视数学，研究知识之间的内在联系，将抽象的内容变得简单易懂，最大限度地贴近知识的发生过程，促进学生思维高度的提升，促进学生对数学概念间关系的深度理解。数学概念蕴含的思想比较深刻，教师要通过自己对教材的深度理解，把数学的思想和精髓教给学生，使他们感受数学家逻辑的精妙，体会数学家理性思维的魅力。数学概念具有广泛的应用性，教师通过对教材的理解，挖掘教材中的数学背后的生活情境和实际背景，引导学生在解题中不断获得生活积累，从而总结数学运用到生活实践中的规律。

教师在概念教学中应通过对数学的形与形、数与数、形与数的关系的比较，抽象出数学概念，进而再深入研究，寻找概念的生成之根，理解概念的内涵之魂。教师对高中数学概念的理解要在深度理解概念的基础上分析概念的内涵，拓展概念的外延，吸收其概念的逻辑精髓，领悟数学思想，寻找数学概念背后蕴含的数学抽象等核心素养。一个整体的数学概念设计应该是教师根据学情、教学目标等，深刻而全面地挖掘数学概念之间的联系，营造积极的数学文化背景，追随数学先贤的思维脉络，创造富含生活气息的数学情境，来探寻数学概念和知识的生成的有效建构。这就需要教师深入研究概念的本源、内涵和外延，拓宽自身数学概念的知识广度和深度，实现教师"高屋建瓴"地理解数学概念的目的。

二、融合教师的教学模式，生成对概念"举重若轻"的深度教学

教师在"高屋建瓴"地深入理解数学概念后，开展有针对性的预设去凸显概念本质，生成真实、深入的数学概念。教师通过深入研究教学策略，融合教学模式，在教学过程中将数学家的思维活动暴露给学生，使学生期盼、探求新知识。积极的思维活动为深度学习的开展提供知识基础，重组建构概念结构为深度学习提供实践的机会，变式训练使数学概念迁移运用的深度学习得以实现。迁移运用、信息整合、批判理解、概念建构等深度加工循环交错贯穿整个概念教学活动的过程中。教师可以通过问题链，设计强调严密贴合数学深度学习的各个环节。教师在概念准备教学阶段将具体课型和学习目标围绕概念的主干问题链进行设计；在导入阶段和深度加工阶段根据学生的最近发展区从不同角度编排理解概念的富有层次的问题链；在评价阶段通过及时反馈学习效果的问题链来检测学习成果。深度学习的概念教学应融合各种教学模式，为深度教学和深度学习打下良好的基础。教师在深度挖掘新概念的内涵与外延的基础上深度理解概念，然后举重若轻地展开概念教学。有些概念由于其内涵丰富、外延广

泛等原因，很难一步到位，学生需要分成若干个层次，逐步理解。

　　譬如，三角函数的定义，经历了三个循序渐进、不断深化的过程：（1）在初中教学中，用直角三角形边长的比刻画锐角三角函数的定义；（2）为了从初中的三角函数定义导出高中的三角函数定义，把直角三角形放到平面直角坐标系中，用角终边上的点的坐标表示锐角三角函数的定义；（3）利用角终边上的点的坐标来定义任意角的三角函数的概念。我们由此概念推出：三角函数的值在各个象限的符号；三角函数的定义域和值域；三角函数线；同角三角函数的基本关系式；三角函数的图象与性质；三角函数的诱导公式；等等。

　　再譬如，"函数的概念"给出的函数概念，我们在研究其解析式时，为了加深对概念的理解，可以提出问题：已知函数 $f(x)=\sqrt{x+3}+\dfrac{1}{x+2}$，（1）求函数的定义域；（2）求 $f(-3)$ 与 $f\left(\dfrac{2}{3}\right)$ 的值；（3）当 $a>0$ 时，求出 $f(a)$、$f(a-1)$ 的值。我们再让学生补充思考：（1）上述的第（3）问为什么要给出 $a>0$？（2）当 $a>0$ 时，$f(a-3)$ 有意义吗？（3）$f(a)$ 与 $f(x)$ 有什么区别？（4）$f(f(3))$ 的含义是什么？

　　通过问题给出一个具体函数，学生需要求出函数的定义域，并求值。该问题的重难点都在对函数符号的理解。学生独立完成例题 1 并进行结果展示。在学生展示后，教师进行引导以及追问。教师引导学生通过问题（1）完成总结：函数的定义域就是能使式子有意义的实数的集合。教师通过问题（2）可以追问学生能否求出 $f(-5)$ 的值？为什么？为什么问题（3）需要 $a>0$？并让学生总结辨析 $f(a)$ 与 $f(x)$ 的区别，回答 $f(f(3))$ 的含义是什么？教师通过求定义域，使学生进一步理解定义域的含义及其表示方法。学生通过求出 $f(a)$、$f(a-1)$ 的值，进一步理解符号 $f(a)$ 与 $f(x)$ 的含义，并通过追问加深对定义域的理解。"磨刀不误砍柴工"，教师要重视概念教学，挖掘概念的内涵与外延，这有利于学生理解概念。

　　教师的深度教学与学生的深度学习是相互成就的。"学然后知不足，教然后知困"，教师的教学能力水平，决定学生的学习深度，同样，学生的深度学习会反哺教师的深度教学，促使教师深度理解、深度钻研教学内容，认识学生的学习现状，从而在不断引发学生深度学习的过程中，教师也得到持续的发展。引起学生的学习愿望，引导学生的学习活动，帮助学生学得迅捷、愉快、彻底，启发学生在学习过程中质疑、批判、深入思考，是教师作为教师存在的最根本的理由和价值。深度学习要求教师自觉地赋予自己更丰富的职责，把社会的期望转化为学生个人的愿望，把教学内容转化为教学材料，引导学生去思考和体会教学材料所蕴含的复杂而丰富的思想和情感内容，带领学生成长为有思想、有能力、有高级社会性情感、有积极态度和正确价值观的未来社会的主人，这样的教师，是为学生成长服务的教师，也是成就自己、实现自己存在价值的教师。

三、改善学生学习方式，形成对概念"扎扎实实"的深度学习

基于深度学习高中数学概念的过程，学生有意识地用数学语言表述、发现和提出问题，积累实践经验，提升实践能力，体会现实生活与数学概念之间的关联，从而增强创新意识和科学精神，这是数学深度学习的必由之路。伍鸿熙先生说"推理是数学的命根子"，学习者在学习过程中学会数学推理，由浅入深地通过教师设计的问题链进行数学概念的建构。基于深度学习的高中数学概念教学，教师要改善学生的学习方式。通过扎扎实实地进行深度学习，学生对数学学习充满热情，以学习数学为乐趣，其思维是主动的。通过深度学习后能果断、敏捷地解决问题，学生的思维是活跃的；深度理解概念后，思考解决问题时，概念判断清晰准确，表述精确规范，思维符合逻辑，学生的思维是准确的；能抓住概念的本质特征，对概念的内涵与外延的关系进行全面深刻的理解，学生的思维是缜密的；能准确地掌握概念的核心及内在联系，学生的思维是深刻的；深度学习从正反面加深对概念的内涵与外延的理解，培养思维的批判性，学生的思维是批判的。

学生通过深度学习后如果未能真正理解数学概念的意义，那就只是强记概念的机械学习。深度学习不是把知识灌输给学生，而是由教师带领学生进入知识发现发展的情境与过程中，引导、帮助学生成为知识发现的"参与者"而不是旁观者。学习是学生主动"进入"知识发现、发展的过程，是"亲身"经历概念的"再生成、再研究"和"再发展"的过程。学习的目的在于使学生能够作为主体主动参与人类的伟大历史实践，了解并认同知识背后所蕴含的情感态度和价值观，使学生成为具有高级社会性情感、积极态度以及正确价值观，和有社会责任感、勇于担当的未来社会的主人。

学生必须是深度学习的主体，而教师是学生深度学习的引导者和主导者。数学概念是需要学生全身心投入去认识、感受、体验、理解、领会、评判才能"活"起来、"动"起来的知识。在教师的引导下，学生不仅可以熟悉数学概念的符号、语言和图形表述，而且能深刻体会符号、语言、图形表述概念背后的逻辑和内在含义，还能够理解概念的符号、文字、图形所传达的意义内容，并

对概念进行深度加工。深度学习就是要引导学生透过符号、文字语言和图形去理解其背后的内容与意义，去理解概念最初发现或定义时人们面临的问题和解决问题的思路，去理解知识发现者可能有的情感，并判断评价概念的价值。只有经历这样的过程，概念才可能通过学生的主动操作活化为学生的精神力量，转化为学生认识世界的方式，学习数学概念的过程才能成为学生成长发展的过程。

深度学习的基本特征是强调个体的全面发展或者说个性发展，其实质就是学生主体性的教育。在课堂教学中，教师要切实落实素质教育，不论教师还是学生都应该树立正确的"学生观"，明确学生是学习的主体。根据学生个体发展的需要，学生要主动参与学习的全过程，促进知识能力在参与的过程中得到全面提高。数学概念学习是数学学习中最基础、最重要的环节。因此，学生在数学学习中要结合概念的形成和同化，在学习中主动参与概念获得的过程。

教师要利用知识迁移来促进学生的深度学习，还要利用学生已有的经验加以引导，使学生实现经验的迁移，让学生的思维不停留于表层。教师通过情境的迁移向学生展示知识的多样性，发散学生的思维，激发学生的求知欲望，通过类比迁移，将两类知识的共同点加以类比，从而促进迁移的形成。有意义的深度学习的过程是学习主体通过其认知结构与外界的相互作用，理解意义、吸收知识、发展认知结构的过程。教师与学生、学生与课程、学生与学生、知识与活动经验、学习与情感、学习与能力培养、学习与品格养成是有机的整体，教学活动则是与健全的、有意义的学生个体生命息息相关的活动。学生掌握知识是学习必要的途径，但最终目的并不是仅仅为了掌握所学的知识，而是利用知识进入、参与人类社会实践活动。因此，在学习中，学生要以明辨是非、独立思考的方式，把人类已有的认识成果转化为自身参与社会实践的能量，并使自己成为有能力、有担当、有责任感的社会一员。

四、评价促使师生教学相长，"实实在在"提升学生的核心素养

《课程标准》将数学素养作为现代社会每一个人应该具备的基本素养，强调数学课程对学生的终身发展的作用。教育部高中数学课标修订组的史宁中、高夯先生指出高中数学核心素养，是学习者通过数学学科的学习，逐步形成的具有数学学科特征的、适应个人终身发展和社会发展需要的科学精神、会学习、实践创新等思维品质和关键能力。深度学习的高中数学概念教学，将提升学生的数学抽象、逻辑推理、数学建模等能力，潜移默化地培养学生的数学学科核心素养。因此，数学家的研究评价对探索高中数学概念教学研究具有重要的实

践价值，有助于引导学生用数学眼光观察世界，用数学思维思考世界，用数学语言表达世界，促进学生数学学科核心素养的提升。

深度学习过程中的评价可能随时发生，且更多的是多样的形成性评价引起学生的元认知，帮助学生始终记得学习的目标，监控学习目标的达成，反思和调控学习的进程，使学习不断深入，问题最终得到解决。形成性评价体现在两个方面，一是对教学目标达成状况的了解；二是对学习过程的监测与调控。形成性评价注重对学生概念学习过程的评价，正如《课程标准》中所指出的：相对于结果，过程更能反映每个学生的发展变化，更能体现学生的成长历程。因此，教师既要重视学生数学学习结果的评价，又要重视其数学学习过程的评价，全面了解学生的数学学习历程，充分发挥评价的反馈调节、反思激励等功能，来促进学生素质的全面发展。

教师对学生数学学习的过程性评价，应特别关注以下几方面的内容。

（一）注重提升对数学价值的认识的过程

《课程标准》明确指出认识数学的价值在培养学生数学思维、促进学生全面发展中的作用是重要的，提出要使学生"具有一定的数学视野，逐步认识数学的科学价值、应用价值和文化价值"，进而使学生"崇尚数学的理性精神"，"形成批判性的思维习惯"，"体会数学的美学意义"，"树立辩证唯物主义和历史唯物主义世界观"。[①] 数学内容的高度概括与抽象、推理的合情与严谨等学科特点对培养学生的理性思维、科学态度与精神起着十分重要的作用。在数学概念学习过程中，我们要让学生深刻感受数学之美。数学美学是人的精神与外部世界相融合的基本中介，对数学美学的认识是对数学价值认识的重要组成部分。逻辑美、奇异美、内容美、形式美、思想美、方法美、简洁美、和谐美等随处可见，这些数学美不仅陶冶人的情操，而且引导人积极向上、献身科学。我们也要注意到，数学还是一种文化，潜移默化地影响着人们的观念、精神以及思维方式的养成，促进人们创造性思维的发展。总之，在学生的数学学习过程性评价中，我们要关注学生对数学的理解，关注他们对数学的科学价值、应用价值、文化价值的认识，这些是提高学生数学素养的重要方面。

（二）注重学生主动参与学习的过程

数学活动主要指学生独立思考、独立学习以及和同伴交流、合作的数学学习过程。学生在数学活动中依据自己的经验和体验，用自己的思维方式建构数

---

① 中华人民共和国教育部. 普通高中数学课程标准（2017 年版 2020 年修订）［M］. 北京：人民教育出版社，2020.

学知识，这才是真正理解、掌握了的知识，是其自己的知识。概念学习的过程性、形成性评价应重视学生是否真正置身于数学学习活动之中，是否主动地参与数学学习活动。通过做数学题来学习概念，这是学生学习概念的有效途径。学生主动积极地思考概念的内涵与外延，教师调动和活跃学生的思维，使学生主动地思考问题、参与数学学习，并在参与中领会数学知识、获得思维的发展，这是数学教学和对学生数学学习评价应关注的问题。在数学学习活动中，学生与同伴的合作、交流能力也是十分重要的。因为在此过程中，学生不仅要学习倾听与理解他人，还要学习正确表达自己的思想。学生表达与交流的过程，有利于学生梳理自己的思维，进而提高他们独立获取数学知识和思考问题的能力。

（三）注重形成优良学习品质的过程

教育的根本目的在于促进学生的发展。学生作为一个社会人，其全面发展和成长的过程是教育不可或缺的主要目的。学生的成长不仅仅是知识的增长、学习能力的提高，还包括学习态度、动机、兴趣、良好的学习习惯和个性品质的养成，学习可以增长学生勤于学习、乐于与他人交往合作、善于生存的能力。《课程标准》明确提出，教师要提高学生"学习数学的兴趣，树立学好数学的信心"，使他们"形成锲而不舍的钻研精神和科学态度"。教师的专业素质、师生关系、教师的人文关怀与人格魅力都会直接影响学生的成长，是学生学习、发展环境的重要构成因素。学生情感及个性品质、价值观，是对学生数学学习评价的重要组成部分。

（四）注重养成勤于思考、善于思维的过程

在对学生数学学习进行评价时，评价者常常关注学生解决数学问题的结果是什么样的，而疏于关心学生是怎样思考的，为什么这样思考。其结果是学生过于关注解题的结果，追求统一的标准答案。久而久之，教师就淡化了学生个性化的解题思路，忽视了学生独立的、富有创见的思考，甚至会抑制学生创造性思维的发展，造成思维的僵化。事实上，即使是得到同一结果的学生，其思维过程也可能是迥异的。教师应帮助学生养成追求真理而不唯书、唯上，审慎思考而不盲从的思维习惯，指导学生学习和掌握判断事物、解决问题的思考方法，在学习过程中不仅要问"是什么"，还要问"怎么样"和"为什么"。教师应当善于识别学生思维的不同点，关注学生之间的差异，并尊重这种差异。在对学生进行评价的时候，教师应关注学生是否肯于思考、善于思考、坚持思考并不断改进思考的方法与过程。

（五）注重改进不断反思的过程

反思是学生自觉对自身活动进行思考、总结和调节的过程，是学生对自身行为和认知的自我监控、自我评价过程。在数学学习过程中，学生进行反思，反思数学知识的学习过程，这样有利于学生搞清数学知识的来龙去脉、理解数学知识的形成过程以及数学各部分知识之间的联系，同时也有利于学生纠正思维过程中的错误，弥补学习中的不足，改进自己的数学学习方法。教师通过数学教学和数学学习评价培养学生反思的意识，使他们能从不同方面、多角度地观察事物、思考问题，逐渐养成勤于思考的习惯、善于思考的能力。教师可以通过组织展示思维过程的数学问题研讨、数学学习经验的切磋等形式，让学生写数学学习心得或总结，指导学生从批判的立场出发，质疑、审视、反思所学的数学概念。教师引导学生在学习过程中追问反思：为什么会提出这个问题？怎样得出的这个结论？问题的解决还有没有其他方法？不同方法之间的差异和优劣是什么？我为什么会这样想（做）？换一个思路（换一种做法）结果会是怎么样的？我在数学学习方面的优点、不足是什么？为什么会产生这样的优点、不足？我怎样做才能发扬优点并及时纠正不足？……并在此过程中评价学生反思的意识和能力。教师可以进一步通过写评语、交谈、参与研讨等方法关注学生反思情况，指导学生有效地进行反思。

　　总之，深度学习的高中数学概念教学强调把握数学本质，要求教学活动应建立在理解数学概念基础之上，通过充分参与、积极建构的学习过程，对数学概念有效迁移与运用，进而发展学生的数学高阶思维。数学概念的深度学习具有批判理解、信息整合、知识建构、迁移运用、情境交互、终身主动等特征。概念教学过程从教师对概念的深度理解，到数学课堂中的深度教学，再到学生的深度学习，学生可以实现核心素养的提升。教师对数学概念的深度理解，融合各种教学模式的深度教学，具有区别于传统教学和学习的显著特征，使基于核心素养的教学方式发生变革，必然引导学生走向深度学习，优化其思维品质。

　　第四节　深度学习之旅　构建自主主动的学习方式

　　在数学概念教学课堂中，教师应该采用怎样的路径来促进学生发展数学核心素养、让学生的学习有深度？在概念教学过程中发展数学核心素养，这需要充分发挥教师的主导作用，但主导什么？教师要主导学生发挥其思维的主体作用，让学生在深度学习中学会方法优化，学会比较与甄别，提升数学抽象、逻辑推理等核心素养。

概念教学要使学生顺其自然、浑然天成、水到渠成、合情合理地实现"概念的生成、理解和应用"。数学课堂教学应该使概念生成的知识逻辑、学生心理逻辑和思维过程水到渠成、运用得行云流水，让"概念理解"成为学生自己自觉、主动思维的结果。在引导学生对数学概念进行学习的过程中，教师应不轻易打断学生的思维和活动，重点强调"让学生主动、积极、自觉地参与到有关概念的学习中来"，适时恰当地"以问题驱动引导活动"，在"质疑追问—总结反思"的过程中深化对概念的理解。

数学概念教学着眼点在于学生通过活动体验形成自觉和主动的学习。当然，这种学习能力是建立在对概念的深度理解与娴熟掌握的基础之上的。在概念教学实践中，教师要遵循教学规律，以学生为主体，培养学生的思维能力，注重引导学生用学科知识揭示数学概念的本质，挖掘数学概念间的内在联系。

数学概念的课堂教学行为是教师的"教"和学生的"学"双边互动的过程。我们想要提高课堂教学的效益，重在提高教师"教"的主导的有效性，以及学生"学"的主体的自觉性。我们一直提倡学生自主、合作、探究的学习方式，但这种学习方式是在教师有序高效的组织、指导等"教"的行为下发生的。教师作为概念学习起点、过程的组织者，其自身的认知结构对概念学习的质量和效率起着决定性的作用。正所谓："教师心中要有学生"，这就是要求教师要了解学生的认知发展水平、思维规律、现有知识状况以及兴趣等认知结构特点，找到便于学生接受的知识生长点，为他们搭建概念学习的"脚手架"，促使学生不断吸纳新知识，改造、组织已有的学习经验，发展和完善其认识结构。

一、学生主动进行概念学习，从了解学情开始

（一）分析学情、理解学生，是深度教学的基础

弗赖登塔尔是世界著名数学家和数学教育家。他的数学现实论"数学教育即现实的数学教育"，主张数学学习与现实应密切结合，并能在实际中得到应用。他认为教育必须为学生提供指导性的机会，让他们在活动中再创造数学。他将数学教育归结为五个特征：情景问题是数学学习的平台；现实情境数学化是数学教育的目标；学生自身努力得到的结论和创造是教育内容的一部分；师生互动、生生互动是数学主要的学习方式；各学科、数学各领域交织是数学教育内容的呈现方式。这些特征可以用现实、数学化、再创造三个词加以概括。弗赖登塔尔认为每个学生有不同的从客观现实中抽象、整理出来的数学知识及其现实背景的总和的"数学现实"，数学源于现实，并应用于现实。数学教师的

任务之一是充分利用学生的认知规律、已有的生活经验和已有的数学基础帮助学生构造数学现实，并在此基础上发展他们的数学现实。什么是数学化？弗赖登塔尔认为，人们在观察、认识和改造客观现实的过程中，运用数学的思想和方法来分析和研究客观世界的种种现象，并加以整理和组织的过程，就是现实情境数学化的。弗赖登塔尔说的"再创造"，其核心是数学过程的再现。教师要引导和帮助学生去"再创造"地学习数学，这个"做数学"的过程实际强调学生学习数学是一个经验、理解和反思的过程。

弗赖登塔尔对课堂教学的要求可以概括为三个转变。一是教学对象的转变，让所有学生获得必须要学的数学，也关注其个性的发展。二是教学方式的转变，教师由知识传授者向活动的参与者、合作者和研究者转变，由传统的支配者、控制者向学生学习的组织者、促进者和指导者转变；学生由被动接受者转向主动学习的设计者、主持者、受益者。三是教学现实的转变，教师要走进学生的现实，从学生的实际出发；另外强调情境材料的丰富性和灵活性。这三个转变都指向学生的概念建构学习过程，教师要分析学情，理解学生。

教师分析学情、理解学生要从了解学生开始，了解学生的个性差异、现有水平、学习环境、生活经验、学习需要、学习习惯、学习态度、学习方式、思维特点、认知规律等。教师应该结合教学经验和课堂观察，敏锐捕捉学生的学习信息，通过提出挑战性的问题、合作等方式尽量取学生之长、补其之短。教师理解学生是遵循认知规律，明确学生的认知障碍、同伴间的认知差异，清楚学生的认知起点、已有认知结构与新知识之间的潜在距离等，理解学生核心问题的关键是准确把握学生学习的起点、基础、潜能、需求、困难与差异。教师要以学定教、以导促研，提供准确的信息与依据，促使学生深度学习。

（二）学情分析的内容面面观

学情分析是概念教学设计的重要组成部分，是教学的起点和开端，概念教学的一切课堂活动都是围绕学生这一主体的主动参与学习而展开的。当教师充分认识学生，充分了解和分析学生课前的各种情况后，其才能有效地利用学生的最近发展区完成各项学习活动，从而做到因材施教、有的放矢。

学情分析应该包括以下几个方面：

1. 分析学生原有知识经验。学生已获得的知识与即将获得的知识前后密切关联，对学生已有知识经验的分析，了解学生已有的知识基础和认知结构，这对备好课具有重要的指导作用。教师针对数学概念，确定学生需要掌握哪些知识、具备哪些生活经验，分析学生是否具备这些知识和经验。

2. 分析学生现有认知水平。中学生已具备了一定的自学能力，有一定的阅读能力、观察力、思维能力、分析问题的能力，能够独立获取知识，具有一定的收集、处理信息、动手操作的能力等。教师要了解学生的能力状况，对于那些通过自学可以弄清楚教材的学生，要提供自学机会，让他们去理解、分析、归纳；对学生不易理解、不能分析的问题要了解其知识的障碍点和思维的瓶颈，多分析概念间的关联点，多点拨其问题突破的关键点，在潜移默化的引导过程中培养学生的能力。教师通过分析学生学习新的操作技能的能力、理解掌握新知识的能力，从而提高教学任务设计的深度、广度和难度。教师还应该进一步分析学习能力突出的尖子生和学习能力较弱的学困生，并因材施教，采取分层教学分层指导、变通灵活的教学策略。

3. 分析学生现实身心情感。情感因素，是教学设计环节中的一个重要成分。情感因素是伴随着知识经验的掌握、观念的形成以及内部智力的成熟而发展起来的，它对外部智力的形成和创造能力的发展起着决定的作用。学生学习都带有各自不同的生活经历和不同观点、看法。这种已有的经历、经验和对社会的观点，对学生即将进行的课堂学习具有深刻的影响。有些学生有较强的自尊心、自信心和独立思考问题的能力，有充沛的精力和较强的求知欲，形象思维较好，而有些学生羞涩、保守、不敢或者不愿意与教师交流沟通，但抽象思维较好。不同年龄阶段、不同家庭背景、不同成长环境，造就了不同性格、不同心理状况的学生，其心理和思维成熟的深度、广度和持久性都不同。教师应根据不同的教育对象，选择不同的教育方法，既要尊重又要加强教育，并严格要求学生。所以，教师要善于把握学生的个人特质，有的放矢地进行个性化指导和教学。

（三）学情分析要关注学生需求点

1. 关注求知需求，满足学生旺盛的求知愿望

在课堂教学中，教师要根据学生已有的知识进行分析设计，在课堂教学中加以体现，满足学生的求知需求。例如，在学习奇偶函数的概念时，教师先画出一些关于原点对称的函数图象（譬如：$f(x)=\dfrac{2}{x}$、$f(x)=-2x$、$f(x)=\sin x$、$y=x+\dfrac{1}{x}$、$y=\dfrac{x}{x^2+1}$的图象），再画出一些关于 y 轴对称的函数图象（譬如：$f(x)=x^2-2$、$f(x)=|x|$、$f(x)=\cos x$、$y=x^2+\dfrac{1}{x^2}$、$y=\lg|x|$的图象），然后引导学生去观察、分析、发现这些图象的相同点和不同点，提醒学生求同找异，再指导学生如何把图形转化为关注图象上的点的关系，关注点的坐标之间的关系，最后引出奇偶函数的概念。了解了学生的认知需求，教师在进行教学

设计时，就知道了课堂上学生会关注什么、会研究什么，从而在进行教学设计时将学生独立或合作研究函数图象之间的关系作为本堂课的重点，让学生独立或在合作中进行探究，从而满足学生对知识的需求。

2. 关注求解需求，提升解决复杂问题的能力

俗话说"条条大路通罗马"，数学问题的解决很多时候有多种解法，我们的教师在教学中往往只关注学生是否能把问题解决，只关注学生解决问题的结果，而不考虑学生是怎样解决的，还有没有更多更好的解决问题的办法。特别是学习程度比较好的学生，他们对知识的渴求，以及其思维品质、批判精神、科学精神等都显得尤为重要。

我们下面以 2019 年高考全国 I 卷理科第 10 题为例，鼓励学生从不同角度、不同思维突破点解决问题，在一题多解的学习过程中，激发学生的求解需求。

【题目】已知椭圆 C 的焦点坐标为 F_1 $(-1, 0)$，F_2 $(1, 0)$，过 F_2 的直线与 C 交于 A，B 两点，若 $|AF_2| = 2|F_2B|$，$|AB| = |BF_1|$，则 C 的方程为（ ）

A. $\dfrac{x^2}{2} + y^2 = 1$ B. $\dfrac{x^2}{3} + \dfrac{y^2}{2} = 1$ C. $\dfrac{x^2}{4} + \dfrac{y^2}{3} = 1$ D. $\dfrac{x^2}{5} + \dfrac{y^2}{4} = 1$

【思路一】如图（图 2-1）由 $|AF_2| = 2|F_2B|$，$|AB| = |BF_1|$，设 $|F_2B| = x$，则 $|AF_2| = 2x$，$|BF_1| = 3x$，根据椭圆的定义 $|F_2B| + |BF_1| = |AF_2| + |AF_1| = 2a$，所以 $|AF_1| = 2x$，因此点 A 即为椭圆的下顶点，因为 $|AF_2| = 2|F_2B|$，$c = 1$，所以点 B 坐标为 $\left(\dfrac{3}{2}, \dfrac{b}{2}\right)$，将坐标代入椭圆方程得 $\dfrac{9}{4a^2} + \dfrac{1}{4} = 1$，解得 $a^2 = 3$，$b^2 = 2$，故答案选 B.

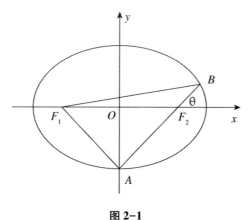

图 2-1

【思路二】因为 $|AF_2| = 2|BF_2|$，所以 $|AB| = 3|BF_2|$，又 $|AB| = |BF_1|$，所

以 $|BF_1|=3|BF_2|$，又 $|BF_1|+|BF_2|=2a$，所以 $|BF_2|=\dfrac{a}{2}$，$|AF_2|=a$，$|BF_1|=$

$\dfrac{3}{2}a$，在 Rt $\triangle AF_2O$ 中，$\cos \angle AF_2O=\dfrac{1}{a}$，在 $\triangle BF_1F_2$ 中，由余弦定理可得 cos

$\angle BF_2F_1=\dfrac{4+\left(\dfrac{a}{2}\right)^2-\left(\dfrac{3}{2}a\right)^2}{2\times 2\times \dfrac{a}{2}}$，根据 $\cos\angle AF_2O+\cos\angle BF_2F_1=0$，可得 $\dfrac{1}{a}+\dfrac{4-2a^2}{2a}=0$，

解得 $a^3=3$，所以 $b^2=a^2-c^2=3-1=2$。所以椭圆 C 的方程为：$\dfrac{x^2}{3}+\dfrac{y^2}{2}=1$，故选 B。

【思路三】由思路一可得，$|BF_1|=|AB|=3x$，$|AF_1|=x$，所以 $\cos\angle F_1AB=$

$\dfrac{1}{3}$，$\sin\angle F_1AB=\dfrac{2\sqrt{2}}{3}$，$\triangle F_1AF_2$ 的面积为 $\dfrac{1}{2}|AF_1|\cdot|AF_2|\cdot\sin\angle F_1AF_2=\dfrac{1}{2}$

$|OA|\cdot|F_1F_2|$，所以 $\dfrac{\sqrt{2}}{3}a^2=b$，可得 $\dfrac{\sqrt{2}}{3}(b^2-1)=b$，从而可以求出 $b=\sqrt{2}$ 或 $b=$

$\dfrac{\sqrt{2}}{2}$（舍去），进一步得到 $a^2=3$，故选 B。

【思路四】由思路三可得，$\cos\angle F_1AB=\dfrac{1}{3}$，$\cos\angle F_1AB=\dfrac{1-\tan^2\dfrac{\angle F_1AB}{2}}{1+\tan^2\dfrac{\angle F_1AB}{2}}$，可

以求得 $\tan\dfrac{\angle F_1AB}{2}=\dfrac{\sqrt{2}}{2}$，所以 $\triangle F_1AF_2$ 的面积为 $b^2\cdot\tan\dfrac{\angle F_1AB}{2}=b$，进一步可

以求出 $b=\sqrt{2}$，从而 $a^2=3$，故选 B。

【思路五】由思路三可得，$\cos\angle F_1AB=\dfrac{1}{3}$，而 $\cos\angle F_1AB=1-2\sin^2\dfrac{\angle F_1AB}{2}$，

所以 $\sin\dfrac{\angle F_1AB}{2}=\dfrac{\sqrt{3}}{3}$，而在焦点三角形 AOF_1 中，$\sin\dfrac{\angle F_1AB}{2}=\sin\angle F_1AO=\dfrac{c}{a}$，

所以 $\dfrac{1}{a}=\dfrac{\sqrt{3}}{3}$，$a^2=3$，$b^2=2$，故选 B。

【思路六】由思路五可得，设直线 AB 的倾斜角为 α，则 $\cos\alpha=\sin\dfrac{\angle F_1AB}{2}=$

$\dfrac{\sqrt{3}}{3}$，根据椭圆中的定比分点结论，若 $|AF_2|=\lambda|BF_2|$，直线的倾斜角为 α，

$$|e\cos\alpha| = \left|\frac{\lambda-1}{\lambda+1}\right|,\ 所以\ \left|e\frac{\sqrt{3}}{3}\right| = \left|\frac{2-1}{2+1}\right| = \frac{1}{3},\ 所以\ a^2=3,\ b^2=2,\ 故选\ B。$$

【思路七】由思路一可得，$A(0,-b)$，$B\left(\dfrac{3}{2},\dfrac{b}{2}\right)$，设 AB 的中点为 M，

可得 $M\left(\dfrac{3}{4},\dfrac{b}{4}\right)$，通过点差法可以得到中点弦公式 $k_{AB}\cdot k_{OM}=-\dfrac{b^2}{a^2}$，所以 $-\dfrac{b^2}{3}=-$

$\dfrac{b^2}{a^2}$，所以可以求出 $a^2=3$，$b^2=2$，故选 B。

【思路八】由思路一可得，$B\left(\dfrac{3}{2},\dfrac{b}{2}\right)$，$|BF_2|=\dfrac{a}{2}$，根据焦点弦公式可得

$|BF_2|=a-ex_B$，所以 $a-\dfrac{c}{a}\times\dfrac{3}{2}=\dfrac{1}{2}a$，可以得到 $a^2=3$，$b^2=2$，故选 B。

在解析几何问题中，圆锥曲线的定义是根本，利用定义解题是高考的一个重要命题点。圆锥曲线的定义反映了它们的图形特点，是画图的依据和基础，也是问题研究的基础，正确利用定义可以使问题的解决更加灵活。对学生给出的这些不同解法，教师要给予及时的表扬和鼓励，激励其从多角度去探究解决问题的方法，满足学生解决问题的需求。

这是当时笔者课堂中引导学生从不同角度出发，认识椭圆的概念而生成的多种解法。通过一题多解，学生不仅深度理解了椭圆的定义，而且学会发散思维，这样大大地提升了学生解决数学问题的能力（如图 2-2，图 2-3，图 2-4）。

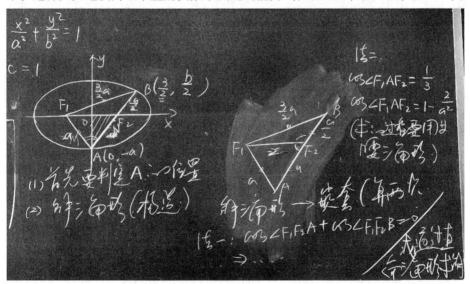

图 2-2

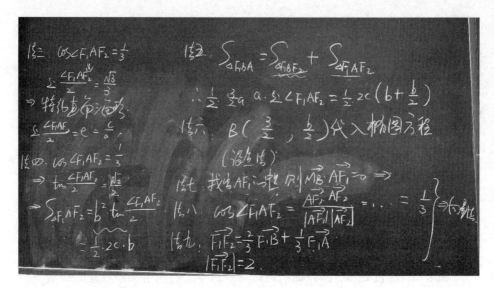

图 2-3

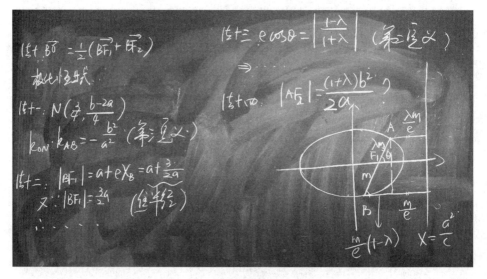

图 2-4

3. 关注思维需求，促进学生思维可持续发展

数学是思维的体操，在教学设计中，教师必须考虑怎样设计才能让学生在课堂中进行积极思考。例如，学生在学习"函数的单调性"的概念时，从简单的、熟悉的二次函数入手，在经历了特殊的函数单调性的符号语言表示之后，学生从中归纳总结共性，抽象出一般函数单调性符号语言的表达。在学生表达的过程中，教师可以发现其中的表达问题，然后再让学生进行完善，这就是一个

"示范—模仿—改进—完善"的过程，这样学生的思维能够参与课堂教学，让学生去想办法思考探究，突破难点、把握本质，实现深度学习，从而促进学生思维的发展。

4. 关注认知误区，避免造成错误理解的隐患

我们要关注学生认知误区，避免造成隐患。在教学中，教师探究的方法不对，很容易在学生头脑中形成错误的知识。比如，在学习向量的数量积时，学生想当然地认为两个向量点相乘等于0，其中一个向量就等于零向量，这可能是教师在讲向量的数量积的概念时，没有通过图形帮助学生理解概念，这就导致学生不能深刻体会向量的数量积的几何意义和代数运算之间的关系而造成认知的误区。

二、学生自主学习数学概念的过程剖析

（一）通过恰当的核心问题促进学生理解数学概念

学生对概念的深度体验就是靠学生亲身去践行的，教师利用一个主线或者核心问题引领学生去践行，完成核心问题的过程就是学生体验的过程。数学概念是数学的本质和核心，找出和把握数学概念的"中心词"和"关键词"，转化"核心问题"是学习数学的根本方法。

在利用具体函数抽象概括、形成单调性的概念时，教师先请学生画出和观察函数 $y=x^2$ 的图象（如图2-5），回答下列核心问题：（1）你能说说函数图象从增减的角度有怎样的变化趋势吗？（2）函数图象上点的运动，引起了哪些量的改变？（从代数角度量化，让学生感受点的横纵坐标）（3）我们如何用符号语言来描述"当 $x<0$ 时，函数值随着 x 的增大而减小"？

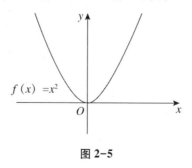

图 2-5

学生根据初中的学习经验和对函数图象的观察分析，教师在此过程中启发引导，利用几何画板演示点在变化的过程中，横纵坐标的变化情况，使学生对" $f(x)$ 随着 x 的增大而减小"有更深刻的认识。学生在教师的引导下进行说明，

并逐渐完善符号语言。教师在黑板上书写出相应的符号语言："$\forall x_1 x_2 \in (-\infty, 0)$，当 $x_1 < x_2$ 时，$f(x_1) > f(x_2)$"。

　　对于问题（2），教师可以根据学生的水平与回答情况进行灵活处理。学生初中已经学习过"函数值随着自变量的增大而增大（减小）"的表述，若学生回答问题（1）时已经说出这样的文字语言，则可跳过问题（2）。若学生对问题（1）的回答停留在"图象上升或下降"的层面，教师则通过问题（2）让学生认识到函数图象上升、下降趋势的本质是函数图象上点的位置的变化，从而引导学生关注研究对象，即我们需要研究的量是点的纵坐标与横坐标。

　　教师接着提出追问 1：对于符号语言"$\forall x_1 x_2 \in (-\infty, 0)$，当 $x_1 < x_2$ 时，$f(x_1) > f(x_2)$"，你能从代数角度说明为什么 $f(x_1) > f(x_2)$ 吗？学生在教师的引导下进行证明，通过代数变形以及不等式的性质来证明相关结论。教师再提出追问 2：对于 $x > 0$ 时函数的变化趋势，如何用符号语言来表示？学生已经有了相对应的经验，在书写相关符号语言时就比较自然，教师可以提问一些学生进行回答。

　　这个环节是本节课的重点，也是难点。在问题（3）中，教师可以通过进一步细化对每一句文字语言符号的分析与追问，设法把"任意"两个字从学生的潜意识中"逼"出来，让学生体会在用"任意"刻画"无限"时，符号语言的威力。这是学生第一次使用符号语言刻画"无限取值"，教师应在引导后给出当 $x < 0$ 时符号语言的示范，让学生模仿给出当 $x > 0$ 时的符号语言，加深学生的理解。

　　在概念的生成过程中，核心问题前半节："请画一个二次函数图象，并观察图象的变化特点"，学生对所画图象进行探究，亲身经历，就会引起感觉，有了学习的初体验，达到体验的最低层次，即经历。核心问题后半节："用符号语言描述其函数值随自变量变化的增减规律。"从而引起一连串的思考："所画的图象特征是什么"，"图形特征如何转化文字语言"，"文字语言如何转化符号语言"，让学生经历从特殊到一般、从具体到抽象的过程，通过具体的函数概括增（减）函数的定义。学生体会三种语言在转化中的关联，产生新旧知识的联结，进一步进行思维深层次的体验，把情感融入图象的情境中，学生再次深度体验，并形成知识方法的表象特征。这样的核心问题力求学生了解函数单调性概念的背景和形成过程，了解为什么要引入这个概念，怎样定义这个概念，怎样入手研究一个新的概念。

　　学生通过问题主线，完成核心问题的过程就是进行关联体验的过程，师生忘掉"结论性的知识",亲身体验知识的发展轨迹,体验知识的成长过程与成长方法。教师通过核心问题展示概念背景,将数学家研究数学问题的思维活动暴露给学生,让学生沉浸在对新知识的期盼、探求的情境之中,以敏锐的感知,迅速提取有效信息,培养学生思维的主动性,使学生对数学充满热情,在研究和解决核心问题的过程中,使学生获得一种惬意的满足感,使其积极的思维活动得以触发。

(二)深度体验是促进理解数学概念过程的催化剂

我们前面讲到的"函数的单调性"一节的教学设计,在引导学生展开对函数单调性概念的理解体会的过程中,主要强调"让学生参与到定义概念的活动中来",不轻易打断学生的思维活动,在合适的节点"以问题引导活动",在"追问—质疑—反思"的过程中深化概念的理解,使"概念的理解"成为学生自己主动思维的结果。师生通过从具体函数到一般函数的理解,探究函数单调性的来源、发展过程,对本质和结构等有透彻的认识。教师解剖新概念,培养学生思维的缜密性。思维的缜密性表现在抓住概念的本质特征,对概念的内涵与外延的关系进行全面深刻的理解,对数学知识结构的严密性和科学性进行充分认识,在深度体验的过程中渗透各种数学思想方法。在课堂上,师生、生生之间思维的碰撞不仅是师生之间与生生间智慧的交锋,还是学生与学生、教师与学生情感的沟通,完成了"产生情感而生成意义"的体验性目标,进一步促进了学生心灵深处的深度体验。

(三)达成结果性与体验性目标促进概念的理解内化

学生经历数学概念的生成过程,我们需要对概念的理解进行内化,可以从三个方面进行。一是进行概念的辨析,以实例为载体,恰当使用正例和反例分析关键词的含义;二是概念的巩固应用,用概念做判断的具体事例,形成用概念做判断的具体步骤;三是概念的"精致",纳入概念系统,建立与相关概念的联系。

在"函数的单调性"的应用环节,教师侧重检测学生深度体验图形语言、自然语言及符号语言的相互转化,选取生活应用举例进行课堂检测,检查体验和结果的目标是否达成。教师要用典型的问题从正面加深对概念的理解、巩固,除此之外,还针对某些概念的定义中不易被学生所理解的关键性字眼、容易被忽视的概念定义的条件、某些不易区别的邻近相似概念等,通过举反例,从反面加深学生对概念的内涵与外延的理解,培养学生思维的批判性。学生在自身和与同学教师互动过程中,通过探究数学知识与方法来解决实例,学生将三种语言反复应用,深度体验定义证明函数单调性的步骤,其实际上是辨析、运用、"精致"函数单调性的概念。学生不仅实现了体验性目标的达成，还完成了本节课的结果性目标，最终内化了自己的数学知识，逐渐形成了学生内在的认知结构，也为以后课堂探究函数的其他性质做好了铺垫。

（四）反思提升促进概念本质思维的升华

数学概念教学的核心是将凝结在数学概念中的数学家的思维打开，以典型丰富的实例为载体，引导学生展开观察、分析各事例的属性、抽象概括共同本质属性、归纳得出数学概念。所以，在概念的学习过程中，教师要通过教学反思，促进学生对数学概念本质的理解，从而使自身的思维得到优化，思维品质得以升华，让学生既形成知识又有数学思想方法，将解决核心问题中涉及的关联体验进一步提升。数学概念的形成来自解决实际问题和数学自身发展的需要。

但由于概念的高度抽象，造成了数学难懂、难教和难学的现象，这就需要让学生置身于符合自身实际的学习活动中去，从自己的经验和已有的知识基础出发，经历"数学化、再创造、再反思"的活动过程。概念教学使学生深度体验的实质就是理解数学、理解学生、理解教学，它是一个多侧面、多层次、无止境的过程。学生对所教数学知识的来源、成长过程与成长方法、本质与结构等，既"知其然"，也"知其所以然，所以不然"，知其"来自何处，去向何方"。理解教学是指教师清楚教学的本质与功能，掌握一定的教学方法与教学艺术。教师清楚学生的认知规律和教学的基本原则，能够把教与学作为有机的、相互促进的整体来加以处理；教师清楚数学的教育价值，能为不同的学生提供不同的数学；教师清楚将不同类型的知识用不同的方式呈现给不同学生的策略与方法。

"学而不思则罔"，思考是学习的灵魂。反复生成、理解、反思概念是培养学生思维的深刻性不可或缺的经历。理解能力强，能抓住概念、定理的核心及知识的内在联系，准确地掌握概念的内涵及使用的条件和范围，这都是思维的深刻性的表现。在用概念判别命题的真伪时，学生能抓住问题的实质；在用概念解题时，学生能抓住问题的关键；在巩固深化阶段引导学生运用所学概念解决"引入概念"时遇到的问题，使学生能在运用中巩固概念。如此往复，学生的学习过程，成为"实践—认识—再实践—再认识"的过程，教师达到了培养学生思维深刻性的目的。

三、构建学生自主学习的教学策略转变

心理学研究表明，数学概念的学习要经历感知、理解、保持和应用四种心理过程。教师在进行概念教学时，要"讲背景、讲思想、讲应用"，重视基本概念在智力开发、能力培养、情感体验、认知训练等方面蕴含的教育价值，深入挖掘新旧知识间内在的联系，追寻知识发生的轨迹，遵循学生认知发展的规律，循序渐进，水到渠成，引导学生主动完成新知识的构建。

（一）概念学习由"知识型"向"过程型"转变

任何一个概念知识的学习几乎遵循这样的环节：概念引入—概念形成—概念巩固运用。传统的概念教学将获得知识结论教学作为主要目标，忽视学生在知识形成过程中的主体作用，使学生的学习行为更多地表现为机械记忆，而不是理性分析。根据构建主义理论，学习应是认知主体的内部心理过程，学生是信息加工的主体，"过程与方法"这一教学目标对学生的学习要求从原来的"重知识"转变为"重过程"。

（二）概念教学由"讲授型"向"探索型"转变

传统概念学习主要依靠教师的课堂讲授，对概念稍加分析，强行记忆，使机械刷题成为学习数学概念的法宝，探索概念本质依靠课后的练习来实现，导致概念学习本末倒置。概念学习要注重向"探索型"转变，教学过程以学生原有的认知结构或者生活常识为新概念的"生长点"，要将所学习的概念还原在学生已有的认知上，在教师的引导下，学生逐步探索概念的生成过程，这不但让学生掌握了显性知识，即概念，同时也获得了隐性知识，即思维。

（三）概念教学由"封闭型"向"开放型"转变

概念学习的课堂往往成为教师一个人的独角戏，教师把自己对概念的理解眉飞色舞地倾授给学生，使教师的讲授和学生的学习成为一个闭环，这培养了大批会做典型题的高手，但一遇到新背景、开放性的题目，学生就傻眼了。概念教学跟其他教学一样，学生之间、师生之间的讨论和交流都是不可或缺的。只有进行充分的讨论和交流，学生才能暴露在概念学习中的困难。只有在开放的教学环境里，学生才能敞开心扉畅所欲言，才有师生间更深入的探讨和研究，才能深度学习数学概念。

总之，学生的学习总是以自己现有的需要、价值取向，以及原有的认知结构和认知方式为基础的，能动地对所要学习的内容进行筛选、加工和改造，最终以自身的方式将知识吸纳到自己的认知结构中去。自主学习是带着自身经验

进行独立分析、判断与创造的活动，这是知识体系、逻辑结构不断建构的过程，是积极主动的探究过程，是一种自觉、自愿的学习，是一种和谐、融洽的学习，是一种民主、互动的学习，也是一种共享、共进的学习。它更强烈地突出了学习的主体性、交互性、协调性和生成性，它已经超越单纯意义上的知识信息的传递，它具有重新构建的意义。

第三章

深度学习数学概念的教学策略

　　学生理解和掌握数学概念的过程，实际上是掌握数学的共同本质属性的过程。深度学习背景下的数学概念教学，我们要做到化繁为简、化难为易、化抽象为具体，努力揭示数学概念与实际问题之间的联系。概念教学要实现将核心素养渗透到教学设计中，透过科学的教学策略，通过合理的数学教学活动，让学生在概念学习中实现自我发展、自我超越、自我升华的目标。

　　深度学习的概念教学要讲逻辑，教师要通过对实际情景的深入分析，经过学生自主探索，了解数学概念的背景和生成过程。教师要精心设计体验过程，合情、科学地进行数学推理，让学生通过观察和分析及时有效地解决教学过程中产生的问题，揭示数学概念的本质，培养学生的逻辑思维，发展其理性思维能力，体会蕴含的数学思想方法，自主发展学生的学科素养。让学生真正理解、掌握概念，这决定了教师站的层面，在核心概念、大概念的视角下，我们要对数学概念有更深层次、整体的理解，深挖数学概念蕴含的数学思想方法，让概念教学回归数学的本质。

　　数学概念的导入、生成、拓展、应用体现了数学的应用性和严谨性。数学概念教学通过概念形成和概念同化，让学生熟知概念生成的条件，理解概念的内涵和外延，熟悉数学语言和符号表述，熟练掌握三种语言的转化，灵活使用概念来解决实际问题。概念的正确理解和定义的熟练掌握对学生数学思维品质的发展和优化、对学生学会用数学思维思考问题都显得尤为重要。教师要重视概念课教学，优化教学策略，熟练运用各种教学手段方法，帮助学生夯实数学基础，提升课堂教学效率。在数学知识发生发展过程中，教师要在学生思维过程的合理性上加强训练，更好地落实数学学科的核心素养。

第一节 深究概念本质 整体认识来龙去脉

一、探究概念蕴含的数学思想，掌握概念的数学精髓

（一）数学的本质是研究抽象概念之间的关系

"数学的本质是研究抽象概念之间的关系。"数学概念是研究数与形的关系，是反映事物在数量关系和空间形式方面本质属性的思维形式。"抽象"是人的主观思维过程，"关系"是人的主观判断结果。数学概念是数学组成的细胞，其研究对象是现实世界存在的，但已经脱离了事物的具体物质属性的数量关系和空间形式。数学概念是排除"数与形"之外的属性的抽象，反映了数学对象在数与形方面内在的、固有的属性，在数学对象的范围内具有普遍意义。

有些数学家和教育家提出，数学概念可以分为"对象"和"过程"两个侧面。"对象"是数学中定义的内在结构和关系；"过程"则是可操作的法则、公式和原理等。许多数学概念既表现为对象结构，又表现为过程操作。对于"过程"，概念表现为一系列固定操作步骤，相对直观，容易模仿；对于"对象"，概念呈现一种静态结构关系，有利于整体把握，并可转变为被操作的"对象"。譬如，"等于"概念，在数与式的运算中具有过程性，我们可以理解为由等号前的算式经运算得出等号后的结果的过程指向，在式的恒等变形中蕴含着"往下继续算"的操作属性，而方程中"等于"的意义则不同，它没有过程指向性，只有结构意义，表示了等号两边代数式的一种相等关系。概念的对象和过程有着紧密的依赖关系，概念的形成往往要从过程开始，然后转变为对对象的认知，最后共存于认知结构中。

数学家通过研究概念之间的关系，发现了许多规律和定律。例如，欧几里得几何中的勾股定理，描述了直角三角形中三边之间的关系；杨辉三角形研究了 $(a+b)^n$ 的展开式，发现了其展开式 $a^n+C_n^1 a^{n-1}b+\cdots+C_n^r a^{n-r}b^r+\cdots+b^n$ 中 a 和 b 的次数关系、系数关系等规律，也让人们体会数学蕴含的让人艳羡的和谐美、对称美等。这种关系的描述和研究，可以帮助我们更好地理解数学世界和客观现实。

数学概念在研究数与形的关系过程中，需要运用严密的逻辑推理和严格的证明，这是数学概念的另一个本质。数学家通过证明定理和推导公式，保证了数学的严谨性和准确性。这种理性思维的训练，可以帮助我们在生活中更好地分析问题和解决问题。

数学不仅仅研究抽象概念之间的关系，还包括了概念关系的应用。数学在现代科技中扮演着重要的角色，例如，在物理学中，数学是描述自然现象的语言，例如微积分、线性代数、群论等；在计算机科学中，数学是计算机科学的基础，它提供了算法、数据结构、离散数学等工具；在经济学中，数学是经济学模型的基础，例如，微观经济学、宏观经济学等。因此，学好数学对学生的未来发展非常重要。

（二）数学概念的本质认识是蕴含的深刻数学思想

1. 数学思想是对数学事实与理论经过概括后产生的本质认识

数学思想是空间形式和数量关系反映到人类的意识之中，经过严谨的思维活动而产生的认知结果。数学思想辩证、本质地反映了数量关系的变化规律，是近代数学发生和发展的重要基础。数学思想是从具体数学认识过程中概括和提炼出来的，在后继的认识活动中被反复证实其正确性，带有一般意义和相对稳定的特征。数学思想是对数学事实与理论经过概括后产生的本质认识；数学思想体现了人类对数学认识的奠基性、总结性和广泛应用性；数学思想揭示了数学发展的普遍规律，直接支配着数学的实践活动，对数学的发展起着指引性的作用；数学思想蕴含着丰富的数学知识和思维的精华，是数学学习的灵魂和精髓。

有些数学教育家说，掌握数学思想，就是掌握数学的精髓。教师通过数学思想的教学，提升学生的数学思维能力。数学方法体现了数学思想，恩格斯在叙述笛卡尔制定的解析几何、耐普尔制定的对数、莱布尼茨和牛顿制定的微积分后指出："最重要的数学方法基本上被确定了"。数学解题方法，就是理解数学思维过程，即"透过现象看本质"。思想方法源于数学运用过程，也只有通过运用过程中的独立思考、分析摸索才能真正掌握。数学解题方法绝不是毫无根据的灵感，必定是在解决问题过程中，通过数学思想方法的指引，深思熟虑后应运而生的途径。

2. 概念教学中重点关注的数学思想

前面章节讲到三种基本数学思想，我们下面谈一谈数学概念蕴含的主要的四种数学思想，深刻地理解数学概念。

（1）化归与转化思想

化归与转化的思想，是在研究和解决数学问题时，借助已知条件和概念蕴含的图形、公式、性质，将问题通过合理的变换加以转化，进而解决问题的思想。化归是把难以解决的问题通过某种转化过程，归结为已经或容易解决的问题；转化是将数学命题由一种形式向另一种形式变换的过程。化归与转化思想是中学数学最基本的思想，堪称数学思想的精髓，它渗透到了数学教学内容的各个领域和解题过程的各个环节中。

我们用化归与转化思想解题的原则有化难为易、化正为反、化生为熟、化繁为简、化未知为已知，在转化过程中尽可能做到等价转化，常见的转化有正反、数形、相等不等、整体局部、空间平面、常量变量、符号图形的转化等。

【例】（2023 年福建省高三省适应性练习）已知双曲线 $C: \dfrac{x^2}{a^2} - \dfrac{y^2}{b^2} = 1$（$a > 0$，$b > 0$）的离心率为 $\sqrt{5}$，左、右焦点分别为 F_1 和 F_2，F_3 关于 C 的一条渐近线的对称点为 P，若 $|PF_1| = 2$，则 $\triangle PF_1 F_2$ 的面积为（   ）

A. 2   B. $\sqrt{5}$ C. 3   D. 4

【剖析】本小题以双曲线为载体，考查点是直线的对称、双曲线的概念及简单几何性质等基础知识，考查学生直观想象、运算求解和逻辑推理的能力等，考查化归与转化、数形结合、函数与方程等思想，考查逻辑推理、直观想象、数学运算等核心素养。该问题的突破口在于根据点关于直线的对称转化 $\triangle OMF_2$ 为直角三角形，进一步用双曲线的性质转化为 $\tan \angle MOF_2 = \dfrac{b}{a} = 2$，进而得到 $|F_2 P| = 2 |F_1 P| = 4$，然后用面积公式求解。

【解法一】如图（图 3-1），连结 PF_2 交渐近线 l_1 于点 M，因为 O、M 分别为 $F_1 F_2$，PF_2 的中点，所以 OM 是 $\triangle PF_1 F_2$ 的中位线。因为 $|F_1 P| = 2$，所以 $|OM| = 1$。在直角三角形 $\triangle OMF_2$ 中 $\tan \angle MOF_2 = \dfrac{b}{a}$，$e = \sqrt{5}$，且 $|OM| = 1$，得 $a = 1$，$b = 2$，所以 $S_{\triangle PF_1 F_2} = 4 S_{\triangle MOF_2} = \dfrac{1}{2} |PF_1| |PF_2| = 4$，选 D。

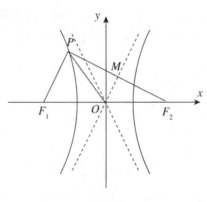

图 3-1

【解法二】因为 F_2 关于 C 的一条渐近线的对称点为 P，所以 $|PO|=|OF_2|$，又因为 $|OF_1|=|OF_2|$，所以 $\triangle F_1PF_2$ 是以 $\angle F_1PF_2$ 为直角的直角三角形。因为 O、M 分别为 F_1F_2、PF_2 的中点，所以 $OM /\!/ PF_1$，$\tan\angle PF_1F_2=\dfrac{b}{a}$，$e=\sqrt{5}$，$|F_1F_2|=2c$，$|F_1P|=2$，所以 $2a=2$，$2b=4$，即 $|F_2P|=4$，所以 $S_{\triangle PF_1F_2}=\dfrac{1}{2}|PF_1||PF_2|=4$。

【解法三】因为双曲线的离心率 $e=\sqrt{5}$，所以渐近线 l_1 的方程可设为 $y=2x$，$F_2(c,0)$ 关于 l_1 的对称点是 $P\left(-\dfrac{3c}{5},\dfrac{4c}{5}\right)$，所以 $|PF_1|=\sqrt{\left(-\dfrac{3c}{5}+c\right)^2+\left(\dfrac{4c}{5}-0\right)^2}=2$，解得 $c=\sqrt{5}$，所以 $|F_1F_2|=2\sqrt{5}$，$|F_2P|=4$，所以 $\angle F_1PF_2=90°$，所以 $S_{\triangle PF_1F_2}=\dfrac{1}{2}|PF_1||PF_2|=4$。

【解法四】如图，连接 PF_2 交渐近线 l_1 于 M，则 $\triangle F_2MO$ 为直角三角形，F_2 到渐近线 l_1 的距离为 $|F_2M|=b$，所以 $|OM|=a$，又因为 O、M 分别为 F_1F_2、PF_2 中点，所以 $|PF_1|=2|OM|=2a$，$|PF_2|=2|MF_2|=2b$，又因为双曲线的离心率 $e=\sqrt{5}$，得 $\dfrac{b}{a}=2$，所以 $|PF_2|-|PF_1|=2b-2a=2a$，则 P 在双曲线上，所以 $S_{\triangle PF_1F_2}=\dfrac{b^2}{\tan\dfrac{\angle F_1PF_2}{2}}=4$。

【解法五】$F_2(C,0)$ 关于 l_1 的对称点是 $P\left(-\dfrac{3c}{5},\dfrac{4c}{5}\right)$，所以 $|PF_1|=\sqrt{\left(-\dfrac{3c}{5}+c\right)^2+\left(\dfrac{4c}{5}-0\right)^2}=2$，解得 $c=\sqrt{5}$。所以 $|F_1F_2|=2\sqrt{5}$，$|F_2P|=4$，所以 $\angle F_1PF_2=90°$，所以 $|PF_2|-|PF_1|=2=2a$，所以 P 在双曲线上，所以 $S_{\triangle PF_1F_2}=\dfrac{b^2}{\tan\dfrac{\angle F_1PF_2}{2}}=4$。

上述几种解法都是把求解面积的过程转化为求双曲线的方程，即转化为求 a、b、c。在解题过程中，我们利用点与点、点与线的几何位置关系转化为点的坐标、直线和双曲线的方程的代数数量关系。解法四和解法五都利用数量关系转化为 P 在双曲线上，从而利用概念解题。

（2）函数与方程思想

函数思想，是指用函数的概念和性质去分析、转化和解决问题。函数的思想用运动变化的观点、集合和对应的思想，分析和研究具体问题中的数量关系，通过类比、联想、转化，合理地构造函数关系，运用函数的知识，使问题得到解决。函数思想方法从变量的运动变化、联系和发展角度拓宽了概念研究的视角，重在对概念中包含的变量进行动态研究，揭示概念的数量关系的本质特征。方程思想即将问题中的数量关系运用数学语言转化为方程模型，来加以解决。函数思想和方程思想的"动中有静、静中有动"恰好是事物运动与静止的关系，而"函数是整个变化过程，而方程是变化过程中的某个位置"，我们也可以理解为局部与整体的关系。① 函数与方程的思想贯穿整个高中数学，是数学最重要、最基本的数学思想之一。

函数与方程思想是中学数学的重要概念，它蕴含在数学的各部分模块中，一直是数学学习的重点内容。学生在运用函数与方程的思想时，要注意函数、方程与不等式之间的相互联系和转化，要深刻理解函数 $f(x)$ 的单调性、奇偶性、对称性、周期性等性质，熟练掌握基本初等函数特有的性质，如定点、定值、渐进性、凹凸性等，这是应用函数思想解题的基础。譬如，学生要密切注意三个"二次"的相关问题，深刻体会一元二次函数、方程、不等式的内涵和密切的联系，掌握二次函数基本性质、二次方程实根分布条件、二次不等式的转化策略等。

【例】（2023 年福建省高三省适应性练习）已知 $a=\ln 2$，$b=e-\dfrac{1}{a}$，$c=2^a-a$，则（　　）

A. $b>c>a$　　　　B. $b>a>c$　　　　C. $c>a>b$　　　　D. $c>b>a$

【剖析】本题以数的大小比较为载体，考查通过函数的概念构造相关函数，利用其单调性、图象等基础知识考查学生直观想象、逻辑推理、运算求解等能力，考查函数与方程、数形结合、特殊与一般等数学思想，考查逻辑推理、直观想象、数学运算等素养。学生通过 b 和 c 与 1 比较大小，可得 $b>1>c$，又因为 $a<1$，用比差法比较 c 与 a 的大小，从而构造函数 $g(x)=2^x-2x$ 或 $h(x)=2^x-x$，利用其单调性，可得 $c>a$，从而得到 $b>c>a$。

【解法一】因为 $\dfrac{2}{3}=\ln e^{\frac{2}{3}}<a=\ln 2<1$，$b=e-\dfrac{1}{a}>e-\dfrac{3}{2}>1$，如图 3-2，$y=2^x$ 与

---

① 郑毓信. 数学方法论［M］. 南宁：广西教育出版社，1991.

$y=x+1$ 的图象两个交点的横坐标分别为 0 和 1，又因为 0<In2<1，所以当 $x=a=$In2 时，$2^a<a+1$，所以 $c<1$，所以 $b>c$。

同理如图 3-2，$y=2^x$ 与 $y=2x$ 的图象两个交点的横坐标分别为 1 和 2，又因为 0<In2<1，所以当 $x=a=$In2 时，$2^a>2a$，所以 $c>a$。因此 $b>c>a$，故选择 A。

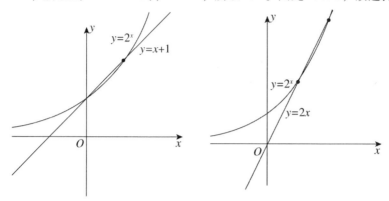

图 3-2

【解法二】$b=e-\dfrac{1}{In2}=e-\log_2 e>e-\log_2\sqrt{8}=e-\dfrac{3}{2}>1$，设 $f(x)=2^x-x-1$，则 $f'(x)=2^x In2-1$，所以 $f'(x)$ 在 R 上单调递增，又 $f'(0)=2^0 In2-1<0$，$f'(1)=2^1 In2-1>0$，所以 $\exists x_0\in(0,1)$，使得 $f'(x_0)=0$，

当 $x\in(0,x_0)$ 时，$f'(x_0)<0$，$f(x)$ 在 $(0,x_0)$ 上单调递减；当 $x\in(x_0,1)$ 时，$f'(x_0)>0$，$f(x)$ 在 $(x_0,1)$ 上单调递增。因为 $f(0)=f(1)=0$，所以当 $x\in(0,1)$ 时，$f(x)<0$。

因为 0<In2<1，所以 $f(In2)<0$，所以 $2^{In2}<In2+1$，因此 $c<1$，所以 $b>c$。

设 $g(x)=2^x-2x$，则 $g'(x)=2^x In2-2$，当 $x\in[0,1]$ 时，$g'(x)<0$，所以 $g(x)$ 在 $[0,1]$ 上单调递减，又因为 $g(1)=0$，所以 $g(In2)>g(1)=0$，所以当 $x=a=$In2 时，$2^a>2a$，所以 $c>a$。因此 $b>c>a$，故选择 A。

【解法三】因为 $b=e-\dfrac{1}{In2}=2^{\log_2 e}-\log_2 e$，$c=2^{In2}-In2$，设 $h(x)=2^x-x$，则 $h'(x)=2^x In2-1$，所以当 $x\in(-\infty,\log_2\log_2 e)$ 时，$h'(x)<0$，$h(x)$ 单调递减；当 $x\in(\log_2\log_2 e,+\infty)$ 时，$h'(x)>0$，$h(x)$ 单调递增。又因为 $h(0)=h(1)=1$，所以当 $x\in(0,1)$ 时，$h(x)<1$，$x\in(1,+\infty)$，$h(x)>1$，因此 $b=h(\log_2 e)>1>c=h(In2)$。

设 $g(x)=2^x-2x$，则 $g'(x)=2^x In2-2$，当 $x\in[0,1]$ 时，$g'(x)<0$，所以 $g(x)$ 在 $[0,1]$ 上单调递减，又因为 $g(1)=0$，所以 $g(In2)>g(1)$

= 0，所以当 $x=a=\ln 2$ 时，$2^a>2a$，所以 $c>a$。因此 $b>c>a$，故选择 A。

学生不会比较数的大小关系，主要是无法利用函数的概念构造 $g(x)=2^x-2x$ 或 $h(x)=2^x-x$，没有发现函数图象经过的定点 $(0,1)$，$(1,1)$。因此，教师要引导学生把不等式问题转化为函数问题，借用函数图象，直观而容易理解，从而产生知识的正迁移。

（3）数形结合思想

数形结合思想是把抽象的数学语言、数量关系与直观的几何图形、位置关系结合起来，通过抽象思维与形象思维的结合，"以形助数"或"以数解形"，化抽象为具体、化复杂为简单，实现优化解题途径的目的。数与形是数学中两个最古老、最基本、最重要的研究对象。"数"与"形"反映了数学对象的二重性，数与形是密不可分、相互关联的，这个关联被称为数形结合，其思想就是数形结合思想。

华罗庚曾说过："数形结合百般好，割裂分家万事休。"数形结合思想把抽象的数学问题直观化、生动化，化抽象思维为形象思维，有助于学生从数与形两方面把握数学概念的本质。运用数形结合思想，学生要熟练掌握概念的代数特征与几何意义，通过数与形的相互转化实现数形结合。数形结合思想常与实数，与数轴上的点、函数，与图象、曲线，与方程相联系，当然也与以几何元素和几何条件为背景建立起来的概念，如复数、三角函数等有关。

【例】（2023 年福建省高三省适应性练习）（多选题）已知向量 $\vec{a}=(1,2)$，$\vec{b}=(4,2)$，则（   ）

    A. $(\vec{a}-\vec{b})\perp(\vec{a}+\vec{b})$ B. $|\vec{a}-\vec{b}|=|\vec{a}+\vec{b}|$

    C. $\vec{b}-\vec{a}$ 在 $\vec{a}$ 上的投影向量是 $-\vec{a}$ D. $\vec{a}$ 在 $\vec{a}+\vec{b}$ 上的投影向量是 $(-3,4)$

【剖析】本题以平面向量为载体，考查向量的垂直关系、向量的模、投影向量等概念，考查运算求解、直观想象等能力，考查数形结合等思想，考查数学运算、直观想象等素养。学生根据向量 $\vec{a}$ 与 $\vec{b}$ 的坐标，求出 $\vec{a}-\vec{b}$ 与 $\vec{a}+\vec{b}$ 的坐标，根据向量模、垂直关系、投影向量等概念，利用坐标运算，或利用其几何意义，便可解决问题。

【解法一】因为 $\vec{a}=(1,2)$，$\vec{b}=(-4,2)$，所以 $\vec{a}-\vec{b}=(5,0)$，$\vec{a}+\vec{b}=(-3,4)$，所以 $(\vec{a}-\vec{b})\cdot(\vec{a}+\vec{b})\neq 0$，所以 A 错误；$|\vec{a}-\vec{b}|=|\vec{a}+\vec{b}|=5$，所以 B 正确；$\vec{b}-\vec{a}$ 在 $\vec{a}$ 上的投影向量是 $\left(\dfrac{(\vec{b}-\vec{a})\cdot\vec{a}}{|\vec{a}|}\right)\dfrac{\vec{a}}{|\vec{a}|}=(-1,-2)=-\vec{a}$，所以 C

正确；$\vec{a}$ 在 $\vec{a}+\vec{b}$ 上的投影向量 $\left(\dfrac{\vec{a}\cdot(\vec{a}+\vec{b})}{|\vec{a}+\vec{b}|}\right)\dfrac{\vec{a}+\vec{b}}{|\vec{a}+\vec{b}|}=\left(-\dfrac{3}{5},\dfrac{4}{5}\right)$，所以 D 错误。

【解法二】如图（图 3-3），因为 $\vec{a}=(1,2)$，$\vec{b}=(-4,2)$，所以 $\vec{a}\perp\vec{b}$，$|\vec{a}|\neq|\vec{b}|$，所以 $\vec{a}-\vec{b}$ 与 $\vec{a}+\vec{b}$ 不垂直，$|\vec{a}-\vec{b}|=|\vec{a}+\vec{b}|$，$\vec{b}-\vec{a}$ 在 $\vec{a}$ 上的投影向量是 $-\vec{a}$，$\vec{a}$ 在 $\vec{a}+\vec{b}$ 上的投影向量是 $\dfrac{1}{5}(\vec{a}+\vec{b})=\left(-\dfrac{3}{5},\dfrac{4}{5}\right)$，所以 B、C 正确，A、D 错误。

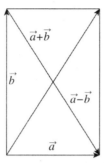

图 3-3

数形结合，其"数"与"形"有机结合、相互渗透，代数式的精确刻画与几何图形的直观描述相结合，使代数问题几何化、几何问题代数化，使抽象思维与形象思维有机结合。

（4）分类与整合思想

分类与整合思想是根据所研究概念的性质差异，分各种不同的情况予以分析解决。分类按照一定的标准把数学对象分成几种情况、几个部分；整合采取的是一种"化整为零，各个击破"的手段，把复杂的数学问题分解成若干个相对简单的问题，从而获得完整的解答。分类讨论思想，要注重理解和掌握分类的原则、方法与技巧，做到"确定对象的全体，明确分类的标准，做到不重复、不遗漏"的原则。[①]

我们常见的分类情形：按参数的取值范围分类、按图形的位置特征分类、按事件的可能情况分类。分类整合思想要渗透到各个数学概念中，依据一定的标准，注意分类必须满足互斥、无漏、最简的原则，对问题分类、求解。

【例】（2023 年福建省高三省适应性练习）中国救援力量在国际自然灾害中

① 克莱因. 古今数学思想：第一册［M］. 张理京，张绵炎，江泽涵，等译. 上海：上海科学技术出版社，2014.

为拯救生命、展示国家形象、增进国际友谊做出了重要贡献，多次为祖国赢得荣誉。我们现有 5 支救援队前往 A、B、C 等 3 个受灾点执行救援任务，若每支救援队只能去其中的一个受灾点，且每个受灾点至少安排 1 支救援队，其中甲救援队只能去 B、C 两个受灾点中的一个，则不同的安排方法数是（   ）

A. 72 　　　　　 B. 84 　　　　　 C. 88 　　　　　 D. 100

【剖析】本小题以救援安排方法数为载体，考查排列组合等概念，考查运算求解能力、逻辑推理等能力，考查分类与整合等思想，考查数学运算、逻辑推理等核心素养。我们把 5 支救援队分成 3 组：1、1、3 或 1、2、2 两类，再分配到 3 个受灾点，用分组分配的方法计算总方法数，能理解甲救援队去 A、B、C 三个受灾点的情况数相同，就能解决问题。我们或者先讨论甲救援队去 B、C 两个受灾点的情况，分成去 B 或 C 两种情况，再对甲救援队单独去，或甲和另外 1 队一起去，或甲和另外 2 队一起去这三类情况，用分组分配的方法计算方法数，从而解决问题。

【解法一】将 5 支救援队分成 3 组，则可以分成 1、1、3 或 1、2、2 两类，方法数是 $\dfrac{C_5^1 C_4^1 C_3^3}{A_2^2} + \dfrac{C_5^1 C_4^2 C_2^2}{A_2^2} = 25$，再将 3 组分配到 3 个受灾点，总方法数是 $25 \cdot A_3^3 = 150$。甲救援队去 A、B、C 的方法数是相同的，所以若甲救援队只能去 B、C 中的一个，则不同的方法数是 $150 \times \dfrac{2}{3} = 100$。

【解法二】将 5 支救援队分成 3 组，则可以分成 1、1、3 或 1、2、2 两类，方法数是 $\dfrac{C_5^1 C_4^1 C_3^3}{A_2^2} + \dfrac{C_5^1 C_4^2 C_2^2}{A_2^2} = 25$，再将 3 组分配到 3 个受灾点，总方法数是 $25 \cdot A_3^3 = 150$。甲救援队去 A、B、C 的方法数是相同的，所以若甲救援队去 A 有 50 种方法，则不同的方法数是 $150 - 50 = 100$。

【解法三】将 5 支救援队分成 3 组，则可以分成 1、1、3 或 1、2、2 两类，方法数是 $\dfrac{C_5^1 C_4^1 C_3^3}{A_2^2} + \dfrac{C_5^1 C_4^2 C_2^2}{A_2^2} = 25$，再将 3 组分配到 3 个受灾点，总方法数是 $25 \cdot A_3^3 = 150$。甲救援队去 A，再将 4 支救援队分成 3 组去 3 个受灾点，分成 1、1、2 或 0、1、3 或 0、2、2 三类情况。

第一类情况：若分成 1、1、2，则有 $\dfrac{C_4^1 C_3^1 C_2^2}{A_2^2} A_3^3 = 36$ 种方法。

第二类情况：若分成 0、1、3，则"1""3"安排到 B、C 两个受灾点，有 $C_4^1 A_2^2 = 8$ 种方法。

第三类情况：若分成 0、2、2，则"2""2"安排到 B、C 两个受灾点，有 C_4^2=6 种方法。

所以，总方法数是 150-（36+8+6）= 100。

【解法四】 5 支救援队前往 A、B、C 3 个受灾点，则最多有 3 个救援队去同一个受灾点，所以可以分成甲单独去、甲和另外 1 支、甲和另外 2 支，这三类情况。

第一类情况：甲单独去 B、C 中的一个，有 C_2^1 种方法，再将另外 4 支救援队安排到另外两个受灾点，可以分成 1、3 或 2、2 两类，方法数是 $C_4^1 C_3^3+\dfrac{C_4^2 C_2^2}{A_2^2}=$ 7，再将 2 组分配到 2 个受灾点，总方法数是 $C_2^1 \cdot 7 \cdot A_2^2=28$。

第二类情况：甲和另外 1 支去 B、C 中的一个，有 $C_4^1 C_2^1$ 种方法，再将另外 3 支救援队安排到另外两个受灾点，方法数是 $C_3^1 A_2^2=6$，总方法数是 $C_4^1 C_2^1 C_3^1 A_2^2$ =48。

第三类情况：甲和另外 2 支去 B、C 中的一个，有 $C_4^2 C_2^1$ 种方法，再将另外 2 支救援队安排到另外两个受灾点，所以方法数是 $C_4^2 C_2^1 A_2^2=24$。

所以，总方法数是 28+48+24 = 100。

【解法五】 我们先安排甲去 B、C 中的一个，有 C_2^1 种方法，再将 4 支救援队分成 3 组去三个受灾点，分成 1、1、2 或 0、1、3 或 0、2、2，这三类情况。

第一类情况：若分成 1、1、2，则有 $C_2^1 \cdot \dfrac{C_4^1 C_3^1 C_2^2}{A_2^2} \cdot A_3^3=72$ 种方法。

第二类情况：若分成 0、1、3，则"1""3"安排到 B、C 两个受灾点，有 $C_2^1 C_4^1 A_2^2=16$ 种方法。

第三类情况：若分成 0、2、2，则"2""2"安排到 B、C 两个受灾点，有 $C_2^1 C_4^2=12$ 种方法。

所以，总方法数是 72+16+12 = 100。

这个题目错误的主要原因就是分类讨论重复或者遗漏情况。错选 A，先安排甲去 B、C 中的一个，有 C_2^1 种方法，再将 4 支救援队分成 1、1、2 安排去三个受灾点，漏掉了 0、1、3 和 0、2、2 这两类情况，有 $C_2^1 \cdot \dfrac{C_4^1 C_3^1 C_2^2}{A_2^2} \cdot A_3^3=72$ 种方法；错选 B，先安排甲去 B、C 中的一个，有 C_2^1 种方法，再将 4 支救援队分成 3 组去三个受灾点，漏掉了 0、1、3，分成 1、1、2 或 0、2、2 两类情况，有 $C_2^1 \cdot \dfrac{C_4^1 C_3^1 C_2^2}{A_2^2}A_3^3+C_2^1 C_4^2 A_2^2=72+12=84$；错选 C，先安排甲去 B、C 中的一个，有 C_2^1

种方法，再将4支救援队分成3组去三个受灾点，漏掉了0、2、2，分成1、1、2或0、1、3两类情况，有$C_2^1 \cdot \dfrac{C_4^1 C_3^1 C_2^2}{A_2^2} A_3^3 + C_2^1 C_4^1 C_3^3 A_2^2 = 72 + 16 = 88$。

我们应用分类整合思想解决数学问题的关键是正确分类，这就首先需要遵循分类原则，明确分类对象，确定分类标准，熟悉分类方法，再逐项进行讨论，最后进行归纳总结。

（三）数学概念是美的精灵——数和形、抽象与具体的水乳交融

我们在第一章初步领略了数学之美，有意识地关注、鉴赏数学的美。能领悟和欣赏数学之美是一个人数学素养的基本成分，能领悟和欣赏数学之美也是进行数学研究和数学学习的重要动力和方法。数学概念反映数学的数量关系、空间形式的本质属性的思维形式，抽象出数与形方面内在的、固有的属性。所以，数学概念呈现简洁美、对称美、和谐美、奇异美、有序美。概念的美体现在思维美、简洁美、抽象美等方面。

1. 数学概念是反映概念本质特征的符号表示

数学概念是反映概念本质特征的符号表示。数学概念大多数都是由反映概念本质特征的符号来表示的，这些符号使数学概念有比别的知识更加简明、清晰、准确的表达形式。数学概念清晰、准确、简明的特性使学生在较短时间内掌握大量数学概念。

许多数学概念需要用数学符号来表示。如A_n^m不仅表示"从n个元素中取出m个元素进行排列，不同排列的种数"，而且通过定义可以进行相应的运算。又比如，$b = \log_a N$不仅表示了"b是以a为底数，N的对数"，而且可以联想到这个等式也是$a^b = N$的等价变形而得到的等式。如此可以看出，我们通过A_n^m、$b = \log_a N$这些符号就把研究问题的对象、解决问题的方法都融合在这些数学符号、数学语言之中，让研究问题的主体与客体、对象与过程水乳交融。许多数学概念的定义科学地用数学符号来表达，其他独特的表达方式使学生形成、理解和掌握数学概念的思维过程简约化、明确化。概念教学要引导学生体会数学符号的和谐美、简洁美等。

2. 数学概念是具体性与抽象性的辩证统一

抽象概括数学概念的本质就是认识概念、理解概念的逻辑思维方式的理性概括。与其他的数学知识、数学方法相比，概念抽象概括的层次相对更高，学生通过概念的学习，应具备由表及里、抽象概括数学问题本质的基本能力。

数学概念教学要加强概念具体问题的抽象化、抽象问题的具体化。在抽象概念时，我们要基于具体问题引入概念，通过典型的例子加深对概念的理解，

然后对抽象概念的内涵、外延做进一步、全新的、充分的诠释，抽取概念的实质，分析不同例证，最后把抽象的概念形象化、具象化。我们结合概念的抽象层次和结构，进一步抽象，形成抽象思维系统，最终实现抽象思维与具象思维的交织，体会数学概念的具体与抽象无不散发出抽象美等。

3. 数学概念是数学本质属性的思维形式

数学概念高度凝结着数学家的思维，是认识事物的思想精华，是数学家智慧的结晶。学生对概念学习的过程就是亲身探究新知与思想方法的过程，是获得丰富而深刻的体验，并概括数学概念的心路历程。学生用数学的观点看待和认识世界的思想真谛，学会用概念思维，进而发展智力和培养能力，进一步体会数学学科背后所反映的知识、方法、态度、价值观。学生只有掌握了数学概念的定义，同时又能举出概念的具体事例，才算真正掌握了数学概念。数学概念教学让学生体悟概念学习过程中的思维美等。学生在概念的学习过程中，注重思维的严谨性、思维的广泛性、思维的灵活性和思维的敏捷性，提升思维的批判性。

（四）数学概念的教育功能

概念教育除了传授数学知识和技能，还要培养学生解决数学问题的能力、思维能力和创新能力。所以，数学概念的教育功能在教学过程中显然不能忽视。

1. 数学概念能够促进学生的思维发展

数学是一门高度抽象的学科，通过学习数学可以培养学生的抽象思维能力。概念不只是一个符号、一段描述、一个图形，任何一个概念都是在思维作用下，根据数学规律高度浓缩而成的，学生只有仔细回味，才能感受到其对思维能力的促进作用。

数学是逻辑思维的基础，概念教学要培养学生的逻辑思维能力。数学学习、概念学习都是逻辑性的思维活动，推理、演绎、归纳等思维过程，就是学生逻辑思维能力提升的过程。数学概念的高度抽象决定了数学学习可以培养学生的抽象概括能力。学生将具体问题抽象为符号、公式或模型，从而更好地理解数学，解决数学问题，解决其他问题。

2. 数学概念能够培养学生的数学方法意识

数学问题需要学生通过分析、归纳、推理等方法，找出解决问题的途径，并加以实施。数学概念的形成是一个已有经验与知识不断内化、发现普适性方法的过程。在解决数学问题的过程中，学生需要运用数学知识和技能，发挥自己的创造力和想象力，培养解决问题的能力。概念教育不仅仅传授数学知识和技能，更重要的是培养学生的逻辑思维能力、创造力，促进学生全面发展。所以，数学教育的核心就是培养学生解决问题的能力，提升解决问题的能力，有效地培养学生的方法意识与运用方法的能力。

3. 概念教学可以有效地改善学生的学习方式

概念教学可以通过生动有趣的教学方法和实践活动，激发学生学习数学的兴趣，增强学生学习数学的动力。概念教学要注重培养学生的逻辑推理能力，使学生在学习概念的过程中体验学习的乐趣和成就感，从而提升对数学的兴趣和增强学习动机。概念是数学的基础，这意味着概念生成的复杂程度要低于概念应用、数学定律等，这又意味着在概念建构过程中可以更多地发挥学生自主性，从而让自主学习、合作学习等方式落到实处。总之，概念教学具有培养学生的逻辑思维能力、问题解决能力、综合应用能力、抽象概括能力、创新创造能力等的功能。

二、通过单元主题教学整体把握概念，理顺概念的来龙去脉

（一）通过大概念单元主题教学，凸显数学概念整体性

《课程标准》要求教学必须"从整体上把握课程"。在教学设计上，教师要关注"跨课时、跨章节"的单元主题的教学目标，使多个相关联的内容形成知识的结构化、网络化。大概念整体教学的理念就是深度学习理念在数学概念教学上的体现。大概念视角实际上是以对数学概念的深度理解、深度研究为基础而建立起来的。我们可以这样理解，数学核心素养就是一个大概念，是一种上位的、抽象概括出来具有整合作用、广泛联系的、能够迁移应用的概念和观点的数学大概念、核心概念。我们对大概念的理解和感悟可以通过数学问题的驱动来探究发现。

1. 大概念及数学中的大概念的内涵

埃里克森（Erikson）明确指出：大概念对概念之间关系的一种表述，是在事实基础上产生的深层次的、可迁移的观念的抽象概括。威金斯（Wiggins）和麦克泰格（McTighe）将基本问题比作大概念教学的航标："最好的问题是指向和突出大概念的。它们就像一条过道，通过它们，学习者可以探索内容中或许仍未被理解的关键概念、主题、理论、问题，在借助启发性问题主动探索内容的过程中加深自己的理解。"大概念是奥苏贝尔（Ausubel）所说的上位观念的一种重要形式，他认为概念不是一段孤立的词句，而是一个层次性的结构，知识之间有上、下位关系。肖沃尔特（Showalter）根据科学概念有逻辑且互相关联的特征，构建了由知觉感受、直接概念、事实概念、定律概念、创设概念、

原理概念及理论概念七层概念组成的科学概念结构，有上、下位之分，理论概念是层次最高的概念，囊括了各类下位概念以及概念之间的联系。大概念能成为认知结构中重要的关联点，不断吸纳、组织信息。"专家的知识是通过大概念来组织的，反映专家对学科的理解深度。"[①] 所以，具有生活价值的"大概念"被界定为反映专家思维方式的概念、观念或论题。

数学领域内的大概念有重要地位，具有统摄力、关联性，是对众多知识的筛选与整合，变现为一个概念、观念、论题。数学大概念包括核心概念、数学方法、数学技能、数学思想、数学观念等。数学大概念可以分为单元大概念、学科大概念、跨学科大概念、哲学大概念四个层级；数学大概念是比数学核心素养更上位的概念；数学大概念包括数学抽象、逻辑推理、数学建模、直观想象、数学运算、数据分析等数学核心素养，但不止于此。在位置上，数学大概念处在数学学科的中心，集中体现数学的核心思想方法；在功能上，大概念有助于数学课程的结构化。我们聚焦数学大概念的学习能促进学生对知识的深层理解与迁移，掌握"少就是多、贯穿一致"的深度学习理念。

2. 大概念背后的大问题、大思路、大方法

大概念背后应聚焦大情境、大过程、大问题、大思路。大概念视角下单元设计是知识和学习目标的凝练，具有整合性和跨学科性。大概念、大思路是分析大情境、提出并解决大问题的主要抓手。对大概念的深刻理解有助于学生从整体上分析、转换大情境及描述方式，进一步简化、概括并提出统领单元学习的大问题。大情境是单元学习活动与学科核心素养发展的应用载体，有利于实现迁移和灵活提取，大思路则有助于学生从有利于解决问题的角度分解大问题，并规划解决问题的大思路，学生核心素养就是在理顺大思路、探寻大方法、解决大问题中体现出来的。

3. 提取数学的大概念

邵朝友等指出，当确定内容标准后，用反复出现的名词作为大概念，用追问的方式确定大概念，用配对的方式产生大概念，用归纳的方式获得大概念。邓靖武提出基于学科视角，聚焦学科本质提炼学科概念；基于课程标准，依据学科教材确定学科大概念；基于学生的发展需求，构建大概念统摄下的单元知识层级结构。刘徽结合我国教育的实际情况，综合不同学者的观点，给出寻找学科大概念的八个路径：课程标准、学科核心素养、专家思维、概念派生、生

---

① 刘徽."大概念"视角下的单元整体教学构型——兼论素养导向的课堂变革 [J]. 教育研究，2020，41（06）：64-77.

活价值、知能目标、学习难点、评价标准。

数学大概念的提取一般源于学科、课程标准、解决问题的一般思路、学习观念。我们对数学概念学习内容和主题的一些追问，比如，为什么学、学什么、怎样学、本质是什么，这些问题是学生学习的困惑，也是我们找到大概念的好途径。数学大概念至少包括数学核心概念、主要数学思想方法、重要的数学技能、解决问题的一般思路、数学观念等。

（二）通过整体认识概念，理解深度学习的数学概念

我们下面用"函数"作为例子，说明大概念视角下的单元整体教学设计。

1. 单元规划建议

人教 A 版高中数学必修第一册第三章的"函数的概念与性质"包括"函数的概念、函数的表示、函数的单调性、函数的奇偶性、幂函数"和"函数的简单应用"。针对本章的教学内容，我们给出如下单元规划建议（如表 3-1）。

表 3-1

教材版本	人教 A 版		
单元类型	主题类■　　　　思想方法☑　　　　核心素养☑		
单元序号	课时名称	主要内容	课时数
1	函数的概念	函数的概念、区间的概念	1
2	函数的表示	函数的表示及分段函数	2
3	函数的性质：单调性与最大（小）值	函数的单调性、函数的最值	2
4	函数的性质：奇偶性	函数的奇偶性、函数图象的对称	1
5	幂函数	深化理解函数的概念、性质	1
6	函数的简单应用	函数模型的应用	1

2. 单元教材教法分析

（1）内容和内容解析

①内容的本质：函数的概念是数学中最重要的概念之一，其本质是从一个非空数集到另一个非空数集的特殊对应，它揭示了现实世界中数量关系之间相互依存和变化的实质，是描述客观世界变量间依赖关系的数学模型。

②蕴含的数学思想和方法：在"函数的概念与性质"的教学中，教师应

该引导学生通过积极主动的预习和探索来完成函数模块的学习。教师通过函数背景和再次学习函数必要性的介绍，激发学生的学习兴趣。学生在回顾了初中简单函数的实例和性质的基础上，用类比的方法来学习高中函数的概念及抽象程度更高的相关性质等，经过知识回顾、直观感知、再次定义、研究性质的基本过程，通过直观想象、数学建模等核心素养完成对许多数学概念的抽象。学生通过此部分知识的学习，逐渐转变思维方式，将形象思维过渡到抽象思维。

③知识的上下位关系："函数的概念与性质"是普通高中教科书《数学 必修 第一册》第三章的内容，在这之前，学生在初中对函数的概念及简单的性质有了初步的了解，高中函数的学习基础是建立在此及集合等内容之上的同时，这些知识也为普通高中教科书《数学 选择性必修 第二册》第五章"一元函数的导数及其应用"的学习做好基础性铺垫。函数是高中数学学习一条十分重要的主线，是学习一切高中数学的基础。

④育人价值（着重在数学学科核心素养的发展）：函数的学习关键在于抽象素养的提升，与之相伴的是直观想象素养的发展。函数的学习落脚点最终在运算，"运算中的规律性、不变性"是理解函数概念、发现函数性质的"引路人"，在整章的学习过程中具有基础性的地位，也是学生发展"四基"、提升核心素养的重要载体。我们可以通过一些案例培养学生的爱国主义情怀。

（2）教学重、难点和关键点（如表3-2）

表3-2

课时名称	重点	难点	关键点
函数的概念	建立"对应关系说"观点，用集合语言表述的函数概念，培养学生数学抽象素养	从不同的问题情境中提炼函数要素，并由此抽象函数的概念，理解函数的对应关系 $y=f(x)$	引导学生辨析，完成函数概念的抽象
函数的表示	函数的三种表示方法及相互转化，分段函数的概念	根据不同的需要选择恰当的方法表示函数和分段函数	体现函数表示的教学价值

续表

课时名称	重点	难点	关键点
函数的性质	函数的单调性、最值和奇偶性，培养学生数形结合的数学思想方法	增（减）函数的定义、函数奇偶性的定义，以及用定义证明函数的性质	用数学知识和思想方法分析函数模型的形态，发现事物的变化规律，进而精确"遇见未来"
幂函数	幂函数的定义，5 个幂函数的图象和性质，提升学生归纳、推理和概括能力	画出函数 $y=x^3$ 和 $y=\sqrt{x}$ 的图象，通过 5 个幂函数的图象归纳它们的性质	帮助学生理解、研究一类函数的内容、基本思路和方法
函数的简单应用（一）	将实际问题中的量抽象为数学中的变量，并找到变量之间的关系，培养学生数学建模的核心素养	培养学生分析解决问题的能力和运用数学的意识，让学生根据实际问题建立相应的数学模型	通过引入联系实际的问题和解决带有实际意义的某些问题，引领学生分析、研究、尝试、归纳，提升数学建模素养

（3）学情教法分析

①做好初高中衔接

学生在初中已经学过一次、二次、反比例函数，对函数的性质研究也只能限于这几种函数。依据现有认知结构，学生只能根据函数的图象，观察其图象特征和变化趋势，而不能用符号语言进行代数证明，只能依据形的直观性进行感性判断而不能进行"思辨"的理性认识。所以，教师在教学中要找准学生学习思维的"最近发展区"，进行有意义的建构教学。在教学过程中，教师要注意让学生在内容上紧扣定义，贯穿整个学习过程，在形式上要从有意识的模仿逐渐过渡到独立的证明。

②使学生经历完整的概念学习过程

教科书构建的函数概念学习过程：具体函数→一类函数→"变量说"→"集合对应说"，这是一个逐步抽象的过程，从学科角度给出概念抽象过程完整性的概念解读。同时从认知角度分析，教师要让学生经历"情境分析→共性归纳→下定义→概念辨析→简单应用→概念精致"的完整过程。

③重视"事实"的教学价值

在教学过程中，教师应避免学生理解概念所需要的背景支持的"一个定义、三项注意、几个例题、大量练习"，防止学生概念理解的浅层化、形式化，导致学生难以形成迁移能力。在教学过程中，教师应该完善教学内容，加强动手操作、观察实践的环节，来解决问题，使学生通过自主活动获取知识所需的事实。

3. 单元教学目标

（1）知识技能目标

①学生会用集合语言和对应关系刻画函数，建立完整的函数概念，体会集合语言和对应关系在刻画函数概念中的作用，了解构成函数的要素，能求简单函数的定义域。

②在实际情境中，学生会根据不同的需要选择恰当的方法（如图象法、列表法、解析法）表示函数，理解函数图象的作用。

③借助函数图象，学生会用符号语言表达函数的单调性、最大（小）值，理解它们的作用和实际意义。结合具体函数，学生了解奇偶性的概念和几何意义。

④学生通过具体实例，结合 $y=x$，$y=\dfrac{1}{x}$，$y=x^2$，$y=\sqrt{x}$，$y=x^3$ 的图象，理解它们的变化规律，了解幂函数的定义及性质。

⑤学生要体会函数与现实世界的密切联系，初步理解函数模型是描述客观世界中变量关系和规律的重要数学语言和工具。

（2）活动经验目标

①通过数学概念和性质的学习，帮助学生形成代数归纳和逻辑推理的经验，通过对实际问题的研究，帮助学生形成发现问题、提出问题、分析问题和解决问题的经验。

②帮助学生形成独立思考、自主学习、合作交流等多种学习方式，激发学生学习数学的兴趣，养成良好的学习习惯，促进学生实践能力和创新意识的发展。

③帮助学生在情境中抽象出数学概念、命题、方法和体系，积累从具体到抽象的活动经验；养成在日常生活和实践中一般性思考问题的习惯，把握事物的本质，以简驭繁；运用数学抽象的思维方式思考并解决问题。

（3）思想方法目标

①学生通过具体实例学习，用集合语言和对应关系刻画函数概念，形成具

体到抽象、特殊与一般的数学思想。

②通过图象法表示函数的学习，形成数形结合的思想。华罗庚先生说过："数缺形时少直观，形少数时难入微，数形结合百般好，割裂分家万事休。"

③通过实际问题学习分段函数，掌握分类整合的思想。引导学生在解答问题遇到多种情况时，对各种情况加以分类，并逐类求解，然后综合得解，从而训练学生的思维条理性和概括性。

④通过探究函数的单调性，引导学生归纳概括，用数学语言精确刻画单调性，掌握从具体到抽象、从特殊到一般，以及数形结合的数学思想方法。

⑤函数奇偶性求解析式学习中渗透化归与转化的思想，数学的解题过程就是从未知向已知、从复杂到简单的化归转换过程。

⑥通过函数应用的学习，学生可以掌握数学建模思想，从而提升自己利用函数解决实际问题的能力。

（4）核心素养目标

①数学抽象：能从具体函数中抽象出函数的概念及性质（单调性、奇偶性）。

②逻辑推理：掌握函数单调性、奇偶性的证明。

③直观想象：能结合函数图象研究函数的性质；对基本初等函数，能在函数图象与解析式之间进行转换。

④数学建模：能从实际情境中发现和提出数学问题；利用恰当的变量、符号、图表对情境进行数学表征，选取合适的函数建立模型，求解模型，检验结果并完善。

⑤数学运算：能求出简单函数的定义域；能根据函数的表示方法，求出给定自变量所对应的函数值；能将函数单调性的证明转化为程序化的运算问题。

4. 单元活动设计

课时教学活动是单元教学的课堂体现，为了充分达到单元教学目标，结合单元知识划分和单元教法理念，我们可按如下格式进行课时教学设计，如表3-3所示。

表 3-3

单元课题名称：函数概念与性质		
第 1 课课题：函数的概念		
内容	函数的概念、区间的概念	
目标	通过具体的实例，进一步体会函数是描述变量之间关系的重要数学模型；用集合与对应的思想理解函数的概念；理解函数的三要素及函数符号的深刻含义；会求一些简单函数的定义域及值域，学会区间的表示。 ☑基础知识　☑基本技能　☑基本思想　□基本活动经验	
素养	☑数学抽象　☑逻辑推理　☑直观想象 ☑数学运算　□数据处理　□数学建模	■□
学习水平	识记	□知道　□了解　☑识别　☑说出 □认识　□感受　□其他	■□
	理解	□懂得　□说明　□比较　☑判断　□领会 □表示　□建立　□归纳　□确定　□其他	■□
	应用	☑掌握　□推导　□转换　□分析　□应用 □能（会）用　□判定　□其他	■□
	综合	□研究　□决策　□设计　□反思 □评价　□其他	■□
重点	函数的概念，函数的三要素，区间的概念	
难点	函数的概念，对符号 $y=f(x)$ 的理解	
教学模式	问题—引导教学模式	
教学过程设计		
环节 1	复习回顾	
问题 1	初中学习的函数的定义是什么？	
师生活动	学生举例，教师适当评价，引导学生回顾初中函数定义中的关键内容	

单元课题名称：函数概念与性质	
第1课课题：函数的概念	
设计意图	通过复习初中所学函数的定义及一次函数、二次函数及反比例函数，为进一步学习高中函数的概念打基础，建立知识间的联系
环节2	探究新知
……	……

5. 单元作业设计

数学课程标准明确指出：数学教学要体现课程改革的基本理念，在教学过程中充分考虑数学的学科特点，掌握多种教学方法和手段。教师通过单元作业设计，可进一步服务单元教学实际，落实"函数的概念和性质"章节单元教学的教学任务，体现章节学习的整体性、层次性、生本性和创造性，提高师生单元的教与学的能力。

6. 单元评价设计

教学评价体系是实现课程目标的重要保障，教学评价设计不仅要对学生学习进行评价，还应该对教师的教学进行评价。为了进一步落实单元教学任务，我们指定学生单元学习评价设计和教师单元教学评价设计，如下表（表3-4、表3-5）所示：

表3-4　学生单元学习评价设计

评价内容	评价指标	评价要求				评价方法
基本知识技能评价	函数的概念及表示	了解	理解	掌握	应用	师生问答 问题检测 专题作业 交流展示
	函数的性质	了解	理解	掌握	应用	
	幂函数的概念、图象及性质	了解	理解	掌握	应用	
	函数模型的应用	了解	理解	掌握	应用	

续表

评价内容	评价指标	评价要求	评价方法
基本数学能力评价	抽象概况	能从实际问题情境中抽象出函数概念并用数学符号表示；能在具体问题情境中，发现数学的函数模型并提出与函数有关的数学问题，合理选择函数模型去表述变化规律并解决问题	专题作业 交流展示 师生问答 数学成长记录
	推理论证	能够根据定义判断来证明函数的性质，并用性质解决一些具体数学问题	
	直观想象	能用函数图象表述函数，熟悉三种函数表达式之间的相互转化，用函数图象刻画函数性质	
	运算求解	能求函数的定义域、值域，完成一些程序化的数学计算问题	
数学思想方法评价	函数与方程	能用函数模型观察分析实际问题中的数学关系，用函数模型去描述现实世界的变化规律	专题作业 问题检测 交流展示 课后评价 开放性作业
	数形结合	分别用函数解析式和图象去表述函数，体会函数图象工具性作用，从函数图象出发研究函数性质	
	特殊与一般	根据函数一般概念，从具体问题中抽象出一次函数、二次函数和幂函数模型；通过函数性质的学习，研究事物发展的一般规律	
	分类与整合	认识需分类解决的数学问题中的函数模型，通过对函数的分化与合并，取舍函数模型来解决问题	

续表

评价内容	评价指标	评价要求	评价方法
数学学习过程评价	参与数学活动的程度	能否专注地投入到每一节数学课的课堂学习中	观察评价 学生互评 课堂测试
	合作交流的意识和情感	能否愿意积极主动地和同学进行合作学习	
	数学学习自信心	对数学知识是否具备一定的学习兴趣和自信心	
	课堂作业情况	能否独立自主并快速完成课堂测试	

表 3-5 教师单元教学评价设计

评价指标		评价标准				
一级指标	指标要素	优等参照指标	标准参考分值			
			优	良	中	差
教学目标	确切度	教学目标明确、具体，符合大纲要求，切合学生实际				
教学内容	教育性	讲授准确恰当、详略得当，培养学生学习习惯				
	科学性	教学具有层次性、思想性				
教学过程和方法	针对性	反馈及时，精选习题，有层次，有梯度，有一定练习量				
	启发性	精巧设问，指导学法，调动积极性				
	合理性	整体设计合理，突出重点，抓住关键，教学形式、方法、手段符合教学内容				
教学基本素养	组织教学	课前准备充分，具有应变能力				
	民主教学	教态亲切，尊重学生				
	教学语音	语言准确，精练、生动，富有启发性				
	演示板书	板书合理，字迹工整，直观教具演示方法正确				

评价指标		评价标准			
教学即时效果	双基能力	完成教学任务，目标达成，双基落实，学生能力得到培养			
	情感发展	学生注意力集中，课堂气氛活跃			

教师单元教学评价设计应注意以下几点：

①面向全体学生：一要把握教学目标，二要实施因材施教，三要保证学生参与学习的时空。

②学生全面发展：要使学生在知识、能力、情感等方面都获得发展。

③自主学习能力和自我发展能力：一要从学生实际出发，二要让学生自主学习，三要注重学生的个性发展。

7. 单元资源设计

总之，数学概念是构成数学定理、法则的关键基础。概念的获得是数学知识内化的起点，对学生正确理解数学概念、灵活运用数学概念具有极其重要的意义。教师要重视概念教学，改变以知识点传授为主线、以教师讲授为主的课堂，以"核心问题、核心观念、大概念"为对象，以问题驱动为抓手，将概念的落实分解到各个核心问题当中，通过"核心问题"的解决掌握数学知识，并提升解决问题的能力。

第二节　深析概念背景　创设情景导入策略

概念的导入是概念教学的第一步，导入质量将直接关系学生对概念的接受、理解和掌握。导入概念的过程主要是让学生了解概念形成的过程，通过探寻数学家发现数学概念的过程，调动其学习数学的积极性，激发其学习动机，设法帮助学生完成由感性认识到理性认识的过渡。《课程标准》强调：教师要通过教学情境的创设，以任务来驱动学生学习，激活已有经验，指导学生体验和感悟学习内容。数学概念虽然是抽象的、概括的，但每一个概念的产生都是生产生活所必需的，都有丰富的知识背景，都是由具体到抽象，符合人类认识的规律。在学生头脑中形成准确概念的首要条件是，学生获得十分丰富和合乎实际的感性材料。因此，在数学概念教学中，教师要密切联系数学概念的现实原型，观察有关实物、图示或模型，分析日常生活和生产实际中常见的事例，让学生在感性认识的基础上逐步建立概念。源于数学概念高度抽象的特点，教师要重视新概念的导入过程，注重体现基本概念的来龙去脉。概念导入过程也是培养学生探索问题、发现规律、归纳提升的过程。课堂教学通过教师对基本概念和基本思想导入的重视，使学生逐步加深对核心概念和基本思想的理解。

一、合理创设引入情境，在最近发展区导入概念

创设情境、导入概念应遵循苏联教育家维果茨基（Vygotsky）提出的最近发展区理论。其理论把学生的发展水平分为没有外界帮助下学生所具有的现有水平和通过外界帮助、通过课堂学习学生获得的可能发展水平，这两者之间的差异就是最近发展区。教学要在学生的最近发展区设置问题，设置一些带有一定难度的内容，积极调动学生的学习兴趣，发挥其思维能力，超越其最近发展区，顺利到达下一发展阶段的水平。

在最近发展区的数学概念教学情境创设中，教师要注意真实性和艺术性、接近性和诱发性、针对性和渐进性、探索性和合作性相结合。

（一）讲好概念小故事，传承数学历史文化

数学概念逻辑性强、凝练度高、趣味性少，很难引起学生听课的兴趣。很多教师恰恰忽略生动活泼、鲜活有趣的概念生成背景，无法激发学生学习数学的积极性和主动性。为了及早激发学生的兴奋点，吸引其注意力，教师要创设概念导入的教学情境，充分调动学生学习的兴趣。

概念导入的背景有很多，其中讲好历史小故事就是一个小技巧。

数学的发展史本身就是一部多姿多彩的故事史，有我国古代的数学家为人类做出不朽贡献的故事；有古希腊数学家呕心沥血、孜孜求索的故事；有广大劳动人民聪明与智慧的故事。这些故事既能启发学生的智慧、拓宽他们的视野，又是很好的引入素材。

1. 函数概念小故事

恩格斯说"数学中的转折点是笛卡尔的变数。有了变数，运动进入了数学；有了变数，辩证法进入了数学；有了变数，微分和积分也就立刻成为必要的了，而它们也就立刻产生，并且是由牛顿和莱布尼茨大体上完成的，但不是由他们发明的。"[1] 在 17 世纪，数学已经出现对数函数、三角函数等，但当时人们还没有充分认识函数概念，绝大部分函数是当作曲线来研究的。

---

① 帕尔默. 教学勇气 [M]. 沈桂芳，金洪芹，译. 上海：华东师范大学出版社，2005.

最早给函数概念下明确定义的是格雷戈里（Gregory），他在 1667 年定义函数为："它是从一些其他的量经过一系列代数运算而得到的，或者是经过任何其他可以想象的运算而得到的。"莱布尼茨（Leibniz）首次用"function"一词表示一个随曲线上的点的变动而变动的量。欧拉（Euler）1743 年引入记号 $f(x)$，并在 1748 年把函数定义为"由一个变量与一些常量通过任何方式形成的解析表达式"。

18 世纪，数学尚未形成较全面、较完整的函数概念，在实践和理论上产生了尖锐的矛盾。最具代表性的是描述弦振动的偏微分方程的解的形式问题，人们在这个认识过程中发现解析表达式和曲线不是函数的本质，只是函数的表现形式，是可以互相转化的。

1837 年，狄利克雷给出函数的定义："如果对于某区间上的每一个确定的 x 的值，按照某一法则 y 都有一个或多个确定的值，那么 y 叫作 x 的函数。"这种以变量概念作为函数概念的定义逐渐暴露出不足。20 世纪初，数学家又给出函数定义："设 X 和 Y 是两个非空集合，如果对于每个 X 中的元素 x，依照某一法则，总有确定的一个 Y 中的 y 和它对应，这个对应法则就叫作函数。"[①] 也就是说，函数是非空集合 X 到非空集合 Y 的一个映射。这个定义使我们可以将函数概念推广到以任何对象为元素的两个集合之间，极大地扩展了函数概念建立的基础，满足了现代数学对函数概念的需要。

我国最早引入函数概念的数学家是清代数学家李善兰，他在翻译《代数学》（1859 年）一书时，把"function"译成"函数"。李善兰给出的定义是："凡式中含天，为天之函数。"中国古代用天、地、人、物四个字来表示四个不同的未知数或变量。这个定义的含义是："凡是公式中含有变量 x，则该式子叫作 x 的函数。"所以，"函数"是指公式里含有变量的意思。

从上面有关函数概念的发展介绍，我们可以发现函数概念从提出到完善，用了二百多年的时间。从函数概念建立的过程可以看出，人们对函数概念的认识是随着科学、数学学科本身的不断发展、深入而深化完善的。函数概念是人们对各种具体的函数关系的反复不断认识，经过抽象而得，但都反映了一个量对另一个量的依赖关系，都是"变化"和"运动"的辩证唯物主义观点的抽象。在讲函数小故事的过程中，学生逐渐体会函数概念的发生发展过程，初步形成函数概念中对"变"的规律性的认识，为后续的概念生成打下良好的基础。同时，这也能使学生体会科学研究的不易，培养学生良好的意志品质。

---

① 涂荣豹. 数学教学认识论 [M]. 南京：南京师范大学出版社，2003.

2. 数学的学习过程即讲述数学史的过程

在数学的教学中，数学历史小故事可以让学生对数学产生兴趣，激发其强烈的求知欲。如在讲对数概念时，教师可以介绍对数的发明者苏格兰数学家约翰·纳皮尔（John Napier）编制对数表的历程；在讲弧度制时，介绍莱昂哈德·欧拉；在讲二项式定理时，联系杨辉三角。教师通过这些数学小故事让学生从中感受数学家的心路历程，体会发现概念的过程之重要，以及数学的真正意义。在等差数列求和公式一节引入中，教师给学生讲德国数学家高斯小时候解"1 到 100 的自然数加起来，和是多少"的故事，激发了学生探寻等差数列求和规律的强烈欲望。在讲授立体几何的祖暅原理及二项式定理时，教师适当介绍一些我国的数学史作为引入，既让学生了解一些古典的数学史，又对学生进行适时的爱国主义教育。在讲概念背后的数学思想时，教师也可以用史实情境引入，在生动的情境中学习数学知识，领会数学思想、方法。例如，教师用"曹冲称象"的"以石代象"引入化归与转化思想等。数学小故事耐人寻味、引人深思，同时也体现了数学思想无时无处不在。

教师要引领示范，吸引学生多关注数学史，多搜集数学小故事，通过这些历史小故事，让学生了解数学概念的形成过程，感知人类探索未知数学的心路历程，欣赏数学智慧之美，喜欢数学，热爱数学。

（二）发掘生活好实例 激发概念探究兴趣

数学家华罗庚说过："人们对数学早就产生了枯燥乏味、神秘、难懂的印象，原因之一便是脱离了实际。"这表明，概念的生活情境对学生理解概念有很重要的作用。教师在概念教学中，利用日常生活中熟悉的具体事例，从学生熟悉的生活背景入手创设问题情境，引导学生观察、分析、归纳、生成新概念，学生在熟悉的背景下就乐于也易于接受所学概念，与此同时还能让学生认识数学概念的实际意义，让学生感受数学就在身边的乐趣，增强数学的应用意识，为学生提供思维自由发展的学习空间。

数学概念源于现实生活，是社会现实的提炼与概括，教师在教学中要尽可能挖掘现实素材，使概念教学气氛和谐、学生学习思维活跃。例如，在椭圆概念导入过程中，教材以水杯倾斜产生的截面为例，让学生感知什么是椭圆，从而形成初步印象；然后在课堂中让学生动手画出椭圆，通过动手操作，直观感受椭圆概念的形成，有利于概念的获得。在后续的学习过程中，教师还可以用一个平面去截圆锥，让学生感知在不同情况下，何时可得圆、椭圆、抛物线和双曲线。学生一方面理性认识圆锥曲线定义的由来，另一方面体会分类讨论思想在现实生活中无处不在。

　　在数学的学习中，很多的学生不知为何学数学，数学跟生活有何联系。例如，我们可通过人口增长的实例讲解指数函数的概念，或者让学生通过折纸来理解指数函数的"爆炸式增长"，用"一个萝卜一个坑"中的"萝卜的集合"和"坑的集合"做比喻引入映射的概念，用升旗仪式上旗杆与地面的关系引入线面垂直的定义，并观察旗杆与地面跑道的关系，进而研究直线与平面垂直的位置关系。教师在学习等差、等比数列的求和时，提出问题到底是"等额本金"还是"等额本息"对贷款人更有利，让学生体会数学源自生活且服务生活，激发学生学习数学的热情。

　　（三）投身数学真问题　营造概念理解氛围

　　在数学中，我们常常可以看到通过描述定义给出数学概念的确切含义，但这种描述概念的语言又是经过高度抽象、精心提炼而得的，导致学生往往对概念的符号表示和数学语言不理解。因此，在教学中，教师要利用真实的具体问题进行分析，让学生在亲身感知和体验中认识概念，通过真问题明确学习概念的意义和作用，帮助学生理解概念的内涵和外延。因此，教师应设置合理的教学情景，寻找数学真问题，使学生在解决问题的过程中体会学习新的概念的必要性。

　　教师要从解决实际问题出发引入有效的概念。例如，在椭圆概念学习时，教师通过创设实验活动，让学生动手操作，在亲自体验实践中形成数学概念。教师据此提问思考并让学生讨论：（1）椭圆上的点有何特征？（满足哪些不变性？）（2）椭圆上的点满足的不变性能否用代数形式表达？（3）当细线长等于两定点之间的距离时，其轨迹是什么？（4）当细线长小于两定点之间的距离时，其轨迹是什么？（5）你能否给出椭圆定义？（6）在画出椭圆、形成概念的过程中，哪些是变化的量，哪些是不变的？（7）能否自己寻找出"变"中的"不变"性，并用图形、文字和符号来刻画？这样的教学设计，一方面，让学生体会符号语言 $|PF_1|+|PF_2|=2a$ 背后的几何意义，归纳椭圆的概念，同时强化椭圆概念的限制条件；另一方面，教学过程是学生通过数学实验产生数学真问题的过程，学生不断解决问题、不断思考和探索得到新发现，获得新知识。在问题的提出、分析和解决的过程中，学生体验数学概念的发生、形成和发展的过程。这不仅有利于学生充分了解概念的由来，理解记忆，而且增强了学生上数学课的兴趣，感受数学学习过程给其带来的快乐。学生动手实验，解决真问题，亲自参与概念的发现、探索、形成，在脑海中留下深刻的印象，从而对概念印象清晰、记忆牢固、理解深刻。

　　在教学过程中，教师可通过问题串、问题链来引入概念，进一步完善定义。

例如，在学习正棱锥的概念后，教师可以提出如下问题让学生思考：①底面是正多边形的棱锥，是否一定是正棱锥？②侧棱都相等的棱锥，是否一定是正棱锥？③正棱锥的各侧棱与底面所成的角都相等吗？④各侧棱与底面所成的角都相等的棱锥，是否一定是正棱锥？⑤正棱锥的各侧面与底面所成的二面角是否一定相等？⑥各侧面与底面所成的二面角都相等的棱锥，是否一定是正棱锥？

　　数学概念的产生一般经历了长时间的锤炼，富有深刻的问题背景，有丰富的问题来源，教师要善于利用其历史背景、生活背景，用真问题来导入抽象的数学概念。在概念教学过程中，学生认为概念是合理的、可理解的，甚至是有用的，就会产生真正有意义的学习，就会重视数学与现实的联系，了解概念的来源，从而对数学的学习有积极性。

二、创设概念导入策略，完成感性到理性的质变

（一）以旧来带新，温故到知新

　　概念教学应先简要复习已学知识，抓住新旧知识的联系，将问题的题设和结论稍加改变，在复习旧知识的基础上顺理成章提出新问题、新概念。这不但符合学生的"最近发展区"的认知规律，导入非常自然，而且为学习新知识提供了必要的知识和方法的铺垫。新概念就是已学概念的引申和拓展。学生通过复习巩固已学概念，可由简单到复杂、由低层次到高层次、由浅到深地建立新概念，这样会消除学生对新概念的陌生心理和恐惧感，并准确及时地掌握新概念的联系，引导学生用概念的联系来启发思维，促进学生对新概念的理解和掌握，达到"温故而知新"的效果。

　　1. 利用已有的关联概念来导入新概念

　　例如，教师在导入"抛物线的定义"时，首先要理解抛物线的定义，"动点到定点的距离与动点到定直线的距离之比是定值 1"，抓住两个关键点："比值"和"1"，由此联想到椭圆和双曲线的第二定义，也是"动点到定点的距离与动点到定直线的距离之比是定值"，只是定值是"小于 1"或者"大于 1"。所以在"抛物线定义"教学中，教师要以旧带新，利用椭圆和双曲线的第二定义，抓住比值与 1 的大小关系，提出关于比值等于 1 时的轨迹问题，从而引出抛物线的定义。这样不仅引入了新的概念，而且使学生整体地认识了圆锥曲线定义的统一性，把分类整合的数学思想的应用变成自觉的思维习惯。

　　2. 从已有知识经验出发来导入新概念

　　回忆已有的知识经验，并把经验上升为对概念的理性认识，学生对知识的

积累变成对概念的融合，并乐于接受新的概念。例如，"函数"概念是高一学生遇到的第一个较困难的学习障碍，联想初中已经学过的函数定义："对于给定区间上的每一个 x 值都有唯一的一个 y 值与之对应，则 y 就是 x 的函数"，把"区间"用"集合"来翻译，抓住"对应"来理解"映射"，并用多个实例，引导学生逐渐理解函数的概念。同样，"向量"的概念用物理里的"位移""力"等矢量概念来导入，使学生深刻理解向量的"方向、大小"二重性。

3. 利用已学知识引入新概念

新旧概念总是互相联系的。例如，学生先回顾学过的有关距离的概念，如两点间的距离、点到直线的距离、两平行线间的距离，教师进而引导学生发现这些距离的共同特点，就是最短与垂直，在引入"异面直线距离"概念时，学生对其定义里面的"垂直于这两条直线，并与之相交"自然能理解了。教师用正方体这种实物模型，引导学生共同探究，发现如果这两条直线上的两点的连线段和两条异面直线都垂直，则其长是最短的，并且这样的线段存在。在此基础上，学生水到渠成得到"异面直线距离"的概念。为什么要学习"对数"的概念呢？教师可以引导学生回忆学过的减法如何从加法引入、除法如何由乘法生成。学生会发现要解决"$a^b=N$ 中如果已知 a、N，如何求解 b"这个问题，就需要像"减法、除法"等，引入新的概念，即引入"对数"的概念。

概念引入过程中，学生要善于寻找、分析概念间的联系与区别，深度理解概念的本质。例如，在学习"等比数列"概念课时，教师可先让学生回忆等差数列的定义，抓住概念的关键词"差值是定值"，通项公式 $a_n=a_1+(n-1)d$ 的特点，再让学生观察如下三个数列：1，3，9，27，81，…；-5，25，-125，625，…；2，2，2，2，…。学生思考讨论：这三个数列数字虽然不一样，但是否能找出共同特点？与等差数列一样，这类数列如何命名（能否望文生义）？能否归纳出等比数列的定义和通项公式？能否分析等差数列与等比数列的区别与联系？上述问题的设置，不仅有助于学生深度理解等比数列概念本质，而且也潜移默化地引导学生学会学习，形成利用已有知识、收集资料、分析信息、研究问题、得到结论、实践反思研究问题的路径。

（二）问题导入法，设疑到善思

1. 引导学生由疑到思、由思到知

根据课堂教学的数学概念，教师要精心设计问题、创设矛盾、设置悬念，激起学生的求知欲、好奇心，调动学生学习的主动性和积极性。

例如，在"直线与平面垂直的判断"引入时，教师可设置如下问题，为课程的学习做好准备。问题1：最近我们学校准备立一根新的旗杆，怎样检验旗杆

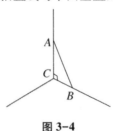

与地面是不是垂直？问题2：工人砌墙用的铅垂线与地面有何关系？问题3：旗杆、砌墙工人的铅垂线可以抽象出数学中的什么概念？问题4：地面可以抽象出数学中的什么概念？问题5：实例中的"直线"与"平面"的位置关系如何定义？问题6：生活中是否还存在直线与平面垂直的例子？教师引导学生将旗杆、铅垂线抽象成直线，地面抽象成平面，得出本节课要研究的问题："如何判定直线与平面是否垂直。"

2. 概念教学要巧妙设疑

针对概念的关键点、重难点，教师要从不同的角度设问。教师所设问题要达到合适的难度，营造"心求通而未得，口欲言而未能"的教学氛围。例如，在"直线与平面垂直的判断"导入概念时，教师要通过生活中直线与平面垂直的实例，提出问题，用语言描述直线与平面垂直的关系，并通过数学小实验：拿一块直角三角板，放在墙角，使三角板的直角顶点 C 与墙角重合，直角边 AC 所在直线与墙角所在直线重合，绕 AC 转动三角板，直角边 CB 与地面紧贴，观察转动过程中的各种位置关系（如图3-4）。在学生实验的过程中，教师巧妙地设置问题。问题1：在转动过程中，BC 边与地面是什么位置关系？问题2：在转动过程中 BC 边移动，AC 边与 BC 边所成角度是否会发生改变呢？问题3：AC 边与地面任意一条不过 C 点的直线是什么位置关系？在实验操作过程中，学生思考教师提出的问题，从而概括直线与平面垂直的定义。

图 3-4

3. 概念导入要以疑激思，善问善导

设疑只是导入概念的第一步，重要的是通过设疑激活学生的思维。因此，教师要掌握一些设问的技巧与方法，善于引导，让学生的思维活跃在鲜活的概念教学课堂中，促使其学会思考和解决问题。例如，在"直线与平面垂直的判断"中导入概念，给直线与平面垂直下定义，教师文字语言表述：如果一条直线和一个平面内的任何一条直线都垂直，那么称这条直线和这个平面垂直。教师提出问题：其图形语言如何表述（如图3-5）？其符号语言如何表述？

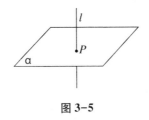

图 3-5

教师可以继续用正反例，设问质疑来导入生成概念。问题 1：将这个定义中的"任何一条直线"换成"所有直线"这个结论成立吗？问题 2：换成"无数条直线"呢？问题 3：能否举出生活中直线与平面相交但不垂直的例子吗？（教师可展示比萨斜塔图片、斜棱柱等）问题 4：为什么比萨斜塔看起来和地面不垂直呢？教师在概念的导入生成过程、定理的形成过程中始终以问题为导向，引发学生从不同的角度来思考问题，问题又延伸出多种结果，形成生成性活力课堂。在图形的变化过程中，教师用类比延伸启发学生的思考，以具体的案例和模型进行分析，在讨论、探究中让学生明白"直线必须垂直平面内的两条相交直线"。教师导入生成概念和定理时在课堂进行辨析判断，抓住关键词"平面内、两条、相交"，加深对直线与平面垂直的深度理解。学生通过正反两方面的讨论，大胆发言，质疑问题。发现一个问题比解决一个问题更重要，这是因为那代表了学生在思考。教师可以让学生之间互相提问，在教学中教师要放开手让学生大胆、主动地提出问题，解决问题。

（三）情景导入法，熟悉到新知

1. 生活中的现象迁移成数学知识

生活现象是数学知识、数学概念"活"的源泉，稍加提炼和引导，就能完成迁移过程。例如，教师在讲"集合"概念和性质时，可以通过班级学生来讲解。班级的人是确定的，对于任何一个人来说，要么属于该班，要么不属于，这就是集合中元素的确定性；互换座位，但班集体还是不变，这就是集合中元素的无序性；班级中任何两个人都是不同的，这就是集合中元素的互异性。这里班集体就是研究的一个集合，而学生就是集合里的元素。

2. 生活语言迁移形成数学概念

数学源于生活，很多数学概念源于生产生活，稍加提炼，就能用活生生的语言来诠释抽象的数学概念，消除概念导入的陌生感，实现学习情感的迁移。例如，物理中的"矢量"就是数学中的"向量"，函数的对应关系可以用生活中"一个萝卜一个坑"来形容。

3. 生活中的道理迁移成数学道理

教师用生活里浅显易懂的道理让学生感知数学道理，虽然在初学时不太严谨，但当学生对数学燃起热情之后，就会逐渐精确严谨起来。所以，学生在概念学习之初，要把生活中的道理迁移成数学道理。譬如，在讲数学归纳法时，教师用多米诺骨牌的"第一块倒"类比"验证 $n=1$ 成立"，"前一块倒，是由推倒更前面的骨牌"相当于"要证明 $n=k+1$ 成立，先要假设 $n=k$ 时命题成立"，这样学生就很容易理解数学归纳法中蕴含的道理。

（四）类比导入法，比较来迁移

类比就是把数学中对象的相似性作为根据进行联想，从而将对某一数学对象的已知知识迁移到另一个相似的数学对象上，从而获得新的发现的思想方法。例如，我们在讲等比数列时，可联系前面讲的等差数列，通过类比接受的等比数列的概念，理解和掌握其性质。我们在教授"二面角"的概念时可类比平面"角"的定义给出"二面角"的概念，同时通过复习"直线与直线所成的角，直线与平面所成的角"，从已有概念转移到新概念的学习，在类比的过程中，甄别、辨析新的概念。

三、概念导入遵循的原则

导入概念是概念课教学的首要环节。万事开头难，恰如其分的语言能唤起学生强烈的求知欲望，点燃思维智慧的火花。导入数学概念来调动学生的积极性，是活跃思维、创造良好开端的目的。一般来说，概念导入有必要、有趣、自然、简洁等。

（一）概念导入有必要

概念是在不断产生矛盾与不断解决问题的过程中发展起来的。问题与学生已有的认知结构产生矛盾冲突，学生就会期盼解决问题的新概念产生。所以，数学概念的导入必须充分揭示概念产生的背景，揭示概念产生的必要性。比如，集合的概念、向量的概念都是由数学发展所需而引入的。

（二）导入素材要有趣

生动有趣、引人入胜的概念导入可以使课堂气氛和谐、师生关系融洽、学生思维活跃。导入概念的语言和情景的创设要开篇不凡、形式多样、内容生动、结构灵活，使学生兴趣盎然地带着问题进入课堂。譬如，在讲"随机事件"概念时，教师可以让学生举出生活中的随机现象，然后让他们分析这些随机现象的异同，这就促进了学生的积极参与，并起到了很好的教学效果。

（三）导入过程很自然

新旧知识之间有着千丝万缕的逻辑联系，寻找新旧知识之间的逻辑联系点，在旧知识的基础上生发新知识，教师引入概念，使学生明确新知识的产生是自然的、合理的。在概念教学中，教师应深入思考，从现实生活中的常见问题和学生熟悉的事物入手，尝试将一些抽象的概念处理得简单化、动态化、生活化、自然化。譬如，教师在讲"周期性"的概念时，可以列举生活中一些循环不息的现象：月亮的阴晴圆缺、大海的潮涨潮落、四季的周而复始……

（四）概念表述要简洁

简洁明了是数学概念导入的重要特性。数学概念导入的形式可以灵活多样，有问题导入式、谈古论今式、类比导入式等，具体采用什么形式，要结合具体的教材内容而定。概念导入切忌啰唆，要言简意赅。开门见山、直奔主题的导入促使学生注意力集中到对新知识的探求中。例如，"二面角"的教学就可以采用此法，开门见山地点明如何刻画"二面角的平面角"。

一个数学概念的建立，需要学生的亲身体验、主动建构来解决学生的"疑问"，并引发学生共鸣，这是成功组织概念教学的保证。创设良好的问题情境，是学生学习概念的原动力。概念教学要加强概念导入的研究，要结合概念产生的过程，创设能引导学生进行观察、猜测、验证、推理等概念学习的问题情境，引导学生通过具体的例子抽象出数学概念。教师根据学情，合理创设问题情境，引起认知冲突，直面概念导入之困惑，提高学生学习兴趣，使学生积极参与课堂教学。其情境创设的素材可以源于生活、源于数学本身、源于其他相关学科等，教师要注重数学文化的熏陶和数学思想的渗透，培养学生深厚的数学情感。

第三节　深剖概念生成　认识结构初见雏形

《课程标准》指出，高中数学课程应该返璞归真，努力揭示数学概念的发生、发展过程和数学本质。概念学习过程要讲道理，要讲逻辑推理，通过典型例子的分析和学生的自主探究活动，使学生理解数学概念逐步形成的过程，体会蕴含在其中的思想方法，追寻数学发展的历史足迹，把数学的学术形态转化为学生易于接受的教育形态。这就要求我们在概念教学中应重视知识形成的过程，进而提升学生的思维能力。

概念教学预设是教师课前的期望或预期，是教学的起点。概念生成是教学过程中的发生、发展与变化，是自主构建教学活动的过程。教师在概念教学时必须思考数学概念生成的过程，数学概念的功能定位，加强数学概念教学的研究。预设和生成双管齐下，齐头并进，促进学生发展，提高教学质量。

数学概念生成要深度理解数学概念本身，教师要研究其在数学知识建构过程中的地位，研究其与哪些学过的概念有联系，与后面哪些概念有联系，将其看作一个网络中的点，可以更好地把握其教学。概念生成也要深度理解学生的数学学习经验。不同的学生，其数学经验往往是不一样的，通过一定的方式掌握学生的认识，依据学生的认识去实施概念的教学。教师只有认真分析学情，才可能设计出符合学生认知需要的概念教学过程。深度理解概念，教师必须关注数学概念在学习过程中的价值与意义，也要关注学生构建数学概念的心路历程。

一、概念生成是数学概念多元表征与概念同化的过程

（一）把握接近数学概念本质的多元表征

1. 多元表征之释义

表征是认知心理学的核心概念，即呈现、阐明，是对数学本质的揭示。多元表征指在概念学习中，学生的认知不停留于表面特征，是一种结合活动、动作、听觉、视觉，进入深度学习状态的"思维活动"的学习原则。多元表征主要分为言语、符号、图象和体验表征。多元表征的数学概念生成策略是让学生亲手实践、亲身经历、直观操作，激发其兴趣和潜能，在操作过程中丰富感知、建立表象、形成概念、升华认识的策略。多元表征可以引导学生深度学习，充分挖掘教育资源，引导学生多渠道、多形式地对知识进行表征，并理解多元表征之间的联系，使建构新知识的过程变得更科学、更完整，避免片面甚至是错误的认识。

2. 创设多元表征情境

创建多元表征情境导入数学概念的过程，与创建情境、导入新知这一过程一脉相承，因此创设好的新概念导入方法非常关键。创设多元表征情境，教师应以生活中的情境为基础，通过设定启发性的问题，将新概念引入，通过描绘性、叙述性表征，设计出实物模型情境、启发性问题情境，以此将课堂中所要学到的数学概念高效生成，同时提高学生对问题的理解和逻辑思维水平。教师可以通过构建多元表征情境来导向学生的思维深处。

3. 寻找最贴近概念实质的表征方式

教师掌握最贴近概念实质的表征方式，有助于概念的生成，与课堂中多重

表征方式的探索相一致。数学的表征方法多种多样，有利用真实环境中的实物模型、图象图形刻画的形象表征，有利用数学符号、语言文字刻画的符号表征等，它们在"概念"的生成过程中凸显出来，从而使学生对"概念"有初步认识。因此，在进行概念教学的最初阶段，教师应该让学生认识到与概念的实质最为相近的表征形式，这种外在表征越是靠近其本质的性质，就越能确保学生对概念的正确理解和对数学问题的精确处理，并能对其他表征形式进行娴熟的运用。

例如，这是数列的定义："一般地，我们把按照确定的顺序排列的一列数称为数列，数列中的每一个数叫作这个数列的项。数列的第一个位置上的数叫作这个数列的第 1 项，常用符号 a_1 表示，第二个位置上的数叫作这个数列的第 2 项，用 a_2 表示……，第 n 个位置上的数叫作这个数列的第 n 项，用 a_n 表示。其中第 1 项也叫作首项。"[①] 在教数列概念时，教师应该让学生对数列概念的语言文字表示形式有一个清晰的认识，并且要把握好在概念定义中的关键字"确定的顺序"，之后才能对其进行扩展，然后通过"a_1，a_2……"由特殊到一般地认识其符号表示"a_n"，让学生逐渐理解"数列是函数，数列是一类特殊的函数"，并深度理解数列概念的符号表述"$a_n = f(n)$"。

4."规范化"多元化表征

"规范化"的"多元化表征"，则与"规范化"理念的深入认识相适应。在建立了概念表征之后，其自身的表征方式与规范表征方式有不同程度的偏离，形成虚假的概念意涵。在教学中，教师要对表征方式进行标准化要求，并在表征方式上进行关联，从而达到学生对表征方式的准确理解的目的。在学生已经有了数学的概念之后，教师可以组织学生进行分组探讨，并试图用数学符号、图形、图像等方式来表征这个概念，最后将讨论的成果互相交流，提高其表征能力，使学生的表征能力得到统一。这样不但可以激发学生主体的参与热情，还可以在师生一起修正成果时，加深学生对概念的认识。

综上所述，在教学过程中，教师应适当地将概念的多种表现形式有机地结合起来，将多元表征的内容进行渗透，建立起新旧知识连接的体系，促进新的知识的产生，强化对概念的认识。学习一个数学概念，要能够在这个概念的不同表现形式之间，自由地在体系内部变换。在不同表征之间的转化或转译并非是一种自然而然产生的过程，教师要以学生的认识程度以及学习内容为依据，

① 周远方，冯定应. 优化教材训练系统 落实数学核心素养——以修订人教 A 版高中数学教材"数列"单元为例 [J]. 中国数学教育，2018（22）：3-10，22.

对概念的多个表征进行有效的转换或转译。

通过对概念进行多元表征，教师可以提高学生对知识的认知能力，从而激发学生对知识的认知能力。这是一种可以提高学生数学思维、提高解决数学问题的能力的一种行之有效的方法。探究多维表示的历程是一种无声的认识，是一种打开数学知识之窗的关键。教师要充分地调动学生的主观能动性，并对其进行深度的发掘，并利用多种表征方式，将其信息的实质进行理性的外显化、丰富化，那么学生将能更加牢固地掌握所学的数学概念。

（二）概念的同化

概念的同化是利用学习者认知结构中原有的相关概念，以定义的方式直接向学习者揭示概念的本质属性，使学习者掌握概念的一种方式。其前提是学生已积累了许多相关概念，它异于概念形成过程中的辨别、抽象、分析和概括。学生利用概念同化的方式掌握概念，它是由概念到概念，比较抽象。因此，在概念同化过程中，教师要采取"加强与表象联系""强化新概念的本质属性"等方法，教会学生辨析新旧概念的异同。

例如，"函数的单调性"从概念的分类来讲，是基于数学逻辑建构形成的纯抽象概念，教师可以采用概念同化的教学方式，直接给出单调性的定义。其有效的概念生成策略：（1）为了弥补没有经过概念形成的"原始"过程而出现的概念加工不充分的缺陷，采用典型实例获得"原形"支持的策略；（2）为了理解函数单调性的概念，我们采取注重概念的多元表征的策略；（3）为了深化函数单调性概念的理解，我们采用正例和反例辨析的策略。

顺应就是新数学知识内化到已有数学认知结构中去，数学知识的这种整合过程就叫作顺应性迁移过程，其根本特点是"自上而下"的迁移。已有数学认知结构作为一种上位结构，把处于下位结构中的新知识吸收到自身中去，从而完成旧知识对新知识的同化。从另一个角度来说，这也是一个将新知识纳入已有认知结构中去的过程，这个过程我们称其为顺应。

例如，在建立了"棱柱"概念后，我们再学习三棱锥、四棱锥、正棱柱等概念，棱柱这个上位概念结构就可以把下位的三棱锥、四棱锥、正棱柱等概念同化到自身中去，建立起一个棱柱的概念系统。对三棱锥、四棱锥、正棱柱等下位概念的学习来说，这是顺应到棱柱概念中去的过程。我们在学习具有类属关系的内容时所发生的迁移，都属于同化性迁移。

二、数学概念生成的构建策略

（一）由特殊与一般——概念归纳的路径

1. 特殊到一般是重要的数学思想

数学研究中的特殊与一般的思想是由特殊到一般、一般到特殊，是认识数学概念的两个互逆的思维过程。我们认识概念往往从对个例的认识和研究开始，从中逐渐了解概念问题，经历由局部到整体、由浅入深、由实践到理论、由现象到本质的认识过程，进而认清关系，发现规律，从而形成对概念的总体认识。我们再用理论指导进一步的实践，分析和解决新问题。一般情况下难以求解的问题，我们可以运用特殊与一般的思想，取特殊值、特殊点、特殊位置、特殊图形等，从而使问题顺利求解。

2. 数学概念生成的重要途径就是特殊到一般、一般到特殊

例如，在数列概念生成的过程中，我们就可以由特殊到一般来构建概念。

我们观察以下几列数：

（1）古埃及"阿默斯"画了一个阶梯，上面的数字依次为 7，49，343，2401，16807。

（2）"一尺之棰，日取其半，万世不竭。"其背后隐藏着一列数：1，$\frac{1}{2}$，$\frac{1}{4}$，$\frac{1}{8}$，$\frac{1}{16}$，……

（3）去年、今年、明年小明生日都是 5 月的 7 日，一列数：7，7，7。

（4）听到小明不停地说他刚设置的手机密码：7，0，2，5，7，0，2，5，……

（5）当 $n=1$，2，3，4，……时，$\left(-\frac{1}{2}\right)^n$ 的值依次排成一列数：$-\frac{1}{2}$，$\frac{1}{4}$，$-\frac{1}{8}$，$\frac{1}{16}$，……

你能找到上述例子中的共同点和不同点吗？

教师由此引导学生寻找共同点，按照确定的顺序进行排列。教师发现这几组数的共同点后，提出问题：现实生活中、数学学习中是否还有类似的有共同点的一列数？能否抽象出数学概念？教师通过问题实现由特殊到一般的思维旅程。当然，教师也要引导学生发现不同点，从项数上来看，（1）（3）项数有限，（2）（4）（5）项数无限；从项的变化上来看，（1）每一项在依次变大，

（2）每一项在依次变小，（3）项没有发生变化，（4）项呈现周期性的变化，（5）项的大小交替变化。这为后续研究数列的性质打下了基础。

（二）由运算到概念——概念生成的技法

有人说，物理是数学之根，物的形是数之根。运动是物质的存在形式，动的形是数学运算或逻辑推导之根。《课程标准》指出："运算能力主要是指能够根据法则和运算律正确地进行运算的能力。培养运算能力有助于学生理解运算的算理，寻求合理简洁的运算途径解决问题。"学生学运算的目的是要利用数学运算解决数学问题，若仅仅停留在数学运算的准、巧、快，可能是对运算的误解。数学运算在概念的生成过程中也起了非常重要的作用，很多概念就是用运算来定义的。

例如，对数的定义：如果 $a^x = N$（$a>0$，且 $a \neq 1$），那么数 x 叫作以 a 为底 N 的对数，记作 $x = \log_a N$，其中 a 叫作对数的底数，N 叫作真数。$\log_a N$ 是一个数，是一种取对数的运算。又例如，相互独立事件的定义：设 A 和 B 两个事件，如果事件 A 是否发生对事件 B 发生的概率没有影响（即 $P(AB) = P(A)P(B)$），则称事件 A 与事件 B 相互独立，简称独立。再比如，条件概率的定义：一般地，当事件 B 发生的概率大于 0 时（即 $P(B)>0$），已知事件 B 发生的条件下事件 A 发生的概率，称为条件概率，记作 $P(B \mid A)$，并且 $P(B \mid A) = \dfrac{P(AB)}{P(A)}$。我们可以看到对数的定义、事件的独立性的定义、条件概率的定义等都是用运算来构建的，因此我们要重视数学运算在概念生成中的作用。

（三）由实践到提炼——概念抽象的过程

概念的生成是把概念定义的解释转化为逻辑推理的结论，是让学生在亲自感知、体验教学中认识概念的一个过程。学习一个新概念，教师首先应让学生明确学习它的意义和作用，也就是要明确"为什么"。因此，从实际问题出发，教师通过创设实验活动，培养学生的动手操作能力，让他们在亲自体验实践中生成数学概念。学生亲自操作、亲身体验，概念的生成过程就变得深刻而富有实践意义。例如，椭圆是生活中常见的图形，通过实验演示，创设生动而直观的情境，使学生亲身体会椭圆与生活的联系，有助于激发学生对椭圆知识的学习兴趣。在椭圆概念生成的过程中，教师采用学生动手画椭圆并合作探究的学习方式，让学生亲身体验椭圆概念形成的数学化过程，这有利于培养学生观察分析、抽象概括的能力。学生在亲自参与新概念下定义的过程中，不但激发了自己的数学学习兴趣，而且还潜移默化地提升了逻辑思维能力。

教学中，教师要通过问题引导来促进课堂的生成。在提问过程中，教师要注重在探究中找设问，通过问题来引导学生探究，让生成在预设中酝酿。数学课堂要提倡学生在合作探究中发现、提出、分析、解决问题，在这个过程中，教师需要对学生的探究以问题的形式进行引导，从而让学生从实践探索到提炼概念关键点，实现概念的抽象。

三、概念生成注意点

（一）概念生成课堂构建的前提是尊重学生的个体差异性

深度学习的数学概念教学课堂具有生成性、活动性、动态性和开放性等特点。数学概念教学是学生与教师之间不断互动、交流形成的一种思想上的碰撞。深度学习是知识再加工的过程，是教学内容不断拓展的过程，教师要不断在课堂上拓展自身的教学范围，促进学生主体性的发挥，帮助学生构建自身的数学知识体系。概念教学目标要明确，教育部要求高中数学教师在重视教学内容的同时，加强学生之间的沟通与交流，提升学生对知识的理解和记忆，培养学生的学习兴趣。

数学概念学习需要学生具有较强的逻辑思维能力和独立思考能力。学生的思维活跃程度不同、智力发展水平有所差异，所以对抽象性的数学问题、数学概念的理解就有很大的差别。因此在概念学习过程中，不同的学生可能有不同的问题。教师在发现了学生数学概念学习的问题后，要主动与学生沟通，要能够依据不同学生存在的问题制定特定的教学策略。数学是一门知识体系繁杂的学科，数学知识之间的联系紧密，往往是环环相扣的。高中数学教师要引导学生在日常的学习过程中不断补充和强化以往的数学知识。深度学习的数学概念课堂能够给予学生更多的选择空间和抉择自由，通过自由提问、自我探究，帮助学生构建完善的数学知识体系。

深度学习的目的就是提升学生的核心素养，所以深度学习的数学课堂要尊重学生的个体差异。教师要明确深度学习课堂的构建不是一朝一夕就能实现的，要在日常的教学活动中不断强化概念。深度学习要求师生平等对话，要尽可能发挥学生在实际教学过程中的主体地位，帮助学生提升独立思考能力、独立解决数学问题的能力，拓展其数学思维。

（二）课前做好充分准备，预设生成

1. 以教材为载体，揭示知识本质

概念教学预设的前提是教师深刻理解和准确把握教材里的概念，充分了解数学知识产生与发展的过程。在预设概念的生成过程中，教师要挖掘与展现教材中激发学生探究和思考的有效信息，预设可以充分体现数学的本质内容，但也要兼顾开放性和针对性，为有效生成奠定基础。教材的章引言、节引言都是概念学习的好素材、好资源，教师要好好利用。

例如，"任意角"一课，教师结合课本内容和问题，生成问题串。问题1：你能举出一些现实世界中的运动变化呈循环往复、周而复始规律的现象吗？（教师可以提示，地球公转引起的四季交替、地球自转引起的昼夜交替、月亮圆缺、潮汐变化、物体做匀速圆周运动时的位置变化等）问题2：⊙O上一点P以A为起点做逆时针方向旋转的圆周运动，如何刻画点P的位置变化？问题3：观察生活中的角，如体育竞技中的转体、齿轮的旋转，如何抽象出角？对角的概念进行推广需要注意哪些要素？如何表示任意角？问题4：在现实生活中还有其他包含角的例子，你能举出一个吗？问题5：在校准时钟时，假如手表慢了5分钟，想将它校准，分针应该怎么旋转，旋转多少度？问题6：角是几何量，角与角之间存在怎样的关系？能否与数量类比，也存在相等关系？当角的定义推广至任意角之后，角的相等有怎样的变化？问题7：角与数量类似，存在相等关系，那么角能否比较大小？问题8：角可类比数量得到角与角之间的关系，能否与数量相似的进行加减运算呢？问题9：要比较角或对角做加减运算，需要将角放在一个统一的标准下进行讨论，如何统一角？可以借助怎样的"参照系"？……

学生初中对"角"概念的认识是一个静态的几何图形，突出的是几何特征。高中阶段的角是放在圆中研究，关注其形成的动态（旋转）过程，是一个动态图形，"角"的概念更加凸显其动态属性。"角"概念的精致化与研究方法的变化，对学生的理解与接受来说需要一个较长的过程。

本节课的设计以课本的素材、问题和实际现象入手，激发学生用数学刻画此类现象的兴趣，并点明研究主题，即物体做匀速圆周运动时的位置变化。教师从现实生活的情境中抽象出数学元素"角"，培养学生数学抽象能力，让其从生活中发现数学，引起学习兴趣。教师用符号代表方向奠定了角数量化的基础，进而使角可与数量类比，有相等关系，也可比较大小，培养学生的类比能力，深化对任意角概念的理解。

2. 弹性化设计，为学生创造更多的思维空间

关注学生的个性差异，进行不同类型不同层次的预设，这就是弹性化教学设计。弹性化设计以概念生成为目的，对课堂教学过程中的细节问题不做量化规定或者刚性处理，而将更多时间与空间留给学生质疑、探究、尝试与开发，针对不同的学生的具体情况，适当调整教学节奏，使不同学生都能跟上概念生成的步伐。

例如，在函数概念生成的过程中，教师让学生思考"如何理解函数符号 $y=f(x)$"：$y=f(x)$ 为"y 是 x 的函数"的数学表示，仅是一个函数符号，$f(x)$ 不是 f 与 x 相乘。$y=3x+1$ 可以写成 $f(x)=3x+1$。当 $x=2$ 时 $y=7$ 可以写成 $f(2)=7$。$f(a)$ 表示什么意思，$f(a)$ 与 $f(x)$ 有什么区别？$f(a)$ 表示当 $x=a$ 时的函数值，是一个常量，$f(x)$ 表示自变量 x 的函数，一般情况下是变量。"$y=f(x)$"是函数符号，可以用任意字母表示，如"$y=g(x)$""$y=h(x)$"。

（三）课中适当调整预设，促进生成

1. 静态预设，自然生成

所有的概念生成都应是自然而然的，学生在教师的积极引导下主动参与、体验知识生成的过程，对数学概念进行归纳与概括，避免有"强行生成"的感觉。如讲授"函数的概念与性质"时，教师可以从现实生活中的各种实例入手，通过问题驱动让学生在辨析、设问的过程中水到渠成地生成概念。

例如，《普通高中课程标准数学教科书必修一》（人教 A 版）中"函数的概念与性质"一课给出了不同的问题背景，教师对不同问题背景，提问相同问题，让学生全身心地参与函数概念的建构，亲自参与函数概念的生成，把抽象的问题具象化。

背景 1：某"复兴号"高速列车到 350km/h 后保持匀速运行半小时。这段时间内，列车行进的路程 S（单位：km）与运行时间 t（单位：h）的关系可以表示为 S=350t。

背景 2：某电气维修公司要求工人每周工作至少 1 天，至多不超过 6 天。如果公司确定的工资标准是每人每天 350 元，而且每周付一次工资，那么你认为该怎样确定一个工人每周的工资？一个工人的工资 w（单位：元）是他工作天数 d 的函数吗？

......

教师可以反复提出同样的问题。问题 1：该问题涉及几个变量？问题 2：各个变量的取值范围是什么？问题 3：两个变量是怎么对应的？问题 4：对应关系是什么？让学生自己思考、小组讨论，得出共同特点："（1）都有两个非空数集，用 A、B 来表示；（2）都有一个对应关系；（3）尽管对应关系的表示方法不同，但它们都有如下特性：对于数集 A 中的任意一个数 x，按照对应关系，在数集 B 中都有唯一确定的数 y 和它对应。"这样可以让学生亲自参与函数概念生成的过程。

通过设计，在同化的过程中，学生发现本课的研究主题，并从概念生成的过程入手，去发现函数概念中"定义域、值域、对应法则"等关系。这个生成过程正是培养学生问题解决能力的最佳时期，正是不生硬、不堆砌的同化顺应过程，让生成更加自然，效果更为理想。通过教师的因势利导，层层深入，学生在获得概念的同时，思维能力也得到进一步的提高，由开始的直觉思维，提升为理性思考，最后升华到严格的逻辑思维，学生也一步一步地撬开了新概念的大门。

2. 抓住契机，适当调整

深度学习视域下的数学概念教学，教师应构建开放、灵活、生成、发展的数学课堂。基于此，教师要立足学生的发展，既关注数学知识学习的效率，也重视学生的体验过程，将自己与学生融为一体，运用智慧、施展技巧，共同生成灵活开放的概念学习的新课堂，让预设与生成"并蒂花开"，演绎精彩。教师要充分发挥学生的主体性，通过鼓励质疑达到概念生成，增强学生的学习内驱力。质疑是概念探究的源泉，教师应点燃学生质疑的热情，阐明自己的想法，诱发其内驱力的同时培养创新能力。

例如，在"弧度制"一课中，教师所设的问题如下。问题1：计算 $60° + \sin60° = ?$ 教师通过角与实数的计算，让学生发现原有的知识无法进行这一类计算，需要进一步探讨如何度量角，从而体会引入弧度制的必要性。问题2：你能举一些度量同一事物可以用不同单位制的例子吗？追问1：在初中的学习中，度量角的大小用什么单位？$1°$的角是如何定义的？在圆中，我们还学习过哪些与角相关的公式？学生结合旧知，通过类比引出用不同的单位制度量角的问题，并复习角度制及圆中与角相关的公式，与研究变量，即与圆周运动中形成的角相呼应，便于学生探究新知。问题3：圆上一点做圆周运动的位置变化可借助角的大小来刻画，如图3-6，射线 OA 绕端点 O 旋转到 OB 形成角 α。在旋转过程中，射线 OA 上的一点 P（不同于点 O）的轨迹是一条圆弧 $\overparen{PP_1}$，这条圆弧 $\overparen{PP_1}$ 对应圆心角 α。角 α 与圆弧 $\overparen{PP_1}$ 的长有什么关系呢？教师引导学生借助初中已学知识求弧长与圆心角的关系。设 $\alpha = n°$，$OP = r$，点 P 所形成的圆弧 $\overparen{PP_1}$ 的长为 l，由初中所学知识可知 $l = \dfrac{n\pi r}{180}$，于是 $\dfrac{l}{r} = n\dfrac{\pi}{180}$。追问2：我们绘制圆心相同，半径分别为 1cm、2cm、3cm 的圆，并在圆上画出 $30°$ 和 $60°$ 的圆心角。观察图形，计算圆心角所对弧长 l，和圆心角所对弧长与半径之比 $\dfrac{l}{r}$，通过计算，你发现了什么规律？追问3：如图3-7，在射线 OA 上任取一点 Q（不同于点 O），$OQ = r_1$，在旋转过程中，点 Q 所形成的圆弧 $\overparen{QQ_1}$ 的长为 l_1，l_1 与 r_1 的比值是多少？你能得出什么结论？能用公式说明吗？教师引导学生对比计算结果，分析得出结论：（1）圆心角不变时，圆心角所对弧长与半径之比 $\dfrac{l}{r}$ 不变，比值的大小与所取的圆的半径大小无关；（2）圆心角改变，圆心角所对弧长与半径之比 $\dfrac{l}{r}$ 改变，比值的大小只与圆心角的大小有关。我们可由以上结论得到公式的变形，即 $\dfrac{l}{r}=n$ $\dfrac{\pi}{180}$（其中 n 为角 α 的度数），说明用线段长度比来度量角的大小是唯一确定的，因而可用圆的弧长与半径的关系度量圆心角。教师通过探究与思考，从特殊到一般，寻找弧长、半径与圆心角之间的关系，进而得到合理的弧度制定义，提高学生分析问题、解决问题的能力。

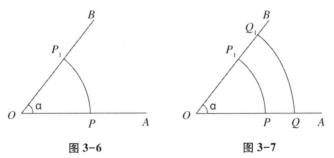

图 3-6　　　　图 3-7

原本简单的问题，通过学生的质疑，其便有更多的思考，诱发其思想的碰撞、开启了智慧的生成。教师要抓住概念生成的契机，整合生成资源，对学生的"质疑"与学生的"错误"加以利用，保证课堂教学的"有效生成"。

3. 预留空间，适时留白

在深度学习的数学概念课堂教学中，教师要为学生建构探究的"思维场"，扩展其思维空间。教师要适时布白，从学生思维和教学实际出发，有意识地预留学生自主思考、消化、吸收、辩论的时间和空间，教师因势利导，善于等待，让学生在感悟中促进生成，激起学生的思维浪潮，为生成预留足够的空间。课堂教学时间有限，但学生的思维却是无限的。在问题生成的过程中布白，这样可以引发学生充分的联想和想象，充分释放其主观能动性，激起其学习兴趣。教师通过创设有效合理的教学情境，精心解析教学内容，适时进行布白，鼓励学生反思质疑，深化学生对数学本质的认识，实现追根溯源的思考，发展学生的思维能力，促进学生更好地生成。

总之，概念生成的课堂要能激发学生的热情，促进学生思维的发散，概念的生成也是自然而然的。概念生成要注意同化顺应的过程性，没有过程就等于没有数学思想。教师重视概念教学的生成，让学生深刻理解数学概念的原理，更要让学生学会数学的理性思维，加深对数学精神的领悟。成功的概念生成，就如同一段给人美好体验的优美旋律，让学生经历前辈的心路历程，探寻先哲的数学思想，这才是数学教学的真谛，也是数学育人功能的最好注释。

第四节　深探内涵外延　巧设问题促进理解

概念反映了数学的本质属性。概念所反映的数学本质属性的思维形式总和，称为这个概念的内涵；概念所反映的数学本质属性的研究对象总和，称为这个概念的外延。通俗地讲，概念的内涵研究"是什么"，概念的外延研究的是"有什么"。质和量是刻画概念的内涵和外延的两个方面，概念的内涵和外延是相互严格确定的，每个数学概念都是其内涵与外延的统一体。学生通过概念的外延和内涵实现主观对客体的认识，概念的外延和内涵在发展变化的过程中具有相对稳定性，高中学习的数学概念的外延和内涵是确定的。

《课程标准》强调为了帮助学生逐步理解高度抽象的数学概念，弄清楚概念的来龙去脉，要引导学生经历具体实例抽象数学概念的过程，让学生在应用中渐进地理解概念的本质。教师虽然在数学概念导入、生成过程时强调问题的情景化、生活化，但在教学中不能忽视数学概念本质的、内在的属性，片面地强调数学与生活的联系而"去数学化、重现象轻本质"。概念教学不仅要了解概念的体系，注意概念的引入，还要剖析概念的内涵和外延，重视概念的巩固，自始至终抓住数学概念的本质属性及内部联系进行教学，指导学生去发现、去归纳概括。

一、深度理解数学概念的内涵与外延

数学概念通过内涵和外延，反映数学研究对象的数量关系和空间关系的共同本质特征。例如，"平面向量"的内涵，就是"在同一平面中，既有大小又有方向的量"，其外延就是"平面内所有的向量，包括零向量、单位向量、相等向量、相反向量、共线向量……"。概念的内涵是这个概念所反映的全体对象具有哪些与其他事物相区别的本质属性。概念的外延则表示该概念所反映的对象的全体。学生掌握概念不是静止的，而是将已有知识再一次形象化、具体化。所

以，课堂教学要多角度地分析概念的内涵和外延，引导学生主动在头脑中进行积极思维、重新建构，使学生对概念的理解更全面、更深刻。

例如，函数概念："一般地，设 A，B 是非空的数集，如果按照某种确定的对应关系 f，使对于集合 A 中任意的实数 x，在集合 B 中都有唯一确定的实数 y 和它对应，那么就称 $f：A \rightarrow B$ 为从集合 A 到集合 B 的一个函数，记作 $y = f(x)$，$x \in A$。"我们如何挖掘其内涵和外延呢？内涵与外延本身就很抽象，一般可以先确定外延。外延有几个特点：外延处在概念的最后面，外延是一个名词，外延是一个（有相同性质的）集合。学生理解外延最好的方法就是列举概念的具体例子，譬如举例 $f(x) = 2x - 1$，$h(x) = (x^2 - 2x) e^x$ 都是函数。函数的内涵可以分解成："（1）函数是一种对应（对应我们可以一次函数的文字、符号、图象、表格等）；（2）函数是一种确定的对应；（3）集合到集合的对应，任意性，一对一或多对一的对应。"

又例如，学生用外延与内涵理解对数。课本定义"一般地，如果 a（$a > 0$ 且 $a \neq 1$）的 b 次幂等于 N，就是 $a^b = N$，那么数 b 叫作 a 为底数 N 的对数，记作 $\log_a N = b$，a 叫作对数的底数，N 叫作真数。"用外延来理解对数，即举例 $\log_2 3$，$\lg 10$，$\ln 4$ 等，让我们对对数概念有感性的认识。学生用内涵来理解对数，具体操作为下面的步骤：（1）用语文划分结构的方法，提取定宾部分：如果"$a^b = N$"，那么"数 b"；（2）将定宾部分用正常表达方式分解为三句话：①对数是一种数；②这个数满足方程 $a^b = N$；③对数就是指数方程的一个解。

二、深度理解概念的本质

概念数学是揭示现实世界中空间形式与数量关系本质属性的思维形式，反映了数学的本质属性，是思维的基本单位。从现实生活中抽象出来的数学概念，其具有高度的抽象性、概括性和严密的逻辑性，部分学生学习概念有较大的难度。数学概念是学习数学公式、原理、法则以及提高能力的基础，所以深度理解数学概念就显得尤为重要。

（一）抓住概念关键词、中心词，刻画概念的核心和本质

1. 抓关键词明本质

通俗一点讲，数学概念的"外延"往往用出现在数学概念中的最后一个"中心词"来描述，而数学概念的"内涵"用在"中心词"前面的定语"关键词"来描述。透过概念中的关键词、中心词，我们深刻地理解概念的本质内涵和外延。概念的抽象性决定了定义中的字词准确、简洁。在教学过程中，教师

要通过关键词，让学生充分认识概念的严谨、简洁，培养学生数学思维的严密性、准确性，让学生形成良好的学习习惯。

例如，"任意、两个非空数集、唯一"是函数概念的关键词，对于等差数列的概念，教师要着重强调概念定义中"第二项起、差、同一个常数"等关键字眼。在课堂教学中，教师可以通过问题串去找出和把握数学概念的"中心词"和"关键词"，从而理解概念的外延和内涵，抓住概念的本质。再例如，在学习奇函数概念时，学生一般会注意到 $f(-x)=-f(x)$，但是否能深刻理解奇函数概念的内涵就需要打个问号了。学生如果能发现定义中的关键字眼——"任意"，就能由"任意性"得到"定义域关于原点对称"这个奇函数的一个重要性质。自然而然，一个函数如果定义域不关于原点对称，我们直接就可以判断函数不是奇函数，也就不用验证 $f(-x)=-f(x)$。这不仅深刻领悟了奇函数的内涵，还从几何图形与代数表述两方面完美地诠释了函数的对称性。

数学概念是数学的本质和核心，把握其"中心词"和"关键词"是学习数学的根本方法。例如，涉及"角"的概念很多，界定这些角的范围是一件困难的事情，究其原因就是对各种角的概念的内涵理解不准确。"直线的倾斜角，向量之间的夹角，异面直线所成角，斜线和平面所成的角，二面角的平面角"等，在这些角的定义中，"角"是"中心词"。教师在教学中要引导学生，找出"顶点、始边、终边、旋转方向、旋转量的大小"等。我们将角的"顶点、始边、终边"三要素找到后，角的范围也就出来了。"角"前面的定语描述就是"关键词"。例如，直线的倾斜角的顶点是直线与 x 轴的交点，始边是 x 轴的正方向，终边是直线向上的方向，当直线与 x 轴重合时，等于 $0°$ 或 $180°$，由简洁性原则取 $0°$，所以直线的倾斜角的范围是 $0°\leq\theta<180°$；向量之间的夹角，顶点可以是两个向量平移后共同的起点，但两个向量有方向分别充当始边、终边，其角的范围是 $0°\leq\theta\leq180°$；异面直线所成的角，顶点是平移后的交点，由于异面，角不等于 $0°$，范围是 $0°<\theta\leq90°$；斜线和平面所成的角，顶点是斜足，一条边是斜线，过斜线上一点作平面的垂线，垂足与斜足的连线是角的另外一条边，角的范围是 $0°\leq\theta\leq90°$；二面角的平面角，在棱上取一点 O 为角的"顶点"，过 O 在两个平面内分别作棱的垂线 OA、OB 当成角的"始边、终边"，其角的范围是 $0°\leq\angle AOB\leq180°$。通过分析这些角的定义以及角的范围，我们加深了对角的内涵的理解。

2. 透过反例，强化关键词

我们加深理解数学概念的外延和内涵，领悟"中心词、关键词"就成了关键。有时据反例来理解，会加深学生对概念的理解。

例如，学习等比数列的概念时，理解"首项不等于0、从第二项起、同一个非0常数"这些关键词，我们可以通过反例理解，假设没有"从第二项起"的限制，第一项不能与前一项相除，如果没有"同一个常数""首项等于0"，会出现什么现象呢？

我们下面举一个例子加以说明。

【例】（2021年八省联考试题）已知各项都为正数的数列 $\{a_n\}$ 满足 $a_{n+2}=2a_{n+1}+3a_n$。

（1）证明：数列 $\{a_n+a_{n+1}\}$ 为等比数列。

（2）若 $a_1=\dfrac{1}{2}$，$a_2=\dfrac{3}{2}$，求 $\{a_n\}$ 的通项公式。

【剖析】（1）两边同时加上 a_{n+1} 即可得到数列 $\{a_n+a_{n+1}\}$ 为等比数列；（2）利用待定系数法构造 $a_{n+2}-3a_{n+1}=k(a_{n+1}-3a_n)$，通过整理解出 $k=-1$，进而得到 $a_{n+2}-3a_{n+1}=-(a_{n+1}-3a_n)$，所以 $\{a_n\}$ 是以 $a_1=\dfrac{1}{2}$ 为首项，3 为公比的等比数列，即可得到答案.

【解析】（1）由 $a_{n+2}=2a_{n+1}+3a_n$ 可得：$a_{n+2}+a_{n+1}=3a_{n+1}+3a_n=3(a_{n+1}+a_n)$，因为各项都为正数，所以 $a_1+a_2>0$，所以 $\{a_n+a_{n+1}\}$ 是公比为 3 的等比数列。

（2）构造 $a_{n+2}-3a_{n+1}=k(a_{n+1}-3a_n)$，整理得：$a_{n+2}=(k+3)a_{n+1}-3ka_n$，所以 $k=-1$，即 $a_{n+2}-3a_{n+1}=-(a_{n+1}-3a_n)$，因为 $a_2-3a_1=0$，所以 $a_{n+1}-3a_n=0\Rightarrow a_{n+1}=3a_n$，所以 $\{a_n\}$ 是以 $a_1=\dfrac{1}{2}$ 为首项，3 为公比的等比数列。所以 $a_n=\dfrac{3^{n-1}}{2}$ $(n\in N_+)$。

在（2）问中，我们虽然整理得到 $a_{n+2}-3a_{n+1}=-(a_{n+1}-3a_n)$，貌似数列 $\{a_{n+1}-3a_n\}$ 是等比数列，实不然，首项 $a_2-3a_1=0$，所以不能想当然地认为该数列是等比数列，本身实则是常数列，并且通项是 0。这个例子可以加深学生对概念中的关键词和中心词的应用和理解。

（二）求同找异区分相似概念，多角度、多层次分析考察其内涵与外延

世界万事万物都有着千丝万缕的联系，同样，数学概念也不是孤立的，而是互有关联的。数学概念的体系多种多样，有从属的概念（如三棱锥、正三棱锥、正四面体），有相邻的概念（如正弦函数、余弦函数、正切函数），有并列的概念（如三棱锥、四棱锥），有互逆的概念（如导数与不定积分、指数和对数）等。在教学过程中，教师可引导学生比较与这一概念并列的、相邻的、从属的、互逆的概念之间的异同与联系，画出类似文氏图的概念关系图，从整体

的视角认识局部的、孤立的概念，抓住概念的本质属性和基本特征。通过相似概念的对比，学生找出它们的异同点，寻找概念间的中心词是否一致，探寻概念的关键词差异在何处，这将有助于学生抓住概念的本质。有些概念从表面上看差不多，但其关键词和本质却不完全一样，所以要综合概念的内涵和外延去理解概念。

例如，我们在高中学习了两点之间、点到直线之间、两条平行线之间、点到平面之间、两个平行面之间、两条异面直线之间的距离等 6 个相似"距离"的概念，其共同点是距离都是图形上两点间线段之长，不同点是相应的两点的位置不同。在辨析这些"距离"的概念时，学生要对比、比较与甄别，促进对数学概念的内涵和外延的深刻理解。在课堂教学中，教师要注重新旧知识的衔接，抓住概念间的内在联系和区别。比如，学习异面直线间的距离的概念，教师可先回顾有关距离的概念，如两点之间、点到直线、两平行线之间的距离，引导学生思考这些距离的共同特点，再由学生分析概括出异面直线间距离的概念。在概念教学中，教师给学生提供一些相似相近的概念，帮助学生辨明概念的内涵与外延。

在概念的学习中，学生可以通过扩大或缩小其内涵，相应地缩小或扩大其外延，来深度理解概念。譬如，数列的内涵增加了"从第二项起，每一项与它的前一项的差都等于一个常数"，来定义等差数列的概念。数列概念外延缩小而内涵增加，"数列"的概念自然过渡到"等差数列"。

学生利用概念的内涵与外延限定的方法学习数学概念，不仅理解新的概念，还能获得学习知识的方法。例如，高中数学"函数概念"的学习程序是："作出函数图象、通过图象研究定义域和值域，通过自变量与因变量之间的变化关系，研究包括单调性、奇偶性、周期性等函数性质。"自然而然，"幂函数、指数函数、对数函数、三角函数"都是特殊的"函数"，学生当然可以借助研究"函数概念"的模式来学习图象和性质。

三、深度理解概念需要通过问题引领探究

概念教学要以问题作为载体，以问题的发现、提出、分析和解决为中心，逐步形成强烈、稳定而自觉的问题意识，使学生保持困惑、焦虑、怀疑、批判、探究的心理状态。学生的概念学习是从发现问题、提出问题开始的。学生不仅要解决问题，而且要善于发现问题、主动提出问题、有勇气面对问题。学习过程是由发现新问题为起点、到解决新问题为终点的过程。学生的提问不仅要正确、有逻辑，而且发问要独特且富有创造性。学生以自己敏锐的洞察力学会发

现问题，教师通过问题的设置抓住概念本质、教会学生剖析概念的内涵和外延，这才是数学概念教学的主旋律。教师富有深意的问题促成学生学习的强大动力，激发其学习热情，真正开启学生心智的大门，让学生领略学习的乐趣与魅力。

（一）创设问题背景，启发善抓概念本质

有些新的数学概念与已学概念缺乏逻辑联系，又抽象难懂，对于这类概念的学习，教学时，教师应该给学生提供丰富的感性材料，创设问题的背景，让学生通过感性认识上升到理性认识，从而抓住概念的内涵和外延的本质特征。

例如，"集合"是不加定义仅仅通过描述而得的概念，不能用其他更基本的概念来给它下定义，而且"集合"又抽象到人们一时难以抓住其本质。所以在课堂教学过程中，教师可从现实例子出发，通过诸如班级同学、所有的整数等具体实例分析，提出问题：（1）是不是所有的事物放在一起就形成了集合？（2）构成集合的事物之间有没有联系？（3）这些事物有什么联系？从分析问题、回答问题的过程中，学生发现这一类对象所具有的共同性质，这些性质中有些是本质属性，有些是非本质属性，通过比较分析，抽出本质属性，即"具有共同性质（属性）的事物形成集合"。接下来，教师再以"本班的全体同学"这个集合为例，继续提问：（1）本班的同学是否都已确定？（2）同学们座次不同，是否改变了这个集合？（3）尽管个别同学相貌相差不大，但能否说明它们是同一个人？学生从三个问题理解并掌握集合中元素的三个性质，即确定性、互异性和无序性。在整个概念生成和理解的过程中，"集合"概念更清晰地展现在学生面前，这都是通过对学生感性材料进行分析，恰如其分地设疑提问来达成的。教师揭示概念本质问题的提出有利于促使学生积极思考，调动其学习主动性，将抽象思维转化为具体的形象思维。在概念的理解过程中，学生体会到了"透过现象看本质"，深刻地挖掘了诸如集合概念的内涵和外延。

（二）设置合理问题，引领概念探究

1. 课堂 40 分钟要效益，实施有效课堂提问

课堂提问是课堂教学的重要手段，但在概念教学课堂上，很多教师在课堂提问中存在着随意性高、时效性差、问题不着边际等诸多问题。有效的课堂提问的实施，不仅增进了师生交流，锻炼了学生的表达能力，而且重要的是增强了学生主动参与、积极思考的能力，促进学生思维的高阶发展。

（1）概念教学需要有效提问

在课堂教学中，教师要恰如其分地提一些有思维含量的且通过深度思考能顺利解决的问题，能够有效启发学生的思考和讨论，从而积极引导学生主动积极地学习。要做到有效的课堂提问必须情境化，教师通过一定程度的趣味性提

问，有效激发学生的学习兴趣。探索性与启发性是有效提问的二重性。教师通过在学生疑问处设置问题，可有效开拓学生的思维空间，促进内化知识和思维有效优化，让学生的学习能力得以培养。凭借有效课堂问题的设置，教师要积极引导学生多途径、多角度探求方法去解决问题，使学生思维的灵活性、敏捷性、严谨性与广阔性得以训练。

（2）实施有效提问的技巧

教师的有效提问要通过有技巧、精练、清楚而富有感染力的语言，促发学生积极思考，主动回答。教师在学生作答过程中要探寻其回答的闪光点，诚恳地激励评价。目的性与针对性很强的有效提问不仅包含思考与学习价值，而且还有一定的广度与难度。教师在实施提问的过程当中让学生先行思考再作答，先讨论再结论，先学生后教师，先激励后更正。教师随机应变改变提问角度和方式，譬如通过及时追问提升学生思维的敏捷性，通过范文提高学生思维的严谨性。课堂提问是一门教学艺术，教师要勤于思考、善于分析，努力优化课堂教学中的"问"，"问"出学生的思维，"问"出学生的激情，"问"出学生的创造性。

2. 实施变式训练，深化概念理解

概念的变式把概念放到一定的系统、关系和结构中，进一步发现概念的本质属性，获得的新旧概念非人为的联系，不断优化完善认知结构，促进概念迁移，达到灵活应用数学概念的目的。学生深入理解概念一般要从正反两个方面去探讨，从正面探讨概念所包含的对象，从反面了解所不包含对象。教师通过大量的正、反实例，变式探究等，让学生进行分析、比较、鉴别、归纳，弄清概念与概念间的区别，排除新旧概念相互干扰的问题。教师要引导学生探求概念的等价变式，以及所学概念与相关概念的横向对比，达到学生理解概念、灵活应用概念的目的。

3. 分层设计练习、作业，加深学生对概念的理解

概念教学的课后巩固作业设计可根据不同学生需求分层设计，避免出现学生"听懂不会做，会做做不对，做对做不好"的现象。教师采用循序渐进的分层作业方式进行教学，有利于学生在教师的指导下，根据自己的能力，充分发挥学生在课堂中的主体作用，调整自我学习的难度，形成"分层式、分阶段"的作业训练，让学生加深对数学概念的理解，引导学生在解决实际问题中灵活运用数学概念，从而使不同层次的学生得到不同程度的提高。

譬如，学习完双曲线的定义后，教师通过例题"已知双曲线的两个焦点分别为 F_1（-5，0）和 F_2（5，0），双曲线上的点 P 使 $\|PF_1| - |PF_2\| = 6$，求双曲线标准方程"的讲解，让学生初步理解双曲线的内涵和外延，同时为了让学

生能更深入地理解概念，留给学生一些分层练习。练习1：动点 P 与两定点 F_1 $(-5, 0)$ 和 F_2 $(5, 0)$ 的距离满足 $\|PF_1|-|PF_2\| = 10$，则点 P 的轨迹是什么？$|PF_1|-|PF_2| = 0$ 呢？$\|PF_1|-|PF_2\| = 12$ 呢？练习2：在 $\triangle MAB$ 中，已知 $AB = 4$，当动点 M 满足条件 $\sin A - \sin B = \dfrac{1}{2}\sin M$ 时，求动点 M 的轨迹方程。练习3：求与圆 A：$(x+5)^2+y^2 = 49$ 和圆 B：$(x-5)^2+y^2+1$ 都外切的圆的圆心 P 的轨迹方程。

不同的学生选择不同水平的问题，从不同角度深刻理解双曲线的定义。在平常的教学过程中，笔者通过所有学生完成的每日必过题、对不同学生要求时间不一样的限时作业题、后进生和中等生强化训练的反复训练题、优生挑战的自我挑战题进行分层次布置作业，使每位学生都能参与其中，增强学习积极性，让深度学习的课堂得以延续。

（三）分析解决问题，在"做"与"用"中领悟概念

学生学习概念的能力不仅锻炼学生数学思维逻辑的严谨性，而且重要的是从教学生"学会"变为学生"会学"，通过概念"学"的积累有助于学生思维的升华，为其终身学习奠定坚实的基础。很多数学概念具有高度的抽象性，多次抽象的概念理解都是在后续的知识的学习应用中逐步领悟的，这样他们才能把握概念的思想、精神，真正将概念识透、学懂。数学概念应与整个知识相结合、相适应，应在"学"概念、"做"概念与"用"概念的循环中逐渐领悟"相辅相成"的概念蕴含的精确而丰富的内涵。教师紧扣数学概念的本质属性，配备具有引导功能的例题来组织教学，引导学生利用概念来解决数学问题，发现概念在解决问题中的作用，这是数学概念教学的一个重要环节。一单元、一个模块结束，教师可引导学生及时反复地进行概念总结。学生通过总结反思概念间的关联，组织和更新理解已学过的概念，使知识、概念条理化、系统化，从而实现更加灵活的迁移应用。除此之外，教师通过反例、错解等进行辨析，也有利于学生巩固概念。

学生要理解概念，不妨找点实际例子。这里的例子既可以包括我们早就熟悉的，也可以包括一些不熟悉的，还可以包括一些不满足定义的例子。这样从各个方面来理解定义，就容易多了。很多学生对平面的法向量如何求解有困惑，我们不妨用下面简单的例子，亲手动笔去算一算，就能发现平面法向量的两种求法及何处用何法。

【例】已知，四边形 $ABCD$ 是直角梯形，$\angle ABC = 90°$，$SA \perp$ 平面 $ABCD$，$SA = AB = BC = 2$，$AD = 1$。在如图 3-8 所示的坐标系 $A-xyz$ 中，分别求平面 SCD 和平面 SAB 的一个法向量。

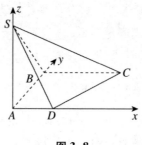

图 3-8

【解析】由题意可知，A $(0, 0, 0)$，D $(1, 0, 0)$，C $(2, 2, 0)$，S $(0, 0, 2)$。因为 $AD \perp$ 平面 SAB，所以 $\overrightarrow{AD} = (1, 0, 0)$ 是平面 SAB 的一个法向量。

设平面 SCD 的法向量为 $\overrightarrow{n} = (1, y, z)$，则 $\overrightarrow{n} \cdot \overrightarrow{DC} = (1, y, z) \cdot (1, 2, 0) = 1+2y=0$，所以 $y=-\dfrac{1}{2}$。又因为 $\overrightarrow{n} \cdot \overrightarrow{DS} = (1, y, z) \cdot (-1, 0, 2) = -1+2z = 0$，所以 $z=\dfrac{1}{2}$，所以 $\overrightarrow{n}=\left(1, -\dfrac{1}{2}, \dfrac{1}{2}\right)$ 即为平面 SCD 的一个法向量。

四、"深探内涵外延，巧设问题促进理解"教学案例

教学案例"深探椭圆定义，体悟数学之美"，是福建教育学院名师培训班上的一节公开课，在整节课的教学过程中，教师通过问题不断深入，使学生从不同视角去探究、理解椭圆定义的内涵与外延，体会圆锥曲线的统一性，体悟数学之美。其教学中的一个片段如下：

环节一：探寻椭圆的图形与方程的形态之美

学生观察椭圆图象（如图 3-9），分析椭圆的标准方程 $\dfrac{x^2}{a^2}+\dfrac{y^2}{b^2}=1$（a>b>0）和相应图形的形态之美。

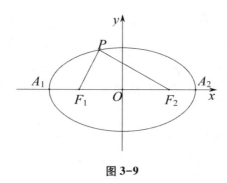

图 3-9

148

（学生感悟图形的对称美，方程的简洁美，由形到数、由数到形的桥梁之美，动点在运动变化过程中的不变性，体悟不变之美。）

环节二：利用 a 是 $|MF_1|$ 和 $|MF_2|$ 的等差中项进行化简变形（由形到数、由数到形的过程，学生掌握化简包含根式的代数运算的方法，提高其运算能力，克服畏难情绪，养成不怕困难的钻研精神，体悟探寻之美）。

因为 $\sqrt{(x+c)^2+y^2}+\sqrt{(x-c)^2+y^2}=2a$，

所以 $\sqrt{(x-c)^2+y^2}$，a，$\sqrt{(x+c)^2+y^2}$ 成等差数列，

所以，设 $\begin{cases} |MF_1|=\sqrt{(x+c)^2+y^2}=a+d \text{ 为（1）} \\ |MF_2|=\sqrt{(x-c)^2+y^2}=a-d \text{ 为（2）} \end{cases}$

由 $(2)^2-(1)^2$ 得：$4cx=4ad \Rightarrow d=\dfrac{cx}{a}$ 为（3），

所以 $|MF_1|=a+d=a+\dfrac{cx}{a}=a+ex$，$|MF_2|=a-d=a-\dfrac{cx}{a}=a-ex$。

提问：① $|MF_1|=a+ex$，$|MF_2|=a-ex$，实现了两个变量变成一个变量的目的，这是数学中的化归转化思想，达到御繁就简、化繁就简的目的，实现简洁美！

你能从函数观点看待等式右端的代数式吗？继续追问：能否用函数单调性解释椭圆上的点与焦点间距离的变化情况？

②在化简椭圆方程的过程中，该方程出现等式 $\sqrt{(x-c)^2+y^2}=a-\dfrac{c}{a}x$，

$\sqrt{(x+c)^2+y^2}=a+\dfrac{c}{a}x$ 成立，该式有何几何含义？

③我们将 $\sqrt{(x-c)^2+y^2}=a-\dfrac{c}{a}x$，$\sqrt{(x+c)^2+y^2}=a+\dfrac{c}{a}x$ 稍作变形即可分别得

到 $\dfrac{\sqrt{(x-c)^2+y^2}}{\dfrac{a^2}{c}-x}=\dfrac{c}{a}$，$\dfrac{\sqrt{(x+c)^2+y^2}}{\dfrac{a^2}{c}+x}=\dfrac{c}{a}$，左边两个代数式的商都等于右边的常

数，它又有何几何含义？

④你能发现等式 $\dfrac{|MF_2|}{d}=\dfrac{c}{a}=e$ 背后的几何意义吗？注意几何条件转化的等价性，把"一个动点到两个定点的距离之和为定值"转化为"一个动点到一个定点与到一条定直线的距离之比为定值"。

⑤这里 $e=\dfrac{c}{a}$ 的取值范围是多少？如果 $e=\dfrac{c}{a}>1$、$e=\dfrac{c}{a}=1$ 时，动点的轨迹是什么图形？（这实际上是圆锥曲线的统一定义，体现了数学的统一美。）

我们再继续进行化简变形：

由 $(2)^2+(1)^2$ 得，$x^2+y^2+c^2=a^2+d^2$ 为（4），

将（3）代入（4）得，$x^2+y^2+c^2=a^2+\left(\dfrac{cx}{a}\right)^2$，

整理得 $(a^2-c^2)\,x^2+a^2y^2=a^2\,(a^2-c^2)$，所以 $\dfrac{x^2}{a^2}+\dfrac{y^2}{b^2}=1$（$a>b>0$）。

环节三：回望以前的化简过程，回归圆锥曲线的统一定义（体现数学知识之间的联系，使学生养成深入思考的习惯，体悟探寻之美）。

我们下面从另一个角度对变形过程进行分析。

因为 $\sqrt{(x+c)^2+y^2}+\sqrt{(x-c)^2+y^2}=2a$，

所以 $\sqrt{(x+c)^2+y^2}=2a-\sqrt{(x-c)^2+y^2}$，

所以 $x^2+2cx+c^2+y^2=4a^2+x^2-2cx+c^2+y^2-4a\sqrt{(x-c)^2+y^2}$

所以 $a\sqrt{(x-c)^2+y^2}=a^2-cx$，所以 $\dfrac{\sqrt{(x-c)^2+y^2}}{\dfrac{a^2}{c}-x}=\dfrac{c}{a}$，

所以 $(a^2-c^2)\,x^2+a^2y^2=a^2\,(a^2-c^2)$，所以 $b^2x^2+a^2y^2=a^2b^2$，

所以 $b^2\,(x^2-a^2)=-a^2y^2$，所以 $\dfrac{y^2}{x^2-a^2}=-\dfrac{b^2}{a^2}$（求同意识），

所以 $\dfrac{y}{x+a}\cdot\dfrac{y}{x-a}=-\dfrac{b^2}{a^2}$。

提问：①在化简椭圆方程的过程中有 $\dfrac{y}{x+a}\cdot\dfrac{y}{x-a}=-\dfrac{b^2}{a^2}$ 成立，该式有什么几何含义？

②实际上变形的方向不一样时，还可以得到 $\dfrac{y-b}{x}\cdot\dfrac{y+b}{x}=-\dfrac{b^2}{a^2}$，该式又有什么几何含义？

③点 A_1 和 A_2 有何特点？点 B_1 和 B_2 又有何特点？

④能推广到一般结论吗？

⑤我们是否还能够得到别的 $-\dfrac{b^2}{a^2}$？

⑥由一般的结论能否回到特殊情况？（这体现了数学的由特殊到一般、由一般到特殊的思辨之美。）

⑦这里 $k_{PM_1} \cdot k_{PM_2} = m$ 动点的轨迹是椭圆，如果 $k_{PM_1} \cdot k_{PM_2} = -1$，$k_{PM_1} \cdot k_{PM_2} = m$ 时，动点的轨迹是什么图形呢？（这实际上是圆锥曲线的统一定义，还是体现了数学的统一之美。）

⑧如果 $k_{PM_1} + k_{PM_2} = m$，$k_{PM_1} - k_{PM_2} = m$，$\dfrac{k_{PM_1}}{k_{PM_2}} = m$，会有什么结论？

环节四：发散化简过程，感悟不同视角的椭圆定义（教师引导学生自觉地将目光转移到对相关联的知识本身的探求过程中来，让学生学会发现问题和解决问题的方法，使学生终身学习的能力也在这一过程中逐渐提高。教师通过对数学知识之间的联系的研究，使学生养成深入思考的习惯，体悟探寻之美）。

（1）教师利用对偶，引入共轭无理数对，

设 $\sqrt{(x+c)^2+y^2} + \sqrt{(x-c)^2+y^2} = 2a$ 为①，$\sqrt{(x+c)^2+y^2} - \sqrt{(x-c)^2+y^2} = k$ 为②，

①×②得：$4cx = 2ak \Rightarrow k = \dfrac{2cx}{a}$ 为③，

①+②得：$\sqrt{(x+c)^2+y^2} = a + \dfrac{k}{2}$ 为④，

将③代入④得：$\sqrt{(x+c)^2+y^2} = a + \dfrac{cx}{a}$，

$x^2+2cx+c^2+y^2 = a^2+2cx+\dfrac{c^2x^2}{a^2}$，$(a^2-c^2)\,x^2+a^2y^2 = a^2\,(a^2-c^2)$ …

（2）$(x+c)^2+y^2 = r^2$，$(x-c)^2+y^2 = (2a-r)^2$，可以把椭圆看成以 $F_1\,(-c,\ 0)$ 和 $F_2\,(c,\ 0)$ 为圆心，半径之和等于 $2a$ 的两个圆的交点。

（3）$(x+c)^2+y^2 = (a+m-r)^2$，$(x-c)^2+y^2 = (a-m+r)^2$，可以把椭圆看成是与两个定圆 $(x+c)^2+y^2 = (a+m)^2$，$(x-c)^2+y^2 = (a-m)^2$ 一个内切，一个外切的动圆圆心的轨迹 $\sqrt{(x+c)^2+y^2} \cdot \sqrt{(x-c)^2+y^2} + x^2 + y^2 = a^2+b^2$，所以得到 $|MF_1| \cdot |MF_2| + |MO|^2 = a^2+b^2$。

（4）由 $\sqrt{(x+c)^2+y^2} \cdot \sqrt{(x-c)^2+y^2} + x^2+y^2 = a^2+b^2$，得到当动点 P 满足条件 $|PF_1| \cdot |PF_2| + |PO|^2 = a^2+b^2$ 时，其轨迹也是椭圆。

（5）由 $\left(\dfrac{x}{a}\right)^2 + \left(\dfrac{y}{b}\right)^2 = 1$（$a>b>0$），联想到 $\sin^2\alpha + \cos^2\alpha = 1$，所以可设

$\begin{cases} x = a\cos \alpha \\ y = b\sin \alpha \end{cases}$，由此可得椭圆的三角形式，从而尺规作图得到椭圆。

环节五：课后教学反思

（1）数学美内容很丰富，应该把哪些重要的美在教学中渗透？

（2）数学美为什么对学生来说很重要，如何让学生体悟数学之美？

（3）数学美怎样在教学中落实，真正提升学生的核心素养？

总之，教师通过问题促进学生深度挖掘概念的内涵和拓展其外延，在还原概念的生成和理解过程中，把浓缩在其中的思维历程充分"还原、稀释"，通过层层递进的问题，重演知识的产生与发展过程，提炼发现、体验、掌握、形成概念的路径，学习科学的思维方法。在挖掘概念的内涵与外延的基础上，教师通过问题交给学生一把打开思维宝库的金钥匙，使学生掌握科学的学习方法，深度理解概念的内涵外延，提升其逻辑思维水平。

第五节　深思概念迁移　重视探究拓展应用

孔子曰："举一隅不以三隅反，则不复也。"古人亦云："举一反三、触类旁通"，这些都说明前期学习对后续学习的促进作用，是学习迁移现象。孔子要求学生能"由此以知彼"，说明在我国古代，虽然还未能形成系统的迁移学说，但祖先早已注意到迁移现象的存在，学习迁移早已被人们所知，只是完善的理论系统仍需要建构。奥苏贝尔（David Pawl Ausubel）认为塑造学生良好认知结构的问题是"为迁移而教"。在概念教学中，教师为了培养学生举一反三、触类旁通的学习能力，要巩固已学概念的知识、技能，提升其探索、迁移、发现规律的能力。教师要善于利用迁移理论，发挥正迁移在学习数学概念过程中的作用。

数学概念的应用，是在领会、掌握的基础上，将概念用于解决同类问题中，使学生能够融会贯通，对概念进行有效加工，用概念解决新情景中的问题。教学过程中通过寻找新旧概念间的联系、构建概念图谱可以实现概念学习的迁移。教师应该在概念教学中的每一节点都考虑学生的已有认知，把新旧知识的联系贯穿在每一环节，充分利用已有概念特点学习新概念，促使概念学习正迁移的实现。教师应及时引导学生对新颖、典型的实例进行深入细致的观察和认识，使学生对新旧概念进行精确的区分和甄别，对客观现实进行科学的抽象和概括，促进学生良好认知结构的形成。

一、学习迁移理论在数学概念教学中的应用

（一）学习迁移理论为何物

1. 学习迁移的概念及内涵

迁移是学习理论的重要课题之一，对完善学习理论起着不可或缺的重要作用。教育心理学上的迁移简单地说是一种学习对别的学习潜移默化的影响。学生学习的迁移能力是指基于已有认知结构中的旧知识，受原有知识体系的影响，学生主动接受新知识并加以反馈，并形成新的知识体系的能力。迁移能力是学生认知结构中新旧知识相互迁移、相互影响的一种能力。完整的学习理论要科学地说明学习现象是如何发生、经验是如何获得、行为机制是如何变化、学习结果情境是如何变通的。所以，在数学概念的学习过程中，教师要引导学生运用学习迁移理论，有效培养学生自我学习的能力和分析解决实际问题的能力，让学生举一反三，进行数学概念学习的有效探索，提升其良好的数学素养。

数学知识本身的体系逻辑性很强，新的数学概念建立在已有的认知基础之上，概念生成的过程具有连续性。由于数学概念是逻辑性极强的知识体系，因此学生要在各个知识节点进行正向迁移。在数学新概念教学时，教师要揭示新、旧概念的联系，将新、旧概念对照，把新概念的学习融会贯通于旧的知识体系中，使学生容易接受和掌握新概念，达成概念学习的迁移。因此，学习迁移是学生学习主动性的突出表现。

例如，学习了平面向量，有助于学习空间向量；学习了平面的平行关系，有助于学习平面的垂直关系；学习了正弦函数的图象和性质，有助于余弦函数、正切函数的图象和性质的学习等。这种学习不仅仅是知识方面的学习，更多的是方法和路径的迁移，都是属于数学教学中的顺向正迁移。同时，数学教学中还存在许多逆向正迁移。例如，学习了立体几何后，学生的空间想象能力强多了，学生再去解决平面几何中的一些问题就变得容易；学习了高次方程之后，学生对低次方程的一些问题就有了更深刻的认识。当然，迁移有正迁移（有利于新的知识学习）、负迁移（不利于新的知识学习）。数学迁移通常不仅仅是数学知识、技能方面的迁移，还有数学思维方法、解决问题的基本路径的迁移，以及数学学习习惯、学习态度的迁移等。

2. 教师要善于运用学习迁移规律

教师讲授、学生掌握数学概念的过程就是运用学习理论进行知识和方法迁移的过程。高中数学概念学习过程中，起迁移作用的智力活动方式主要有观察、

比较、分析、综合、概括、抽象、具体化和形式化等。学生在掌握数学知识与技能的基础上，灵活运用数学思维方法，带着问题，通过分析比较，探寻旧知识与新概念的关联性，求同找异，挖掘、分离、解剖个性，增强对高中数学知识的理解能力与把握能力，较好地应用学习迁移理论迅速掌握数学概念，灵活地应用数学概念，建构概念实践与操作的图谱。

教师利用学习迁移规律，可形成敏锐的观察和敏捷的思维能力，及时诊断与应变。学习迁移规律有助于教师把实践中积累的教学经验，迁移到新的数学概念教学中去。迁移理论指导教师教育教学工作，能促使教师有目的、有计划地合理把握、有效实施教学流程。教师具体研究数学教学中的迁移问题，对推动和指导教师的教学工作和学生的学习具有重要的实践意义。

（二）在概念迁移中提升学生核心素养

1. 迁移可使学生认知结构完善和发展

数学的学习应该是明线、暗线并重，一条是由知识点呈现的明线，另一条是暗线，即蕴含在概念体系中隐性的"学核心概念、大概念、大想法"的数学方法和思想。数学概念学习的过程，实质上就是通过知识迁移促使数学认知结构发展变化的过程。概念学习的过程可以分为认识、理解、运用和掌握四个阶段，这四个阶段紧密相连，前一阶段的学习是后一阶段的基础，后一阶段是前一阶段的深入和发展。所以，概念学习的重要策略之一就是建立新知识与原有认知结构中相应知识之间的联系。正迁移正好在知识的过度与构建中起一个桥梁的作用，使新的知识体系与原有的知识体系之间有个好的联系，新知识与原有知识就能更好地融合。数学概念的正确性和丰富性、概念间组织联系的多样性和条理性等，都直接或间接地影响着学生在学习新概念、解决新问题时提取已有概念的速度和准确性，所以在概念学习的迁移过程中，教师要注意各概念点之间的联系，不断提高概念学习的条理性和概念间的逻辑层次性，在学习迁移过程中完善和发展学生的认知结构。

2. 迁移问题的研究要教会学生如何学习

学习不只要让学生掌握数学概念的内容与解决问题的技能，更要让学生学会"如何去学习"，掌握学习概念的方法、技能与基本路径。学习方法和解决问题的路径是一种学习经验，其中不仅包含有关的知识，而且还包括有关学习的技能。学习方法这种经验，对后续的概念学习产生了比较广泛的、一般性的迁移。教学中研究迁移的问题必须重视学习方法的学习，教师要教会学生如何学习。

章建跃博士讲，存在于整个概念教学系统中的学习迁移，在数学学习中的作用主要有概括、系统概念间广泛而牢固的联系，这形成稳定、清晰和可利用的概念认知结构，可以有效地吸收数学新概念，并逐渐转变为自我生成概念，学习迁移是数学概念、技能转化为数学能力的关键。① 数学能力是一种稳定的、能有效调节概念学习进程和方式的心理结构，其形成既依赖概念知识、技能的掌握，又有赖于对知识技能概括系统的类化。概念技能的掌握是在新旧概念相互作用过程中实现的，数学知识技能的类化只有在迁移中才能实现。

3. 提升学生自身的迁移能力

课堂教学的目的是通过学习迁移，让学生养成主动的、自觉的、持久的良好学习行为方式。教师在开展数学概念教学课堂活动时，要发挥学习迁移相关规律的积极意义，充分调动学生概念学习的自主性与积极性，要重视知识之间的相互作用和学习的连贯性，要创造迁移条件，构建迁移的教学模式，为实现概念深度学习打下坚实的基础。因此，教师在开展概念教学的课堂活动时，要重视对概念原理的讲解，增强学生知识的迁移能力，开展有效的概念学习，增强概念课堂教学的有效性。

例如，二次函数包含的函数与方程、不等式是学生高一刚入学所学的预备知识，学生要理解其区别和联系，理解变化中的不变。譬如，方程可看作已知函数值求相应自变量值的问题，是函数图象在"变中的某个不变"，而不等式可视为已知函数值的范围求相应的自变量的取值范围，是函数在"变中的部分变"。研究方程、不等式的相关知识和技能是研究函数图象和性质的基础，而掌握了函数的有关知识和技能也为研究方程、不等式提供了解决问题的路径。学生可以重新建构自身认知结构，将函数、方程、不等式相关知识有机结合，形成一个有效链接，使概念与运用相得益彰，实现概念间流畅自如的有效转化，实现相关概念学习的迁移。

4. 迁移提升学生的创造性思维

弗赖登塔尔提出的"再创造"，是数学教学、概念教学的核心。正迁移能引导学生从旧知识连贯地向新知识跨越，揭示新旧知识之间的相互联系，激发其数学思维的延伸，使学生理解如何从原有知识出发，延伸或者说"创造"出新的知识。这样学生就可以很好地锻炼自己的数学创造性思维，进而使自己在学习过程中自主掌握数学知识。

教师应创新概念教学方法，促使学生掌握迁移规律，激发其探索概念知识的乐趣。教师应重点培养学生思维的灵活性和敏捷性，优化思维品质，促使学

① 章建跃. 数学学习迁移概述 [J]. 中小学教材教学，2002（18）：43-45.

生开展有效的概念学习，扩大学生自身的知识储备，提升思维能力。数学概念教学的课堂可通过正向迁移，开展有效的概念学习活动，使学生深刻理解数学概念及相关理论，锻炼其创新思维，提升自身的数学素养。

二、促进概念有效迁移的策略与实践

（一）关注概念间的联系，提高思维的条理性、逻辑性

数学学习的迁移过程不是一蹴而就的，而是一个数学知识相互作用、逐渐整合的过程。数学概念的学习是一个长期的、有层次的、螺旋上升的过程，数学认知过程是对复杂的数学概念进行主动生成、再生成的过程。在人的系统的数学认知结构中，各种概念形成广泛联系的网络型结构，其形成过程是数学知识的迁移整合过程。

有些概念是相通相连的，在学习过程中要触类旁通。例如，在学习完等差数列的概念"数列 $\{a_n\}$ 从第二项开始，后一项减去前一项的差值是定值，则 $\{a_n\}$ 是等差数列"之后，教师引导学生探讨"后一项除以前一项的比值是定值"，可以得出等比数列的概念，并类比等差数列的定义、通项公式、性质，得到等比数列的定义、通项公式和性质。教师或学生还可以继续提出问题，等比数列进行的是除法运算，项、比值等是否有特别的要求，这就更能帮助学生深刻理解等差、等比数列的内涵与外延。更甚，教师还可以提问学生把概念中的"减去"或"除以"改成"加上"或"乘以"，把"值"或"比值"改成"和"或"积"，得到的新的数列有何性质，通项公式是否可求解。

数学概念内涵的丰富性与外延的拓展性、概念与概念之间联系的多样性与条理性等，都直接影响学生在理解、应用概念后利用迁移解决新问题时的速度和准确性。各个单元、各个数学概念虽然相互独立，但各个概念之间存在内在逻辑联系，前后照应。先前的学习要为后续学习做准备，后续学习要承接先前学习的自然延续，避免概念间的逻辑相互割裂、颠倒和混乱。教学中，教师要引导学生努力寻找相关概念间的联系，通过概念迁移提高学生思维的条理性、逻辑性。

（二）加强数学语言转化训练，提升概念的概括表达能力

1. 数学语言的转化就是概念迁移内化的过程

文字语言、图形语言、符号语言的转化是数学概念教学过程中的重中之重。文字语言自然与语言环境有关，图形语言直观但不精确，而符号语言是对现实世界的空间形式和数量关系的本质特征简明、清晰、准确概括的反映。

2. 循序渐进地实现概念概括总结

学生思维能力的发展是数学学习的目的，而依靠概念学习迁移可以解决问题。教师通过概念迁移使问题得以解决，使已有数学认知结构得到重组，提高了学生抽象概括水平，使其认知结构更加完善和充实，使概念在今后的数学活动中能发挥更好的作用。

学习的各个环节都要考虑学生已有经验的概括水平。例如，在对数运算法则的学习中，学生理解法则 $log_a x + log_a y = log_a (x \cdot y)$ 是教学中的难点和重点。受公式 $ax + ay = a(x+y)$ 的影响，学生很容易形成思维定势，从而错误地把对数运算法则理解为 $log_a x + log_a y = log_a (x+y)$，清除这种错误定势的困扰，是教学成功的关键。

教学中先安排了下列几组练习。学生用计算器计算下列各题，并比较大小：$lg2+lg5$，$lg2×lg5$，$lg(2+5)$，$lg2×5$；$lg3+lg2$，$lg3×lg2$，$lg(3+2)$，$lg3×2$；$lg4+lg8$，$lg4×lg8$，$lg(4+8)$，$lg4×8$。通过几组计算比较，学生获得感性认识，在比较过程中求同找异，同时对原来定好的运算公式和法则等产生怀疑，对学生进行适当的、合适的心理诱导，引导通过指数运算法则去形成正确的对数运算法则，把正确的运算法则和公式 $log_a x + log_a y = log_a (xy)$ 定下来，再给出推导方法，形成正确的思维定势，实现教学由感性到理性的转化。教师再通过巩固练习和变式训练，帮助学生顺利地过渡到新的知识、新的概念的学习中去。同样对于公式 $log_a x - log_a y = log_a \dfrac{x}{y}$，学生则可以利用 $log_a x + log_a y = log_a (xy)$ 类比而得。

在概念教学中，教师要充分考虑学生已有经验的概括水平，要关注新旧知识之间的联系和结构。学习数学概念的过程要遵循循序渐进、逐渐抽象、概括表达的科学规律。

（三）新旧知识紧相连，寻找新知着力点

一切有意义的新知识的学习，都是建立在原有学习基础、认知结构上自然生成的过程。一切有意义的学习必然要从原有的认知结构中迁移而来，加强新旧知识之间的联系是实现正迁移的基本规律。心理学研究表明，影响迁移的范围和效果很大程度上源于学习材料相似的程度。前后学习需要运用的相同原理越多，内容的共同要素越多，学生对前后学习间的相似之处产生的联想越多。学生联想到的相似性的程度又决定了迁移量的大小。不同的数学知识之间存在着结构和功能的众多可比性，教师在教学中加强新旧知识的比较、挖掘新旧知识的异同，将有助于学生对新知识的掌握。

在学习数学概念时，学生学习的每一个环节都要注意新旧知识之间的联系，前面的知识为后面的知识做准备，后面的知识成为前面知识的延伸和发展，实现概念学习的正迁移。在组织教学时，教师首先要考虑与概念认知结构最相关的原有知识有哪些？学生掌握了哪些？需要复习的概念有哪些？何处导入概念最佳？确定用什么方法复习？教师是教学设计的"先行组织者"，真正体现了教师的主导作用。

在数学概念学习过程中，许多学生不能认识当前目标问题的解决和形成，单纯依赖先前解决的问题，不能在相似的问题间求同找异，寻求解决新问题的方法。所以在教学过程中，教师要经常提出"概念之间有关系吗？你遇到过类似的概念吗？概念间能否建立起联系？概念间的联系还缺少什么？"等问题。教师鼓励学生类比推理，主动探索概念的结构，将相关的概念进行对比分析，让迁移能力自然而然形成。我们平常所说的在"温故"过程中找到最佳联系点，研究从已知到未知、从旧知到新知的知识点，组织概念、教法、评价、反馈等，都应成为形成知识传授过程的最佳着力点。在概念教学中，教师通过比较概念的异同点，讲解概念间的相似点和连接点，可以增强学生概念学习迁移的效果。

（四）结构重组防定势，调控迁移构平台

教师提供尽可能丰富的知识背景进行概念的综合应用，让学生将已有认知中的相关概念按照新的需要进行结构重组，并将新概念与其"触发"条件结合，形成条件化的新概念，从而完成新的认知结构的重建，这就是结构重组性迁移。这种重组性迁移，使学生获得概念之间、概念与背景之间的丰富联结，实现概念的结构重组，进一步优化自我认知的结构。教师在传授知识和巩固知识时，要努力创设情境，强化知识的综合应用，引导学生挖掘数学知识之间的内在联系，为学生提供尽可能多的知识重组的机会，实现经验增值性学习。

先于一定活动而指向活动对象的定势思维，其作用与解决问题的正确思路一致时，会产生促进和积极的作用，反之则会产生干扰和消极的作用。鉴于定势作用的双重性，教师要循序渐进地进行同类问题的强化训练，形成掌握这类题的常规解法和一般步骤的思维定势。另外，教师要加强从各个角度变更非本质的"变式"教学，通过分析、对比与评价，突出事物隐藏的本质性质，克服思维定势的负效应。只有这样，教师才能因势利导地利用定势作用，提高概念学习迁移的效果。

三、概念迁移的途径

(一)在数学概念的教学中培养学生的知识迁移能力

学生的心理状态对概念学习迁移的影响是巨大的,教师要把学生的注意力引导到新概念的有关内涵和外延上来,让学生形成有利于学习新概念的状态。教师用启发、提示、暗示及联想等方法形成正迁移的定势,结合概念的本质特征、学生的身心发展水平、已有的知识经验和认知结构,可有效地提升概念学习的迁移能力。

我们下面以"古典概型"为例,分析如何提升学生的迁移能力。首先,在知识结构方面,学生在初中已经对概率及简单的等可能概率计算有了初步了解,能从直观上判断并计算简单的概率,但并未从随机试验、样本点、样本空间角度对有限性和等可能性进行严谨分析。因此,学生从随机试验样本点的等可能性和有限性两个特点重新构建古典概型的概念,是对初中所学知识的再次凝练和提升。其次,在学习经验方面,学生初中时已积累了求简单事件概率的经验,前期已具备利用集合表示随机事件的经验,但古典概型仅仅是概率模型中最直观、最简单的一种,并不是所有随机试验的概率都能用古典概型求解,这是对初中概率及计算的扩充。再次,在认知能力上,高一年级学生容易接受新事物,对新事物充满好奇心,有较好的探究能力。学生对古典概型中"等可能性"的要求认识尤为不足,常因未关注等可能性得出错误结论,如"同时投掷两枚相同的硬币出现一正一反的概率为 $\frac{1}{3}$"等,需要通过辨析和实验验证,理解面对多个相同的物体时如何选取样本点才能保证等可能性。

因此,教师在教学过程中,可以提供简单的随机试验,通过问题设置,引导学生归纳试验的共同特征,依据学生已有的经验归纳古典概型的基本特征,提升学生数学抽象和数学建模的素养。教师提供具体案例,让学生再次体会"等可能性",并从具体案例中归纳出一般古典概型的概率计算公式,用数学语言严谨表达,提升学生逻辑推理素养。教师提供具体实例,引导学生从实际背景中抽象并建立数学模型,并应用古典概型解决问题,构建解决古典概型问题的一般思路,提升学生数学建模和逻辑推理素养,体会数学源于生活又服务于生活的现象。教师设置具体案例,通过比较,让学生体会有放回抽样、无放回抽样、分层抽样等不同抽样方式对概率的影响,让学生有意识地进行"统计与概率"的联系。

（二）在提问与练习中，训练学生思维的深刻性

1. 提问与练习中深度理解数学概念

概念学习的迁移是新的概念与已有概念学习经验的具体化、类化和协调的过程。布鲁纳认为，领会基本的原理和观念，是通向"训练迁移"的大道。学生掌握的概念越基础、概括性越高，对新概念学习的迁移适应的范围就越广泛。所以在概念教学中，学生要重视数学基本概念、基本原理的理解，重视数学思想方法、学科核心素养的掌握，实现广泛的、效果良好的、正向的有效思维迁移。

在讲解"三角函数"的定义时，先构建问题情境：根据已有的函数研究经验，我们利用直角坐标系来研究上述问题，以单位圆的圆心 O 为原点，以射线 OA 为 x 轴的非负半轴，建立直角坐标系，点 A 的坐标为 $(1，0)$，点 P 的坐标为 $(x，y)$。射线 OA 从 x 轴的非负轴开始，绕点 O 按逆时针方向旋转角 α，终止位置为射线 OP，如下图（图3-10）。

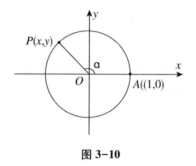

图3-10

提出问题：在点 P 运动变化过程中，我们可以用什么来刻画点 P 的位置？

追问1：$\alpha=\dfrac{\pi}{6}$ 时，点 P 的坐标是多少？

追问2：当 $\alpha=\dfrac{\pi}{2}$ 或 $\alpha=\dfrac{2\pi}{3}$ 时，点 P 的坐标又是多少？它们是唯一确定的吗？

追问3：在点 P 运动变化过程中，用什么来刻画点 P 的位置？对于任意给定角 α，它的终边与单位圆的交点 P 能唯一确定吗？

追问4：在展示的运动变化的过程中，我们观察角 α 的终边与单位圆的交点 P 的坐标，有什么发现？能否运用函数的语言刻画这种对应关系呢？

我们通过探究两种不同的刻画方法之间的关系，得到了一组对应关系（角与坐标），从特殊到一般，以函数的对应关系为指向，确认刻画过程中角与相应的点 P 的坐标之间的对应关系满足函数的定义，点 P 的横、纵坐标都是角 α 的

函数，为给出三角函数的概念做准备。平面直角坐标系是构架"数形结合"的天然桥梁，是展示函数规律的载体，为从"数"的角度定义任意角三角函数提供了研究的平台。我们把任意角置于平面直角坐标系内加以研究，通过单位圆，有效地发现角的终边点 P 的坐标"周而复始"的现象，为后续研究三角函数的性质打下良好的基础。

我们讲授完新课，利用练习加以巩固。

练习 1：求 $\dfrac{4\pi}{3}$ 的正弦、余弦和正切值。

练习 2：角 θ 的终边过点 P（-12，5），求 θ 的三角函数值。

练习 3：点 P 按顺时针方向在半径为 2 的圆上角速度为 1 rad/s 做匀速圆周运动，求 $2s$ 时点 P 所在的位置。

教师通过课堂达标练习，让学生及时巩固所学知识，让学生理解任意角的三角函数定义，培养数学抽象的核心素养。三角函数是刻画匀速圆周运动的数学模型，通过练习使学生从另一个角度理解三角函数的定义。

在教学过程和练习作业中，教师观察学生是否主动参与探究过程，是否联系函数概念探究角与坐标间的函数关系，并根据需要调整提问方式，进行追问或给予鼓励，根据学生需要，教师提供一定帮助。

2. 辨识数学概念变式，从变化中抓数学概念的思想本质

数学"变式"就是在数学教学过程中保证概念的本质特征不变，而对数学背景从不同角度、层次、情境做出有效的变化。在概念教学过程中，教师要通过变式从不同角度、不同层次理解概念，在变化过程中探寻数学概念的思想本质。

从数学问题构成角度看，我们可改变概念的条件进行变式，将原命题的一个或多个条件进行延深或变动。比如，我们常见的条件变式可通过改变正负号、范围、字母与常数变化、同等元素变化、情景变化等。

例如，在研究函数的定义域和奇偶性的概念时，教师在讲解例题后，给出三个变式，通过变式训练，加深对"函数的定义域对函数奇偶性的影响"的理解，树立在研究奇偶性之前，首先考查其定义域的思想。

例题：已知函数 $f(x)=\log_a(x+1)$，$g(x)=\log_a(1-x)$（$a>0$，且 $a\neq1$），（1）求函数 $f(x)+g(x)$ 的定义域。（2）判断函数 $f(x)+g(x)$ 的奇偶性，并说明理由。

变式 1：已知 $f(x)=ax^2+bx+3a+b$ 是偶函数，定义域为 $[a-1, 2a]$，则 $a=$ _____。

变式 2：函数 $y = \dfrac{\sqrt{9-x^2}}{|x+4|+|x-3|}$ 的图象关于_____对称。

变式 3：若函数 $f(x) = \log_a\left(x+\sqrt{x^2+2a^2}\right)$ 是奇函数，则 a =_____。

在变式教学中，教师也可以改变问题的结论，促使学生自觉地从数学本质出发全面地看问题、深刻地理解概念。学生更可以通过用一题多解、一题多问、条件和结论互换来进行变式训练。

我们下面通过一个求与圆有关的轨迹的题目，来说明一题多解在提升学生发散思维方面的重要性。

【例题】 从 $\odot O$：$x^2+y^2=9$ 外一点 P（5，12）引圆的割线，交 $\odot O$ 于 A、B 两点，求弦 AB 的中点 M 的轨迹方程。

【思路点拨】（定义法）我们根据题设，由定义判断并确定动点轨迹的曲线类型，辅以待定系数法求出曲线方程。

【解法一】 因为 M 是 AB 的中点，所以 $OM \perp AB$，所以点 M 的轨迹是以 $|OP|$ 为直径的圆，圆心为 $\left(\dfrac{5}{2}, 6\right)$，半径为 $\dfrac{|OP|}{2} = \dfrac{13}{2}$，得到圆的方程 $\left(x-\dfrac{5}{2}\right)^2 + (y-6)^2 = \left(\dfrac{13}{2}\right)^2$，化简得 $x^2+y^2-5x-12y=0$（$-3 \leq x \leq 3$）。

【思路点拨】（直接法）我们由题设列出几何关系，运用公式转化为代数表示，得到曲线方程。我们可以考虑圆的弦中点性质，圆心和弦中点的连线垂直于弦，从而得到如下解法。

【解法二】 如下图（图 3-11），设弦 AB 的中点 M 的坐标为 M（x，y），连接 OP、OM，则 $OM \perp AB$，在 $\triangle OMP$ 中，由勾股定理和两点间的距离公式，整理得 $x^2+y^2-5x-12y=0$（$-3 \leq x \leq 3$）。

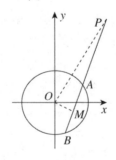

图 3-11

【思路点拨】（交轨法）动点 M 可看作直线 OM 与割线 PM 的交点，从而把问题转化为求两直线交点的轨迹问题。

【**解法三**】我们设过点 P 的割线方程为 $y-12=k$ $(x-5)$，因为 $OM\perp AB$ 且过原点，所以 OM 的方程为 $y=-\dfrac{1}{k}x$，这两条直线的交点就是 M 点的轨迹。两方程相乘消去 k 化简，得 $x^2+y^2-5x-12y=0$ $(-3\leqslant x\leqslant 3)$。

【**思路点拨**】（参数法）动点 M 随直线的斜率变化而发生变化，所以动点 M 的坐标是直线斜率的函数，将动点 M 的坐标表示成某参数的函数，设法消去参数，可得如下解法。

【**解法四**】我们设过 P 点的割线方程为 $y-12=k$ $(x-5)$，它与圆 $x^2+y^2=9$ 的两个交点为 A、B，AB 的中点为 M。解方程组 $\begin{cases} y-12=k\ (x-5) \\ x^2+y^2=9 \end{cases}$，利用韦达定理和中点坐标公式，可求得点 M 的轨迹方程为 $x^2+y^2-5x-12y=0$ $(-3\leqslant x\leqslant 3)$。

【**思路点拨**】（代点法）我们从整体的角度看待问题，设而不求，代点运算。中点 M (x,y) 与两交点 A (x_1,y_1)、B (x_2,y_2)，点 P、M、A、B 四点共线，利用其斜率相等，可求得轨迹方程。

【**解法五**】由于中点 M (x,y) 与两交点 A (x_1,y_1)、B (x_2,y_2)，则 $x_1+x_2=2x$，$y_1+y_2=2y$，因为 $x_1^2+y_1^2=9$，$x_2^2+y_2^2=9$，作差整理得 (x_2-x_1) (x_2+x_1) $-$ (y_2-y_1) $(y_2+y_1)=0$，所以 $\dfrac{y_2-y_1}{x_2-x_1}=-\dfrac{x_2+x_1}{y_2+y_1}=-\dfrac{x}{y}$，又因为 $k_{AB}=\dfrac{12-y}{5-x}$，化简整理得 $x^2+y^2-5x-12y=0$ $(-3\leqslant x\leqslant 3)$。

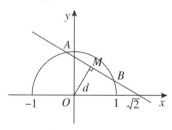

图 3-12

【**点评**】上述求轨迹的基本方法，都是从圆的概念入手，从不同角度去分析求解。解法一、二、三只限于曲线是圆的条件，而解法四、五适用于一般的过定点 P 且与二次曲线 C 交于 A、B 两点，求 AB 中点 M 的轨迹问题，具有普适价值，要引起重视。解法五，要比解法四计算量小，利用 $k_{PM}=k_{AB}$ 较容易求出轨迹方程，要简捷得多。

教师通过一题多解，辨清概念和数学问题间的联系与区别，有的放矢用相关解题策略、有关数学思想，提高学生学习的积极性，培养其观察、分析及概括的思维能力，使学生更好地辨识数学本质，切实避免机械刷题。这种方式把学生和教师都从题海中解放出来，实现"减负增效"的目标。

四、重视探究、拓展概念的应用

（一）数学探究的内涵和意义

数学探究即数学探究性课题学习，是指学生围绕某个数学问题，自主探究、学习的过程。这个过程包括观察分析数学事实，提出有意义的数学问题，猜测、探求适当的数学结论或规律、给出解释或证明。为了与数学建模相区别，我们这里的数学探究学习主要是面向课内的学习内容，事实上，对学生学法影响最大的也是这部分内容。数学探究是高中数学课程引入的一种新的学习方式，有助于学生初步了解数学概念和结论产生的过程，初步理解直观和严谨的关系，初步尝试数学研究的过程，体验创造的激情，建立严谨的科学态度和不怕困难的科学精神；有助于培养学生勇于质疑和善于反思的习惯，培养学生发现、提出、解决数学问题的能力；有助于发展学生的创新意识和实践能力。学生利用概念、定理等要遵循"熟题生做，生题熟做"的原则，在遇到意料之外的问题时，不望而生畏、惊慌失措，应通过层层剖析，用"熟悉化"原则联想与之相关问题的异同，寻找问题解决的突破口。

（二）数学探究学习的特点

1. 探究是人类认识世界的一种基本方式

探究是认识世界的基本方式，科学探究活动的结晶就是科学发现、发明和创造。教师充分利用学生对外部世界的新奇感和探究欲，把科学的探究活动引入数学教学活动之中，让每个学生都能经历类似于科学家的探究过程。这种探究是学生通过搜集和整理资料，分析理解和解决问题从而得出的结论，表现在研究概念时结论未知，结论的获得也不是从书本上直接得到或由教师传授而得的。

2. 数学探究学习主要由学生自己完成

概念探究学习应主要由学生自己完成，教师要充分相信学生有能力自己解决所遇问题，学生具有很强的探究能力，教师要相信其具有巨大的发展潜能和创造力。数学探究学习活动，学生有很大的自由度，掌握学习的自主权。在学习内容上，学生可以从学习、生活和社会实践中自主选择和确立自身感兴趣的问题进行探究。在概念学习过程中，学生自己制订包括活动的时间、地点、方式等的计划，从而自我监控、自我评价，提升学生的自主意识以及自我教育能力。

3. 数学探究学习具有开放性

与一般的教学活动进行比较，我们可以发现数学探究活动具有明显的开放性。学生选择的感兴趣的课题是开放的，探究学习的形式是开放的，探究学习空间是开放的，探究学习的途径是开放的，探究学习的结论是开放的。数学探究学习活动允许不同的学生按自己理解和熟悉的方式去解决数学问题，用自己的思维方式去得出不同的结论，这种开放性的特点有利于学生思维品质的培养。

4. 数学课题学习注重学生在学习过程中的体验

数学课题学习注重学生的探究体验，关注学生学习的过程，重点在于学生在学习过程中的感受和体验。在探究学习活动过程中，学生关键是要对所学知识有所选择、判断、解释和运用，达到活动有所发现、有所创造的目的。一个人的创造性思维离不开间接经验与直接经验的结合。在探究活动中，学生通过其亲身实践获得感悟和体验，学生思维主要依靠直觉与顿悟，这都是创造性思维的重要组成部分。

教师要努力成为数学探究活动的组织者、指导者、合作者、创造者。教师要有比较开阔的数学视野，了解内在的数学思想，帮助学生加深对数学的理解，形成发现、探究问题的意识。在学生需要鼓励的时候，教师要给学生克服困难的勇气和意志。教师可以成为学生平等的合作者，教师要有勇气和学生一起进行探究。教师应该根据学生的个体差异，有针对性地进行指导。探究学习的关键在于激发学生独立思考的精神，学生有独立思考的习惯和积极性，就可能形成一种探究式的学习。在数学探究活动中，学生应养成勇于质疑的习惯，独立思考但也善于与他人交流合作，形成严谨的、一丝不苟的科学态度，以及不畏艰难的顽强拼搏精神。我们倡导探究学习，主要是希望学生经历与数学家相似的科学探究过程，从而掌握有关数学概念的知识与技能，体验科学探究学习的乐趣，学习科学探究的方法，领悟科学的思想和精神。探究活动更多注重的是研究探索的过程，而不仅仅是追求其结果。所以，探究学习实质上就是深度理解数学、深度学习数学。

第四章

基于深度学习的概念教学设计案例

案例 1　函数的概念
《数学　必修　第一册》（人教 A 版）第三章 3.1.1

一、内容和内容解析

（一）内容

本节课选自普通高中教科书《数学 必修 第一册》（人教 A 版）第三章
3.1.1。该节的主要内容是函数的概念，包括函数概念的背景（初中已学的函数
概念，客观世界中的变量关系），函数的概念（从"变量说"到"集合—对应
说"），构成函数的三要素：定义域、值域、对应关系，函数的三种表示，分段
函数的概念及其表示。

（二）内容解析

1. 内容的本质

初中学习的函数概念基于实际背景，比较具象，对"对应关系"的抽象度
要求比较低。在初中学习的基础上，我们高中阶段先引导学生利用初中学习的
"变量说"对具体的例子进行分析，通过问题激发学生的认知冲突，得到引入
"集合—对应说"的必要性，继而通过对事例的共同特征的归纳与总结，抽象概
括得出函数的新的概念。

函数在现代数学中扮演着至关重要的角色，函数概念所反映的基本思想是
运动变化的思想，这是学生进入高中阶段接触到的第一个核心定义。它贯穿了
整个高中数学课程的主线，集定义、符号、文字、图象等多种语言于一身，其
具体类型不仅多还非常杂，不仅有初中接触过的连续型的函数，还有一些比较

少见的离散型的函数。另外，函数和高中阶段的多个知识点都有非常紧密的联系，用尽可能多的工具和角度来讨论函数概念与性质，是我们此阶段函数学习要做的（除了高一阶段学习的解析式和图象，我们高二阶段还将利用导数作为工具来研究函数）。

与初中只是使用 x 和 y 不同，我们高中阶段还引入了抽象函数符号 $f(x)$，更加方便学生构建一般的函数概念，体会函数的"对应关系说"，感悟数学抽象的层次，以抽象、变化、联系的观点来看待问题。认识问题的方式和处理问题的方式由习惯直观转向习惯抽象，这是学习函数的重要意义所在。

2. 蕴含的数学思想和核心素养

（1）函数思想：在数学中，学生利用函数作为工具去研究事物的变化规律是一种极其重要的思想，在函数概念的教学中，教师逐渐渗透函数思想和培养函数意识是学生后续学习的重要基础。

（2）数形结合思想：在函数的表示中，函数不同表示法之间的转化渗透着数形结合的思想，学生利用函数图象来研究函数也是在整个函数学习中非常重要的方式。

（3）数学抽象素养：函数的概念是学生高中阶段学习的第一个核心概念，在学习过程中，学生逐渐接触并认识用数学语言来描述事物共同属性的必要性，本质是建立具象的、可以看到的函数与抽象的数学符号之间的对应，发展了学生的数学抽象的核心素养。

（4）直观想象素养：图象法是函数的表示方法之一，课程标准强调"理解用图象表示函数的特点"，其意图就是加强函数的直观性。

3. 知识的上下位关系

函数是高中数学内容四条主线之一，也贯穿整个中小学数学。学生在初中学习过函数的定义，能够感受函数中两个变量之间的依存关系，其也接触过几个基本的初等函数。学生对函数的本质还缺乏深刻的理解，只是感性地认为存在着某种联系，蕴含着某种规律，认知比较单一，不善于以抽象、联系、变化的观点来看待遇到的问题。在学习了集合的相关知识后安排了函数，这充分体现出数学抽象的层次性，这是与学生的认知水平与认知焦点充分相符、充分适应的。

为了做到站在学生的角度来创设情境、设置问题，我们可以从具体实例入手，既能"激趣"，又能"释疑"，在此基础上通过分析，归纳共性，体会概念自然生成的过程，这也是在后续学习中我们会重复使用重要概念的学习路径。在定义了函数的概念、了解了函数的构成要素以及函数的不同表示后，我们可以进一步研究函数的一些其他重要性质，比如：单调性，奇偶性等。在对函数有了相对完整的认识后，我们再尝试对一些常见的现实生活中的现象建立函数模型。对这个阶段函数的研究，学生需要完整地经历如下的过程：函数的事实—函数概念的定义与表示—函数的性质—基本初等函数。

此外，在《课程标准》中，我们也加强了函数内容的整体性：在"内容分析"中明确了"函数"在高中数学中的位置，并且提出"函数概念是函数主线的一个核心内容"，并在"教学建议"中明确提出教师应从课节教学到主题教学的建议，倡导将教学内容置于主题的整体内容中去把控，在"教材编写"上强调关注学生的现有认知水平，教学过程的设计应符合建构主义学习观。

《课程标准》认为："函数概念的引入，可以用学生熟悉的例子为背景进行抽象"，具体操作中，我们可以关注生活中常见的问题情境，从学生已知的函数模型入手，从变量关系的函数概念，引导学生观察对比，构建函数的一般概念。我们引导学生从三个角度去认识函数的概念：第一是基于初中阶段"变量说"的变量之间的依赖关系；第二是基于高中第一章学习的集合知识，考虑实数和集合之间的对应关系；第三是基于数形结合思想的函数图象的直观感知。

4. 育人价值

函数概念生成过程中蕴含着极其重要的一个数学思想与方法就是集合间的"对应关系"，这种思想方法可以将一切相关联的具体事物加以联系，并且运用相应联系去探究、归纳运动变化的事物在变化中存在的不变规律，洞察事物的本质属性，使学生在原有知识的基础上自然生长出新的知识，这对提高学生的思想认识有非常重要的意义。函数的表述方式是今后数学表述方式的重要基础，在这个过程中学生的抽象能力大大提高。在将具体的函数关系与相应的数学符号二者建立对应的过程中，学生进一步体会了函数思想的本质，同时学生的数学抽象与直观想象素养也得以发展与深化。

教师通过加强实践环节，帮助学生建立理解概念所需的背景支撑，使学生深层理解概念。教师的主要做法包括引导学生分析丰富的、多角度的实际应用问题，感知概括函数的概念，发现函数的性质所需的基本要素；安排各类不同的实践活动，包括但不限于能够用眼去观察，能够动手去真实操作，能够动脑去深入思考，使学生通过自主的活动体验概念的自然生成。

5. 教学重点

教师建立"对应关系说"，用集合语言表述函数概念，在此过程中培养学生的数学抽象素养，使学生了解函数的图象关系，培养学生的直观想象素养。

二、目标和目标解析

（一）目标

1. 学生在初中以"变量说"描述函数的基础上，能从集合的观点来认识函数，理解函数的本质，并且能进一步用精确的语言来刻画函数，建立新的、基于"对应关系说"的函数概念。此外，学生知道构成函数的三个要素是什么，能求出一些常见函数的定义域。

2. 在面对实际问题时，学生可以根据不同的需要选择恰当的方法（如图象法、列表法、解析法）来表示函数，熟悉常见函数图象，并可根据具体情况借助函数图象来研究问题。

3. 通过具象的例子，学生可以理解分段函数的基本概念并且加以简单应用。

（二）目标解析

学生达成上述目标的标志。

1. 初中数学是以变量之间的关系描述函数的关系，我们依据函数的构成要素可知，在函数一定的情况下，函数的三个基本要素均是确定的。本节课的教学起点选择为初中相关函数概念的复习，在建立了以"对应关系说"为基础的函数概念后，教师要求学生能真正理解变量之间的依存关系与基于集合观点的对应关系之间本质的区别。对于初中学过的几种基本的函数模型，教师要求学生能跳脱出思维的舒适区，从崭新的角度，用新的函数概念去理解，并且能说出其定义域、值域与对应关系这三个要素。

2. 学生能分清函数的对应关系 f 与对应关系的表示，知道函数的对应关系 f 可以用多种形式来表示，而不仅仅局限于以往熟悉的解析式与图象的形式上。函数的对应关系 f 是客观存在的一种对应关系，不依赖任何变量，它的实质是在给定某集合中任意一值（我们称之为自变量）的情况下，通过计算得到与其对应的值，这个值是唯一确定的（我们称之为因变量）。

3. 函数与函数的表示是两个不同的概念，教师要求学生能正确区分。函数是两个变量之间的对应关系，它包含了定义域、值域与对应关系三个要素。函数的表示是指具体函数的呈现方式，我们常见的有解析式法、图象法、列表法，此外，也可以采用韦恩图或文字语言等其他方式表示，关键在于能够准确反映函数的对应关系。一般情况下，对应关系和定义域，我们可以从函数的表示中直接得到，而函数的值域则需要通过定义域和对应关系进一步运算推理得到。

4. 对于常见的函数，我们常用的表示方式是解析式法与图象法。已知函数的解析式，我们能够画出函数的图象，若反过来，已知函数的图象，能够求出函数的解析式，这也是对学生的基本要求。在图象和解析式相互转化的过程中，这不仅可以加深学生对函数概念的理解，还可以进一步培养学生数形结合的思想，发展直观想象素养，这是高中阶段的一个重要的思想方法。

5. 函数概念的生成抽象过程，是高中阶段研究数学概念的一个重要的典范，这个过程中丰富的实例丰富了学生的思维，发展了学生数学的抽象素养。在建立函数一般性概念后，练习的设置深化了学生对函数概念的认识，在利用函数概念重新认识熟悉的函数时，也要求学生能够运用新的函数概念学习接下来的函数，发展学生数学建模的核心素养，从更多具有实际意义的情境问题中抽象出具体的函数模型，使学生能运用新的思想方法分析、认识函数模型。

三、教学问题诊断分析

(一) 问题诊断

1. 初中数学已经有了函数概念的相关积累，但是更多的关注点在于变量之间的依赖关系，还不会从取值范围的角度来认识，也不能理解为什么要考虑变量的取值范围，这是我们在教学中首先要突破的一个问题。对此，课本上设置了实例 1 与实例 2，我们通过对这两个例子的分析、比较，让学生关注变量的取值范围，并且体会不同取值范围对函数的不同影响，从而认识研究自变量取值范围的必要性，分解对应法则和定义域的概念，为后续学习做好铺垫。

2. 在高中阶段，我们不仅仅是把函数看成两个变量之间的依赖关系，而且让学生跳脱出旧有的思维框架，从具体情境出发，强调"对应关系"，让学生进一步理解函数的概念是两个非空数集之间的单值对应。学会用集合语言精准刻画函数，这是学生遇到的另一个难点。在教学过程中，我们可以先通过具体的实例给出示范，再让学生在变式情境中进行模仿运用，在此基础上再进一步用适当的方式引导学生发现、归纳其共性，最后总结函数的概念。

3. 学生在经历了上述逻辑推理过程后，认识到函数变量的重要性，接下来，如何认识函数的对应关系，就是教学中要重点突破的问题了。教学中，我们要让学生通过几个不同的实例从不同角度体会函数的对应关系。在几个例子中，它们都有其中一个变量随着另外一个变量的变化而变化，根据初中函数的概念可知它们都属于函数关系，但是并不是每个函数关系都有相应的解析式。有些函数的对应关系并不能通过确定的文字语言或者解析式来表示，只能通过图象或者表格去呈现，从而将学生对函数的认知加以拓展。

（二）教学难点

我们从不同的问题情境中提炼出函数的三个要素，并由此总结函数的概念；理解函数的对应关系 f。

四、教学支持条件分析

学生在初中阶段已经有了关于函数的一部分知识积累，并对一些基本的初等函数有了相应概念以及性质的认识，根据建构主义学习观，新概念的学习应该在学生原有的认知基础上。所以在教学时，我们应充分利用学生原有的认识，通过对初中函数概念的回顾以及三种简单函数的复习，对熟悉的具体实例的分析与探究，意识到原有函数认知的不足，为建立新的函数概念提供背景和思维基础，为后续学习进行铺垫。

课本在本章首页描述了客观世界的各种运动变化现象，突出了函数思想及其主线价值。在节引言中我们使学生体会到初中所学的函数概念的不足，激起学生的认知需求，继而在正文中，通过四个实例，让学生在对变量关系和规律进行观察的基础上归纳总结，学会用集合语言和对应关系描述问题。在此过程中，我们可用信息技术呈现动态变化，亦可借助信息技术互动平台互动，此外，计算工具以及作图软件也可以很好地辅助本节教学。

五、教法学法选择分析

教法：教师以目标为导向，设计多元化的课堂活动，使学生主动思考参与，通过自己的观察、类比、分类、分析得出事物的一般规律，从而抽象概括函数概念，有效提高学生的参与度，提高教学效率。

学法：学生通过具体例子辨析概念，把握概念的内涵；通过练习进一步熟悉函数概念，且可做判断，熟悉具体的步骤并逐渐形成技能。

六、教学过程

（一）教学流程设计

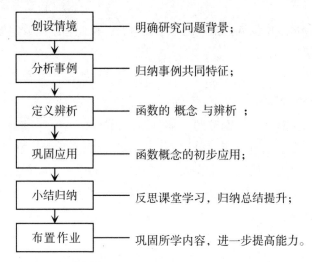

创设情境 ——— 明确研究问题背景；

分析事例 ——— 归纳事例共同特征；

定义辨析 ——— 函数的 概念 与辨析 ；

巩固应用 ——— 函数概念的初步应用；

小结归纳 ——— 反思课堂学习，归纳总结提升；

布置作业 ——— 巩固所学内容，进一步提高能力。

（二）教学过程设计

1. 创设情境，明确背景

问题 1：阅读教材 59 页的章头图，请问大家都看到了什么？可以描述一下吗？

师生活动：（1）学生自行观察，根据图片内容分析其中包含的信息；（2）教师借助多媒体向学生介绍天宫二号的相关信息并且展现其运动与变化。

设计意图：教师通过天宫二号，培养学生的爱国情怀，激发求知欲望与学习兴趣，并且真切地体会函数作为一种工具的重要性，以及数学学科在现实生活中的广泛应用，背景自然、立意丰富、有趣，学生自然而然地想进一步探索学习，必然需要进一步定义函数。

追问：继续阅读章引言，并结合刚才的讨论进一步思考，我们为什么要学习函数？

师生活动：（1）学生阅读章引言，整理归纳后分组进行阐述；（2）教师对学生的归纳进一步补充总结。

设计意图：教师突出函数单元教学的大立意、大背景。第一，客观世界中存在各种各样的运动现象、变化现象，要探究客观世界，需要在变化的元素中寻找不变的元素，运动变化的规律都可通过函数模型刻画；第二，强调需要用新的眼光认识函数，函数的概念以及其中蕴含的函数思想不仅是学生进一步学好数学的基础，还是其他科学领域学习的重要基础，更是解决诸多问题的重要工具。

问题2：我们在初中曾学习过哪些函数？能不能写出它们的解析式以及描述其定义？

师生活动：（1）学生自主思考后回答；（2）教师板书初中学习过的三种基本函数的表达式并展示函数图象。

追问：请问 $y=2$ （$x \in R$）是函数吗？

师生活动：学生广泛讨论，意见不一，纠结的点在于没有 x，以及2算不算变量。教师发声：其实这样的争论在历史上也存在过，当时的数学家也因为这些观点争论不一，直到19世纪末，德国数学家康托尔的集合论的诞生，困扰了大家很多年的问题才得以解决，也因此，大家意识到函数的概念不能只停留在"变量说"的阶段，那么，函数概念的发展和集合论到底有什么样的关系呢？今天这节课，我们一起来探讨。

设计意图：教师通过初中数学的函数概念与几类函数的引入，温习旧知，也由追问让学生感受到初中学习的函数概念的局限性，激发学生的探究欲，引出课题。同时，教师也建立了知识网络间的新旧联系，数学文化的渗透既可以激发学生的学习兴趣，又促使学生对数学发展史有进一步的了解。

2. 分析实例，总结归纳

引导语：我们下面来看几个具体例子（展示课本上的几个例子）。

问题3：请看课本上的实例1，大家根据所给的情境思考：

（1）在列车运行的半小时内，行进的路程 S（单位：km）与运行时间 t（单位：h）之间的关系如何表示？按照你对函数的理解，你认为这是一个函数吗？

（2）你能根据问题中的情境解释一下 $S=350t$ 的具体涵义吗？

（3）你认为如何表述 S 与 t 的对应关系才能更精确？

师生活动：教师提出问题后，学生先自主思考并书写出要点，再进行小组交流，教师提醒学生先不要阅读教材。教师分组收集并归纳学生回答问题的要点，利用信息技术平台将学生的回答收集并呈现，在全班交流的基础上，教师进行适当点评和总结。对问题（3）学生可能会有困惑，教师可以在学生回答的基础上示范精确的表述。

设计意图：问题（1），学生思考"是否满足函数的定义"，比较自然地回顾初中所学的函数概念，但也会产生疑惑：旧的概念是否有不足之处。问题（2）预设有学生会说："因为 $S=350t$，表明如果列车的速度为 350 km/t，运行 1 h 将会行驶 350 km。"但是题目所给的条件是行驶半小时，学生可能会产生不同的意见，激发学生的认知冲突，凸显引入新知识的必要性。在问题（2）的基础上，通过问题（3）的设计，学生关注到时间变量 t 的范围。

问题 4：请看课本上的实例 2，回答：

（1）我如果想知道某个工人每周的工资，该怎样确定呢？

（2）你可以表示出工资 w 与工人工作天数 d 之间的关系吗？

（3）仿照问题 3 中对 S 与 t 之间对应关系的精确表示，你可以尝试写出 w 与 d 之间对应关系的精确表示吗？

师生活动：教师提出问题后，学生先自主思考并书写出要点，教师可以引导学生借助表格形式来表示问题（1）的对应关系；对于问题（2），请学生说出思考的过程以及判断的依据；对于问题（3），可以先让学生模仿问题 3 进行表述，教师可以在学生回答的基础上示范精确的表述。

追问：观察问题（1）和（2）中写出的函数表达式，这里的对应关系相同，你觉得它们是同一个函数吗？为什么？

师生活动：学生独立思考，小组交流后派代表进行回答，教师进行总结，师生共同得出结论，判断两个函数是否相同，不能只看对应关系是否相同，还要看自变量的变化范围是否一样。

设计意图：通过判断 w 与 d 的函数关系，学生先用"变量说"的方法，再尝试用其他方法表示函数，为认识函数对应关系做准备。问题（1）（2）是引导学生使用不同的表示方法，如表格的形式、解析式 $w=350d$ 等等。问题（3）是让学生模仿问题 3 的方法给出描述，既让他们熟悉用集合语言和对应关系来描述，同时也进一步训练抽象概括能力。教师最后通过追问，使学生进一步关注定义域、值域问题。

问题 5：看课本上的实例 3，（1）观察下图（图 4-1），你能根据这张图中展示的信息确定出凌晨 3 时所对应的空气质量指数（AQI）的值 I 吗？

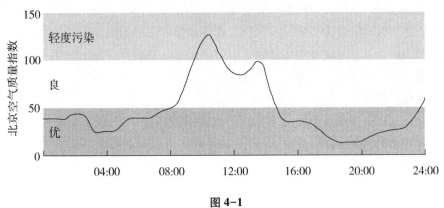

图 4-1

（2）根据前面的讨论，你觉得这里的 I 是 t 的函数吗？你可以模仿前面研究问题的方法描述 I 与 t 之间的对应关系吗？

师生活动：教师带领学生阅读课本上的例子，给学生时间思考，自主作答。教师在点评的时候不光要注意听取答案，还要引导学生说出其思考过程。如果有学生认为 I 不是 t 的函数，可以进一步追问。

追问：（1）根据这张图片，你能找到中午 12 时的 AQI 的值吗？这个值是唯一存在的吗？

（2）对于数集 $A_3 = \{t \mid 0 \leqslant t \leqslant 24\}$，从这里任取一个值 t，要想知道它所对应的 I 值，你有哪些办法？

在追问之后，教师可以帮助学生认识：在数集 $A_3 = \{t \mid 0 \leqslant t \leqslant 24\}$ 中任意取一个值 t，都有唯一确定的 AQI 的值与它相对应，根据初中学习过的函数概念，可以知道 I 是 t 的函数，而且，可以肯定地确定 I 的取值范围，虽然单从图中我们不能确定这个范围到底是多少。我们如果设 I 的取值范围为 C，那么我们可以从图中确定，$C \subseteq B_3 = \{I \mid 0 < I < 150\}$。这样 I 与 t 的对应关系，我们可以这样来描述：对于数集 A_3 中的任意时刻 t，按照图 4-1 中曲线所给定的对应关系，在数集 B_3 中都有唯一确定的 AQI 的值 I 与之对应，因此 I 是 t 的函数。

设计意图：教师让学生根据图象来描述对应关系，这对于初学函数的学生来说是不容易的，特别是在这个问题中，函数的值域不能完全确定，我们需要通过引入另外一个较大范围的集合，使所有的函数值都在这个较大范围的集合中，这是学生在以往的认知中比较难理解的。在问题（1）之后，我们要先做到的，是让学生理解用图象的形式来表示一个函数，紧接着通过教师的进一步讲解，利用集合的语言与对应关系的描述方法，来突破这里的难点。在这个问题中，我们要做到的是使学生能够充分理解 I 是 t 的函数，并且能够接受新的描述方式。

问题 6：请看课本实例 4，（1）按照下表（表 4-1），你能描述一下恩格尔系数 r 和年份 y 之间的关系吗？这种关系是函数关系吗？

表 4-1

年份 y	2006	2007	2008	2009	2010	2011	2012	2013	2014	2015
恩格尔系数 r（％）	36.69	36.81	38.17	35.69	35.15	33.53	33.87	29.89	29.35	28.57

（2）如果恩格尔系数 r 和年份 y 之间的关系是函数关系，你可以尝试给出精确的刻画吗？

师生活动：先让学生思考并回答，在学生回答的基础上，教师强调函数概念，引导学生在判断的时候要有依据，严格依据概念判断。

教师让学生分组练习用集合语言刻画函数，并在草稿纸上书写，教师巡视并且有针对性地给予点评，然后挑选有代表性的回答当众点评。

追问：对于新的集合 $B_4 = \{r \mid 0 < r \leqslant 1\}$，在 B_4 中任取 r，r 是 y 的函数吗？请说出你的理由。

师生活动：学生的目光可能会集中在表中所给的 r 的取值上，教师加以肯定，并进行引导。我们根据题目中恩格尔系数的定义，r 的取值集合为 $\{r \mid 0 < r \leqslant 1\}$，和集合 B_4 相等，所以，在这样的情境下，在 B_4 中任取 r，r 是 y 的函数，而且更具有一般性。

设计意图：与问题 5 的情况类似，学生因为初中用解析式描述函数的惯性，对用表格表示还觉得很陌生，故对这样的问题存在疑惑，答案并不够笃定，通过提出相应问题启发学生，引起学生思考，教师再进行适当讲解，从而使学生了解描述函数关系不仅可以用初中接触过的解析式和图象来表示，还可以用表格表示。这样的思考为后面抽象的函数对应关系 f 做了铺垫，并且让学生初步感知构成函数需要哪些基本要素。另外，对于函数值所在的集合，也就是上述问题中的集合 B_4 存在的合理性，我们从恩格尔系数的定义入手，便可以很好地去理解。

3. 函数概念的抽象与辨析

问题 7：通过这几个问题的研究，我们知道这四个问题中都存在函数关系，那么，你认为这里的函数都有哪些共同特征呢？通过这几个函数的研究，你认为函数的本质特征是什么呢？

师生活动：学生充分讨论，分组探讨，教师总结归纳并参与学生的思考过程。如果学生在归纳过程中遇到困难，教师可以展示以下表格，帮助学生深入思考，引导学生回顾在上述四个问题中用集合语言与对应关系来刻画函数的过程（如表 4-2）。

表 4-2

问题情境	自变量的集合	对应关系	函数值所在的集合	函数值的集合
问题 3	$A_1 = \{t \mid 0 \leqslant t \leqslant 0.5\}$	$S = 350t$	$B_1 = \{S \mid 0 \leqslant S \leqslant 150\}$	B_1
问题 4	$A_2\{1, 2, 3, 4, 5, 6\}$	$W = 350d$	$B_2 = \{350,\ 700,\ 1050,\ 1400,\ 1750,\ 2100\}$	B_2

问题情境	自变量的集合	对应关系	函数值所在的集合	函数值的集合
问题5	$A_3=\{t\mid 0\leqslant t\leqslant 24\}$	图4-1	$B_3=\{l\mid 0<l<150\}$	$C_3\ (C_3\subseteq B_3)$
问题6	$A_4=\{2006,2007,2008,2009,2010,2011,2012,2013,2014,2015\}$	表4-1	$B_4=\{r\mid 0<r\leqslant 1\}$	$C_4=\{0.3669,0.3681,0.3817,0.3569,0.3515,0.3353,0.3387,0.2989,0.2935,0.2857\}$

教师引导学生得出相同之处，包括：

（1）几个问题中都包含有两个非空数集，我们不妨分别用大写字母 A 和 B 来表示。

（2）每个问题中都存在一个确定的对应关系。

（3）这里的几个对应关系都具有如下的共同特性：能够实现把一个数集中的任意一个数，变成另外一个数集中的一个唯一确定的数。

教师讲解：实际上，这里的几个例子，实例1和实例2是用解析式的形式给出，实例3以图象的形式给出，实例4以表格的形式给出，也就是说函数，有着各种不同的表示方式，为此，我们引进符号 f 表示函数的对应关系，记作 $y=f(x)$，$x\in A$。

设计意图：教师通过适时的问题串的设计，让学生进一步观察思考、讨论，通过归纳课本中的四个具体例子中函数的共同属性特征，感知函数概念的本质，概括出构成函数的基本要素，使用集合的观点和语言来刻画一般性函数。在这个过程中，让知识发生在合理的情境中，让概念生成在恰如其分的问题中，让定义感知在丰富的课堂活动中，学生的逻辑推理、数学抽象等核心素养在不知不觉中渗透。

追问：一个函数由哪几部分构成？

师生活动：学生讨论发言，教师总结归纳，并引导学生从函数概念中提炼函数的三要素：定义域、值域和对应关系。

设计意图：（1）从集合的角度定义函数的概念；探究函数的三要素：定义域、值域和对应关系。（2）在探究函数概念的过程中，通过小组讨论，合作交流，锻炼学生的协作能力，调动学生的学习积极性。在师生一问一答的过程中，教师将新知逐渐渗透给学生，符合学生的认知基础，有利于学生核心素养的培养。

4. 函数概念的初步应用

问题8：学习了新的函数概念后，你对初中学习过的函数有一些新的认识吗？那么你会怎样去表述呢？试着填下表（表4-3）。

表4-3

函数	一次函数	二次函数		反比例函数
		$a>0$	$a<0$	
对应关系				
定义域				
值域				

师生活动：教师引导学生从定义域、值域、对应关系三个方面去思考，帮助学生列出如上表格，在这个过程中，教师先带领学生讨论分析，在学生的意识中固化函数的"三要素"是函数的外显特征，再由学生自行练习。

设计意图：学生用集合角度的函数概念重新去认识已学函数，打破旧有的印象，加深对函数概念的理解，进一步体会构成函数的三要素。

问题9：通过前面的学习，我们知道同样的函数对应关系，可能面临不同的问题情境。对于 $y=x$（$10-x$），你能创设一个对应关系符合这个表达式的问题情境吗？

师生活动：教师鼓励学生自我回顾、自我总结，并尝试将课本知识与实际生活进行联系，并在此过程中改变自变量的范围，对学生进一步追问。

设计意图：学生进一步加深对函数概念的理解。

问题10：你认为正方形的周长 l 与边长 x 的关系 $l=4x$ 是正比例函数 $y=4x$ 吗？请你说说理由。

师生活动：教师引导学生回顾函数的概念以及构成函数的基本要素，并追问以下问题：

（1）通过本节课的学习，你对函数的概念又有了什么新的认识？

（2）你能尝试回顾并描述我们在学习函数概念时的探究过程吗？

学生交流讨论后，教师进行总结归纳，建立一个数学概念的过程，通常可以概括为具体问题—共同特征—抽象概念—概念表示—运用概念。

设计意图：教师引导学生回顾函数概念的探究过程，让学生感悟从特殊到一般的数学思想以及数学抽象的思想，由此进一步加深学生对函数概念的理解，使学生积累数学活动经验。

5. 课堂小结反思，归纳总结提升

教师鼓励学生自我回顾与小结，提出如下问题：

（1）我们高中阶段如何定义函数？构成函数的三要素是什么？

（2）我们认识了函数的对应关系，你能谈谈对对应关系的理解和认识吗？

（3）你认为初中学习的函数概念与高中学习的概念有什么相同的联系，又有什么不同之处呢？

（4）回顾本节课函数概念的生成过程，你感受到了哪些数学思想，对于今后数学概念的学习又有什么启发呢？

师生活动：教师让学生自主辨析、交流，产生思想碰撞，在这个过程中教师适时补充与点评。

设计意图：小结应该是教师引导下的提炼，在回顾总结的过程中，学生获得深层次的体验和感悟，既有知识技能的增加，又有思想方法的提升。

6. 课堂练习，目标检测设计

下列图象中能表示函数关系的是（　　　）

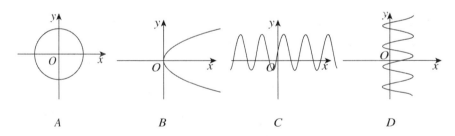

A　　　　　　B　　　　　　C　　　　　　D

设计意图：教师通过该题强化学生对函数概念的理解和运用，让学生感悟其中蕴含的数形结合思想。

七、教学实践心得

（一）基于真实的生活情境抽象概括数学本质，完成从"变量说"到"对应关系说"的过渡

学生初中学习的函数概念相对依赖实际的生活情境，对"对应关系"的抽象要求较低，并且没有提及变量的变化范围，这就使我们无法确切地表达变量之间的对应关系。所以，我们要想让学生认识到从"变量说"到"对应关系

说"的必要性，首先就要从变量变化范围的必要性入手。

实例 1 是学生在初中学习过的一次函数，所以接受起来比较容易，对于解析式 $S=350\,t$，学生也相对熟悉其形式以及图象，所以很容易说明确定的时刻 t 和唯一的路程 S 之间的对应关系。另外，我们在教学中也通过进一步的追问让学生关注变量的变化范围，在此基础上，用精确的语言表述问题，给出用集合与对应关系刻画的方式，为提炼函数的要素做准备。

实例 2 的解析式和实例 1 中完全一致，但是因为自变量的变化范围不同，它们是两个不同的函数。教师进一步让学生感受变量变化范围的必要性，从而确认对于函数而言，不只解析式，变量变化范围也是确定函数的要素。

实例 3 和实例 4 分别从不同的角度告诉学生函数的概念，让学生认识在函数的要素中，对应关系的重要性，以及对应关系不同的呈现方式。所以在具体的教学过程中，教师应该给学生充足的时间思考，并且引导学生用对应的思想来认识两个变量之间的关系。比如，"你能根据上图找到中午 12 时的 AQI 的值吗?"，在根据具体的时刻来确定对应的 AQI 值的过程中，学生发现不仅是解析式，由图所确定的对应关系也符合函数定义的要求。

在这几个具体实例中，我们让学生经历了"从事实到概念"的认识过程，获得了数学研究的对象。我们每次都给出具体的精确的刻画，然后在变式情境的过程中，要求学生在独立思考的基础上进行模仿性描述，让学生逐渐熟悉这种新的语言表述方式。

（二）强化概念，突破重难点，培养学生的核心素养

在概念生成的过程中，学生经历了图象语言、文字语言、符号语言的相互转化，体会了从具象到抽象、从特殊到一般、从定性研究到定量研究的整个过程，学会了新的数学研究方法，在突破重难点的过程中，学生的数学抽象、直观想象等数学核心素养得到提升。

我们为了进一步强化函数的概念及其运用，对后面的问题进行了概念的抽象与辨析，也进行了具体应用。任何概念的生成都是一个螺旋上升的过程，在辨析的过程中，学生充分感知函数概念容易忽视的细节以及需要注意的地方，通过练习进行强化，继而总结反思，及时训练。渐次递进的问题启发学生的思考与探究，既深化了学生对函数概念的理解，又提高了学生的迁移运用能力，有利于培养学生的数学抽象、逻辑推理、数学建模等核心素养。

此外，在教学过程中，教师要适时渗透一定的数学文化，使学生深切感受数学与实际生活、自然社会的紧密联系，使学生感悟数学之美，提升学生的人文素养。

案例 2　函数的基本性质（奇偶性）
《数学　必修　第一册》（人教 A 版）第三章 3. 2. 2

一、内容和内容解析

（一）内容

本节课选自普通高中教科书《数学 必修 第一册》（人教 A 版）第三章 3. 2. 2。本节课的主要内容有函数奇偶性的定义、奇偶函数的特征、奇偶性的判断方法以及应用。

（二）内容解析

1. 内容的本质

函数的奇偶性是函数非常重要的一个性质，也是函数四个基本性质中学习的第二个性质。这部分内容是对函数概念的进一步延续和拓展，揭示了函数自变量与函数值之间的特殊数量规律，也反映了一类特殊函数图象的对称性。与前面学习的函数单调性不同的是，函数奇偶性反映的是函数的整体性质，是在整个定义域中，任意一个自变量都具有的特性。所以，在这部分内容的教学中，教师一方面要完成从直观的图形的轴对称与中心对称，到严谨的数量关系的数理论证；另一方面要引导学生感悟几何直观与代数表达的逻辑连贯性，初步渗透数形结合的思想，领会研究概念的一般路径，加强学生对数学概念的多方位、多角度理解。

2. 蕴含的数学思想和核心素养

（1）数形结合思想：图象是函数关系的几何表示，借助图象的对称关系来认识函数奇偶性的定义。

（2）转化与化归思想：图象关于 y 轴对称转化为单个坐标之间的关系，单个坐标之间的关系转化为任意坐标之间的关系，任意坐标之间的关系定义了偶函数。

（3）特殊与一般思想：我们由特殊的、具体的函数，归纳一般的、具有共性的函数；由特殊的、具体函数的奇偶性的判断流程，归纳函数奇偶性判断的一般步骤。

（4）逻辑推理素养：我们从直观的图象对称关系，尝试用数学符号语言进行严格论证，最后总结函数奇偶性的定义，接通"认知逻辑"与"知识逻辑"。

（5）数学抽象素养：学生能用例子说明"任意"等关键词的含义，完成从文字语言到符号语言的抽象，从一般的、特殊的例子归纳总结，概括函数奇偶性的定义并能灵活运用。

3. 知识的上下位关系

在学习函数的奇偶性之前，我们已经学习了函数的概念，认识了函数的图象，并且对函数的另一个性质——单调性以及最值有了初步的认识和理解。学生已经有了初步的对函数概念"对应说"的感受，并在学习函数单调性的过程中初步掌握了研究函数性质的一般步骤，具备了利用函数的解析式和函数图象来研究函数奇偶性的知识基础和技能基础。

从研究对象上来看，函数的奇偶性，既体现在"形"，又体现在"数"，学生的思维对象在二者之间不断转换；从思维方式上来看，我们从直观的、特殊的图象，以及初中已经学习过的对称入手，进而用严谨的数学语言加以说明和论证，既有猜想等直觉上的尝试，又有严格的逻辑推理；从语言形式上来看，从图形语言到文字语言，再进一步到符号语言，学生的思维在三种语言的转换过程中由直观到逻辑、由表象到内涵、由模糊到清晰，学生也在这个过程中逐渐完成由初中的具体到高中的抽象的锻炼与转变。

在完成对函数性质的认识和研究后，我们将沿用这样的研究路径重新认识一些熟悉的函数，并进一步学习几种新的函数。学生要有用抽象的符号语言描述直观问题的思维模式，这对后续的学习有着重要的意义。

4. 育人价值

学生通过生活中的、具有对称性的物体感受数学的美，教师通过合理化的数学研究激发学生的学习兴趣，以兴趣为导向，逐步形成分析问题、解决问题的能力，提升数学抽象、逻辑推理等核心素养。

5. 教学重点：函数奇偶性的定义及其应用

二、目标和目标解析

（一）目标

1. 学生通过具体的实例，借助函数图象，了解函数奇偶性的概念及几何意义。

2. 学生会运用概念判断函数的奇偶性，并总结基本步骤。

3. 在判断函数奇偶性的过程中，学生感悟数学概念的概括过程及符号表示的作用。

（二）目标解析

学生达成上述目标的标志。

1. 学生知道函数奇偶性是把函数图象的轴对称性（中心对称）的几何关系，转化为代数关系，并用严格的符号语言加以阐述。

2. 学生能够使用函数奇偶性的定义，判定函数的奇偶性，并且能够按步骤严格证明函数的奇偶性。

3. 在初中阶段，学生在整个函数学习过程中更加侧重直观感受和定性研究，而在高中阶段，我们研究函数则倾向于数形结合和严谨的符号语言以及逻辑推理。在直观感受"轴对称、中心对称"后，用数学语言来精准刻画是教师要重点引导学生完成的。用符号化的、抽象的语言，来定量描述直观现象，这是学生高中阶段要逐渐形成的能力，在一次次这样数学化的过程中，教师要培养学生的直观想象、抽象概况等思维能力和素养，让学生感受数学符号语言的魅力。

三、教学问题诊断分析

（一）问题诊断

函数的单调性与奇偶性都是函数非常重要的性质，但不同的是，函数的单调性是函数的局部性质，而函数的奇偶性是函数的整体性质。我们在处理的时候，经历了从特殊到一般、从具体到抽象、从图象语言过渡到文字语言继而抽象出符号语言，最后进行应用判定的这样一个过程。

函数的奇偶性实际是两个性质，所以我们分别研究。我们着重研究偶函数，使学生熟悉这样的路径，然后类比尝试得出奇函数的相关定义与判定。观察偶函数图象的过程中，我们发现图象关于 y 轴对称是不难的，难的是如何去精准刻画，这个过程一定要交给学生去自主探究。所以，在得到图象的对称关系后，我们没有一步到位地直接用符号语言去刻画，而是将新的研究（奇偶性）和旧的研究（单调性）相联系，产生将图象特征"定量刻画"的想法，培养学生的数形结合思想。

在"定量刻画"的过程中，我们发现特殊点之间的关系依然是不难的，但是"如何对自变量取值""这个结论是否具有一般性""如何说明这个结论具有一般性"，则是整个过程中，我们需要着重去突破的地方。这个过程依然可以引导学生回顾研究单调性的路径，让学生理解函数奇偶性实际就是对称性的解析表示，学生利用初中学习过的轴对称、中心对称的相关知识，思考直角坐标系中点的位置关系与相应的坐标关系，在这个过程中，学生体验了从特殊到一般的思想，这是我们抽象数学概念的非常重要的思想方法。

在这个过程中，教师要注意引导学生思考定义域的重要性，并利用数形结合理解函数奇偶性是函数的整体性质。这部分亦可借助信息技术画出函数的图象帮助学生领悟，对于一个奇函数或者偶函数，我们因为知其图象的对称性，所以在已知部分图象的基础上，可补充对应区间的图象，这就是研究函数奇偶性的好处——简化对函数的认识过程。

（二）教学难点

学生用符号语言表达奇函数、偶函数，用定义判断函数的奇偶性。

四、教学支持条件分析

为了激发学生的学习兴趣以及研究热情，教师可以在课前布置作业让学生寻找生活中的对称美，并且给学生一定的时间进行展示。教师也可以布置课外探索任务，让学生带着一双发现美的眼睛，观察生活中的实例，发现生活中的对称美，让学生搜集一些具有对称美的图片并在课堂上予以分享和展示，通过实物材料的直观感受与观察分析，领悟什么是对称的本质属性，让学生在具体问题的体验中获得对概念的初步感知。另外，为了帮助学生克服在理解中遇到的障碍，在定义生成的教学中，教师可以利用信息技术画出函数的图象，生成动画，找寻相关联的点。教师通过动点的对称性来找到函数图象的对称性，也进一步让学生感受图象的对称的本质就是点的对称。在应用奇偶性判定的过程中，教师也可以利用信息技术生成动画来验证学生的猜想推理，增强学生的学习信心，构建有利于学生建立概念的"多元联系表示"的教学情境，使学生能够更好地运用数形结合进行思考。

五、教法学法选择分析

教法：启发探究，互动讨论，问题解决。

学法：自主探究，动手操作，归纳总结。

六、教学过程

（一）教学流程设计

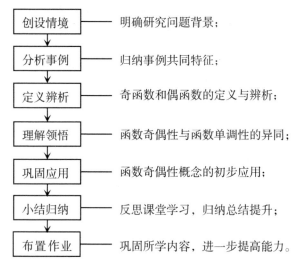

（二）教学过程设计

1. 创设情境，引入新知

引导语：在我们的日常生活中，我们随时随处可以看见各种各样的对称图形，例如以下的几个图形（图4-2）：

图 4-2

（1）哪个图形是轴对称图形？哪个图形是中心对称图形？（2）上述提到的图形对称指的是"整个图形对称"还是"图形的部分对称"？

师生活动：学生思考回答，教师点评。

设计意图：教师通过生活中的对称引入新课，由熟悉的对称问题过渡到函数的新的性质——奇偶性。教师通过问题的引入引发学生的认知冲突，激发学生的学习欲望。

2. 探究问题，函数奇偶性定量刻画

我们前面用符号语言精确地描述了函数图象在定义域的某个区间"上升"

（或"下降"）的性质。我们下面继续研究函数的其他性质。

问题1：画出并且观察函数 $f(x)=x^2$ 和 $g(x)=2-|x|$ 的图象（如图4-3），你能发现这两个函数图象有什么共同特征吗？

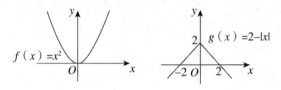

图4-3

师生活动：学生独立思考，教师利用PPT展示函数图象。学生观察后，不难发现，这两个函数的图象都关于 y 轴对称。那么，如何使用符号语言精准地描述"函数图象关于 y 轴对称"这一特征？然后，教师继续追问。

追问：（1）对于上述两个函数，$f(1)$ 与 $f(-1)$，$f(2)$ 与 $f(-2)$，$f(3)$ 与 $f(-3)$，$f(x)$ 与 $f(-x)$ 有什么关系？

我们以函数 $f(x)=x^2$ 为例（如表4-4）：

表4-4

x	…	-3	-2	-1	0	1	2	3	…
$f(x)=x^2$	…	9	4	1	0	1	4	9	…

师生活动：学生独立思考，教师积极地引导学生发现，当自变量取一对相反数时，相应的两个函数值相等。

（2）定义域内任意的一个 x，都有 $f(-x)=f(x)$ 成立吗？如何验证我们的猜想呢？

师生活动：先让学生从具体到抽象进行概括，教师根据学生回应进行启发，得到：以 $f(x)=x^2$ 为例，其定义域为 R。定义域 R 内任意的一个 x，都有 $-x\in R$，$f(x)$ 与 $f(-x)$ 均有意义。因为 $f(-x)=(-x)^2=x^2$，所以 $f(-x)=f(x)$ 是成立的。我们称这样的函数为偶函数。

（3）你可以尝试用数学语言去描述"函数图象关于 y 轴对称"这一特征吗？

师生活动：学生自由展开讨论，教师适时引导。这时预设学生会忽略定义域的影响。

（4）函数 $f(x)=x^2$，$x\in[-2,2]$ 是偶函数吗？函数 $h(x)=x^2$，$x\in[-1,2]$ 是偶函数吗？

师生活动：学生思考，并从几何和代数两个方面分别进行分析，教师引导学生得出结论——偶函数的定义域关于原点对称（判断函数是否为偶函数的前提条件）。

师生活动：学生独立作答，师生口头问答，在这个过程中，教师强调先考虑定义域。

设计意图：教师问题串的设置，逐步引导学生从函数图象角度切入，通过观察函数的图象，思考问题，提高学生分析问题、总结问题的能力。学生从多个具体的实例中概括共同特征，形成较为抽象的数学语言，并体会数学语言的严谨性和简洁性，教师给出严格的定义表述。

问题2：你能给偶函数下个定义吗？请尝试给出严格的表达。

师生活动：教师引导学生说出："设函数 $f(x)$ 的定义域为 I，如果 $\forall x \in I$，都有 $-x \in I$，且 $f(-x) = f(x)$，那么函数 $f(x)$ 就叫作偶函数。"教师总结：在这里，我们借助数学符号语言，给出了"函数图象关于 y 轴对称"的定量描述，这就是数学抽象和形式化的力量。

追问：请你根据偶函数的定义，说明函数 $g(x) = 2 - |x|$ 也是偶函数。

问题3：你能再举出几个偶函数的例子吗？并说明理由。

师生活动：学生思考并回答，由学生举例子并说出理由，教师点评并进一步追问。

追问：这些函数的图象有什么特征？

设计意图：教师让学生举例子，可以启发学生思考偶函数的概念内涵。学生在脑海中搜索哪些函数的代数形式会符合 $f(-x) = f(x)$，以及哪些函数的图象会关于 y 轴对称，延长概念构建的时间，加深对偶函数概念的理解。

问题4：类比偶函数概念的构建过程，观察函数 $f(x) = x$ 和 $g(x) = \dfrac{1}{x}$ 的图象（如图4-4），你能发现这两个函数图象有什么共同特征吗？

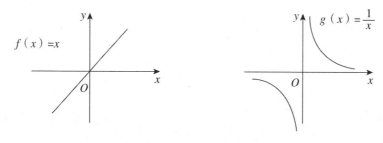

图4-4

师生活动：学生观察图象，教师带领学生完成教科书第83页的表格，发现两个函数图象都关于原点成中心对称。

追问：你可以尝试用数学语言描述吗？

师生活动：学生回答，教师点评。

问题5：你能给奇函数下一个定义吗？

师生活动：学生思考、回答，教师引导学生对照教材相互补充、完善，并且仿照偶函数的定义，强调奇函数的定义域关于原点对称。

问题6：你能再举出几个奇函数的例子吗？并说明理由。

师生活动：学生思考并回答，由学生举例子并说出理由，教师点评并进一步追问。

追问：这些函数的图象有什么特征？

设计意图：仿照偶函数的概念的构建过程，学生自主构建奇函数的概念，教师通过让学生举例子启发学生思考奇函数的概念内涵，并借助信息技术画出图象证实，让学生加深对奇函数概念的理解。

3. 概念辨析，巩固理解

问题7：奇函数与偶函数的相同点与不同点有哪些？

师生活动：教师先让学生独立思考，再组织学生分小组讨论、回答，教师点评、补充，并引导学生与已经学过的函数的单调性做比较，得出以下结论。

相同点：（1）定义域关于原点对称；（2）都是函数的整体特征。

不同点：（1）从代数的角度看：当自变量取一对相反数时，偶函数的函数值相等，奇函数的函数值是一对相反数；（2）从几何的角度看：偶函数的图象关于 y 轴对称，奇函数的图象关于原点对称。

设计意图：问题7可以引导学生深入思考，让学生理解函数单调性是函数的局部性质，函数奇偶性是函数的整体性质。学生进一步深切体会定义域在奇偶性判定中的首要性。另外，认识函数的奇偶性，我们可以从定义和图象两个方面来研究。

4. 奇偶性概念的简单应用

例1：判断下列函数的奇偶性。

(1) $f(x) = x^4$　　(2) $f(x) = x^5$　　(3) $f(x) = x + \dfrac{1}{x}$　　(4) $f(x) = \dfrac{1}{x^2}$

师生活动：教师先由学生独立完成，再分小组探讨，师生共同讨论研究思路。

设计意图：教师深化学生对定义的理解，使学生用定义判断函数奇偶性。

追问：你能总结例题的解题过程，归纳一下利用定义判断函数奇偶性的基本步骤吗？

师生活动：通过追问，师生共同总结利用定义判断函数奇偶性的基本步骤，教师给出解答示范。

第一步，首先确定函数的定义域，并判断其定义域是否关于原点对称；

第二步，确定 $f(-x)$ 与 $f(x)$ 的关系；

第三步，得出相应结论：若 $f(-x)=f(x)$ 或 $f(-x)-f(x)=0$，则 $f(x)$ 是偶函数；若 $f(-x)=-f(x)$ 或 $f(-x)+f(x)=0$，则 $f(x)$ 是奇函数。

设计意图：通过具体的函数，教师深化学生对判断函数奇偶性的基本步骤的理解，尤其是"首先确定函数的定义域，并判断其定义域是否关于原点对称"。

例2：

（1）判断函数 $f(x)=x^3+x$ 的奇偶性。

（2）如下图（图4-5），是函数 $f(x)=x^3+x$ 图象的一部分，你能根据 $f(x)$ 的奇偶性画出它在 y 轴左边的图象吗？

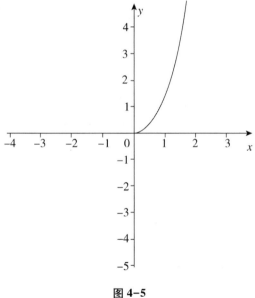

图4-5

（3）我们如果知道 $y=f(x)$ 为偶（奇）函数，那么我们可以怎样简化对它的研究？

师生活动：学生独立思考，教师再进行点评完善。

设计意图：通过思考，学生根据奇（偶）函数图象的对称性画函数的图象（如图4-6），进一步理解函数的奇偶性。所以，我们在研究函数性质时，只需要研究定义域的一半。我们知一半则可知全部，即缩小研究的范围，从而达到"事半功倍"的效果，提高解题效率，且让学生体会到研究函数奇偶性的好处。

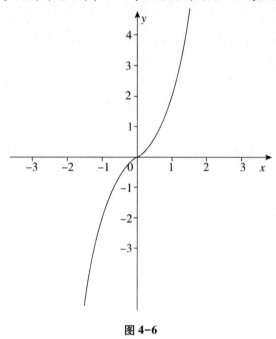

图4-6

5. 课堂小结反思，归纳总结提升

问题8：思考并回答下列问题。

（1）什么是函数的奇偶性？你能举出一些具体的例子吗？

（2）研究函数的奇偶性时应把握好哪些关键问题？

（3）判断函数奇偶性的一般步骤是什么？

（4）奇（偶）函数的图象有什么特征？研究奇偶性对研究函数性质有什么作用？

师生活动：学生独立思考，回答问题，完成后，教师再进行点评归纳，提炼要点。

设计意图：问题（1）再次回顾函数奇偶性的定义，深刻理解概念内涵并举例子加以应用；问题（2）引导学生进一步理解"函数有意义"是讨论函数奇偶性的前提，让学生认识到奇偶性是函数在其定义域上的整体性质，判断函数的奇偶性应先明确它的定义域。

6. 课堂练习，目标检测设计

练习1：已知 $f(x)$ 是偶函数，$g(x)$ 是奇函数，试将下图（图4-7）补充完整。

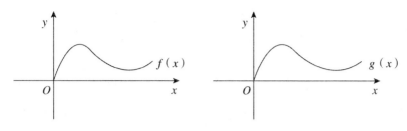

图 4-7

设计意图：教师考查学生奇偶函数的对称性的应用，意在考查学生对这些知识的理解。

练习2：判断下列函数的奇偶性。

(1) $f(x)=2x^4+3x^2$　　　　　　(2) $f(x)=x^2-2x$

设计意图：教师考查学生对函数奇偶性定义的理解和掌握。

练习3：(1) 从偶函数的定义出发，证明函数 $y=f(x)$ 是偶函数的充要条件是它的图象关于 y 轴对称；(2) 从奇函数的定义出发，证明函数 $y=f(x)$ 是奇函数的充要条件是它的图象关于原点对称。

设计意图：考查学生对函数奇偶性的判定，意在考查学生对这些知识的理解、掌握水平。

七、教学实践心得

（一）注重问题课堂设计，促进学生自然生成

教材的编排注重知识的内在联系与内在逻辑，注重以大单元思想整体看待，而不是每节课割裂成独立的几块。函数的奇偶性是函数的重要性质，在教学中，教师要深层挖掘教材，体会教材编写意图，按照前后关系以及整体逻辑，使概念的生成逐级发展，渐次呈现数学的抽象过程。

在本节课中，我们沿用了处理函数的单调性的方法，由特殊到一般、具体到抽象，先给出几个常见的特殊函数的图象，这些函数图象是学生熟悉的，而且是在学生能力范围内的。学生在获得函数奇偶性的直观认识后，通过取点、列表格的形式进一步发现其中的数量变化特征，初步进行抽象。学生最后通过代数运算，验证发现的数量特征的普遍性，在此基础上建立奇（偶）函数概念。

我们将上述研究函数奇偶性的过程概括起来就是具体函数—图象特征（对称性）—数量刻画—符号语言—抽象定义—奇偶性判定。

这符合学生认知结构的建立，数学知识、数学概念的形成应该是学生在体验过程中自然生成的，而不是教师人为传授、生硬给予的。所以在本节课的活

动中，教师要关注哪些内容是学生已掌握的，哪些是学生借助现有的知识"跳一跳"够到的，要在"最近发展区"设计问题，使学生经过一定量的思考可以回答。

学生从一开始对特殊函数图象的"表象"认识，到带着一定思考的"意象"的理解，进一步通过教师的引导接触概念的"本质"，抽象生成函数奇偶性的"定义"，继而通过概念的"辨析"，多次反复地形成对函数奇偶性多方面、多维度的认识，最后经由"运用"达到熟练掌握的目的。这是概念学习通常会经历的一个过程，教师的不断追问，使学生在原有知识和理解的基础上不断攀升，这样自然生成的知识才是可以直达学生大脑皮层的知识，可以不断提升学生数学思维和数学素养。

（二）落实问题课堂操作，关注学生主体意识

我们通常会倡导将课堂还给学生，但是在实际教学中往往又会不由自主地注重自我表达，希望把自己想讲的内容"传授"给学生，忍不住经常以"教"为主，剥夺了学生的主体地位。

本节课的教学重心放在"偶函数"定义的生成上，学生先从几何角度直观观察函数性质，再从代数的角度揭示性质并用符号语言表达，形成概念。教师结合具体函数示范，从几何语言到代数语言的语言转换，继而让学生模仿进行语言转换。学生自行归纳具体例子的本质特征，抽象概括整个定义的形成过程。在这里，学生一直处在问题发生的中心位置，从无到有，深入感悟图象直观—文字语言描述—符号语言表达的思维全过程，教师逐步放手让学生大胆尝试，给学生更大的自主空间，发展学生数学抽象的学科素养。

在"偶函数"的概念生成后，充分运用类比的思想，为后续概念的生成提供经验。在此部分，教师可以借助学生之口，由学生的不断尝试和模仿讲出自己想讲的内容。函数的奇偶性既是数学的概念，也是判断的规则，在判断规则的形成中遵循在具体例题的解决中归纳总结出判断的基本步骤。

在以学生为主体的课堂中，只有让学生沉浸在教师创建的情境中，积极投入探究过程，在疑惑中去探索，在探索中去思考，在思考中去发现，我们的教学效益才能产生质的飞跃。

案例 3 对数的概念
《数学 必修 第一册》（人教 A 版）第四章 4.3.1

一、内容和内容解析

（一）内容

本节课选自普通高中教科书《数学 必修 第一册》（人教 A 版）第四章 4.3.1。本节的主要内容是对数的概念，以及指数式与对数式的相互转化。

（二）内容解析

1. 内容的本质

对数的本质其实是解决运算问题，带有指数幂的方程对于学生来讲并不陌生，但实际上能够解决的只是很小的一部分问题。教材将对数的学习放在指数与指数函数之后，学生借助对函数的分析可以得到已知的一个幂的值，就可以求出对应的指数值，解决存在性和唯一性的问题，之后再研究如何求解的问题就变得顺理成章。从数学史的角度出发，对数的发明发现其实源于天文学，为了解决天文学中的大数运算，约翰·纳皮尔等科学家找到一个符号来进行表示。对数其实并没有进行数域扩充，而是产生了一个新的相对抽象的符号，熟练掌握这个符号并能灵活转化对数式和指数式，这是必要的，正如著名数学家欧拉指出的"对数源于指数"，指数式和指数函数的学习为对数概念的引出奠定了重要基础，学生借助指数式和对数式的统一性来进一步学习显得尤为关键。

2. 蕴含的数学思想和核心素养

（1）数形结合思想：借助学生已有的学习经验，通过指数函数图象的取点可以清楚地说明对数的存在性和唯一性，为对数概念的引出奠定基础。

（2）转化与化归思想：面对已知底数和幂值求指数这样一个陌生问题的处理，我们可以联想到"已知底数和指数求幂值"的指数运算，类比学习，进一步探索。

（3）从特殊到一般思想：我们从特殊的实例出发，探究一个特殊的幂指数方程并求解，从而引申出一般的方程，并得出对应的概念。

（4）数学运算素养：一个新的数学概念的学习，尤其是新的"数"，更是离不开运算，具体实例的计算以及指数式与对数式的互化，都是在强化数学运算的方法。

（5）数学抽象素养：对数的符号对于学生来讲是相对陌生而抽象的，教师让学生自主创造，加深理解。

3. 知识的上下位关系

在本节课之前，学生已经完成了指数、指数函数的学习，在指数的学习中涉及的运算是已知底数和指数求幂的值，而本节课所涉及的对数运算则是已知底数和幂值求指数，这两者在逻辑顺序上具有互逆的关系，对数运算的实质就是指数运算。我们通过前面对指数和指数函数的学习铺垫，可以实现新知与旧知的联系，完成知识体系板块的对接，有利于学生对后续对数的运算、对数函数的学习。本节课是对数函数这一板块知识的初始课，对数函数是在指数函数的基础上，对函数模型进行进一步拓展。相较之前的函数来讲，对数函数是完全不同的函数模型，由于对数是新引入的概念，对数符号又相对抽象，所以对数函数的学习对于学生来说难免晦涩难懂，这是一个全新的函数模型。通过本节课的学习，我们可以让学生深化对对数概念的理解，为后续学习对数函数做好准备。

4. 育人价值

我们引导学生从数学史的角度理解对数的概念，在发展学生逻辑推理素养、数学运算素养的同时推导对数的性质，激发学生应用数学的意识，使学生逐步形成分析问题、解决问题的能力，在对对数的概念和性质灵活运用的过程中，发展学生的数学建模素养。

5. 教学重点

学生通过实际问题的解决，借助指数函数的图象性质，确定对数的存在，得出对数的概念，掌握对数式和指数式的互化。

二、目标和目标解析

（一）目标

1. 学生通过具体情境，体会对数概念的形成过程，掌握对数的概念。

2. 学生在学习中能够准确理解指数式和对数式的关系，能够灵活应用，进行运算和求值。

3. 学生在学习过程中发展转化与化归、从特殊到一般、数形结合、类比等数学思想以及数学抽象、数学运算、直观想象、数学建模等核心素养。

4. 学生通过对数学史的沉浸式学习，经历用数学家的眼光看世界的过程，体会数学符号的简洁美。

（二）目标解析

学生达成上述目标的标志。

1. 学生能够通过前面指数和指数函数的学习，借助函数图象，确定对数的存在性和唯一性，并理解对数的概念。

2. 学生能够规范书写对数的符号，理解两类特殊的对数，熟练掌握指数式和对数式的互化。

3. 学生能体会对数发明发现的历史背景和实际应用价值，通过数学史的学习，感受到对数的出现对当时天文学，以及整个近代数学发展的重要意义，以此促进数学思维能力的发展和数学运算素养的提升。

三、教学问题诊断分析

（一）问题诊断

对数是学生高中之前完全没有接触过的内容，所以对数概念的学习对于学生来说既陌生又抽象，学生对数概念学习的障碍主要表现在两个方面。

1. 将对数与普通的数平等对待，学生要明白对数的发明和发现本质上并没有进行数域的扩充。学生如果没有充分理解对数的概念，那就只能进行表面上的形式转换，这对后续对数的运算及对数函数的学习是不利的。

2. 学生不能把"对数的实质是指数"应用在数学问题的解决中，只能从形式上通过化简求值等手段解决问题。

为了突破这一难点，教师要在引入对数概念时，通过不同的实例，让学生感受到为什么要学习对数，让学生明白是基于研究指数的需求才引入对数的。同时，教师通过指数函数图象的判断和引导，让学生清楚对数的存在性和唯一性，真正理解对数的实质是指数，通过相关数学史的介绍，让学生经历自主创造对数符号、自主选择底数和真数去构造对数的过程。教师研究对数的主要途径是借助指数函数的图象，在形成概念时，既要引导学生明确"对数是数"这一客观事实，又要辩证看待对数的引入并没有进行数域的扩充，而只是使用了一个符号来对"数"进行表示。教师在引入对数概念后，学生通过自主举例，具体感知个例，从抽象到具象，理解对数概念的外延。

对数概念理解的困难之处在于如何清楚地认识对数符号，对于学生来说，这个符号相对陌生，如何引导学生接受并理解这个符号尤为关键。教师通过开放式的活动设计，让学生自行创造符号，通过互化和求值的练习，让学生从内涵和外延两方面加深理解对数的概念。

（二）教学难点

学生对对数概念的构建。

四、教学支持条件分析

为了让学生能够自然地认识到对数存在的必要性，教师通过图象从几何直观的角度揭示对数的存在性和唯一性，借助几何画板等信息技术动态手段，以图象存在唯一交点转化为已知底数和幂值指数存在且唯一，完成从"形"到"数"的转化。对对数概念理解的困难之处是学生如何清楚地认识对数符号，教学中可以通过开放式的活动设计，让学生经历自行创造符号的过程，并在进行指数式与对数式互化时安排学生进行自主举例，从内涵和外延两方面加深理解对数的概念。在教学活动的设计中，教师可以组织小组活动，一方面促进学生合作探究，另一方面也让学生探索自己的学法，发展数学抽象素养。

五、教法学法选择分析

教法：启发探究，互动讨论，问题解决。

学法：自主探究，动手操作，归纳总结。

六、教学过程

（一）教学流程设计

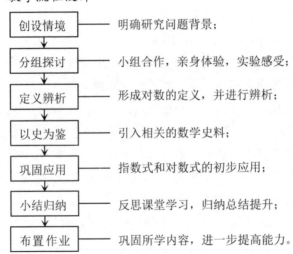

创设情境 —— 明确研究问题背景；

分组探讨 —— 小组合作，亲身体验，实验感受；

定义辨析 —— 形成对数的定义，并进行辨析；

以史为鉴 —— 引入相关的数学史料；

巩固应用 —— 指数式和对数式的初步应用；

小结归纳 —— 反思课堂学习，归纳总结提升；

布置作业 —— 巩固所学内容，进一步提高能力。

（二）教学过程设计

1. 创设情境，明确背景

问题 1：我国当前人口总量约为 14 亿，如果今后我们能将人口年平均增长率控制在 1%，那么可以求出未来任意一年的人口总量。对于七年之后的人口总量，我们如何列式求解？

师生互动：计算 $y=1.4 \times 1.01^7$。

问题 2：那么如果问哪一年的人口数可达到 18 亿、20 亿或是任何一个数 N，又该如何解决？

师生互动：初始人口数量为 14 亿，在人口年平均增长率为 1% 的情况下，可设 x 年后，对应的函数为 $y=1.4 \times 1.01^x$，则有 $1.4 \times 1.01^x = N$，进而下一步求 x 的值。类似，这个问题的求解和 $2^x = 3$ 是一样的，都是形如 $a^x = N$ 形式的方程求解，此时的未知数落在指数的位置，大家以前见过这样的问题吗？

对于 $2^x = 4$，我们就可以很快求出 $x=2$，但是这里的幂值换成 3 就没法快速求解了。

设计意图：教师通过课本中具体情境的引入，给学生创造沉浸式体验的机会。教师通过例子中出现的指数是未知数 x 的情况，进一步简化和一般化，让学生思考如何表示 x，更进一步揭示对数的本质，搭建新知和旧知之间的桥梁，培养学生的探究意识。教师通过具体实例的展示，让学生明白生活及科研中还有很多这样的例子，对数的学习是很有必要的。教师通过两个设问，初步构建指数式和对数式的对应关系，其本质都是"知二求一"。

2. 分组探索，形成概念

问题 3：看到上述问题大家可以联想到前面的哪部分知识？

师生互动：幂函数、指数函数。

问题 4：大家认为，这个方程的解是否一定存在，这个解又是否唯一呢？为什么？大家能否估算出这个解的大致范围？

师生互动：（分小组讨论，请小组代表分享结果）结合图象（图 4-8），确定方程解的存在性和唯一性。

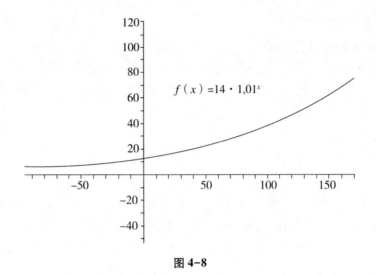

$f(x) = 14 \cdot 1,01^x$

图 4-8

设计意图：教师引导学生借助函数图象进行思考，体现数形结合的思想，同时也为学生后续对数函数的学习奠定基础。教师通过小组讨论的形式，培养学生的自主探索和合作解决问题的能力。

师：那么既然方程 $1.4 \times 1.01^x = N$ 的解是唯一存在，但是又不能把它表示出来，这样的情况我们以前是否有碰到过？我们是如何解决的？

生：在以前已经学习整数的基础上，为了解决方程 $3x=2$ 的解，我们引入了分数的学习；在学习正数的基础上，为了解决方程 $x+2=1$ 的解，我们引入了负数的学习；在已学习有理数的基础上，为了解决方程 $x^2=2$ 的解，我们引入了无理数的学习。那么，我们现在也可以通过引入一个新的符号来解题。

师：非常好，尽管对数的出现和前面的负数和分数本质上对数域的扩充并不相同，但引入一个新的符号是一个很好的办法。大家能不能自己尝试着来创造一下这个对数的符号。（同学们纷纷上台展示，思路千奇百怪，进一步推动课堂的气氛）

设计意图：教师通过类比旧知来感悟新知，借助转化与化归的思想，把学生已有的经验作为知识的生长点，引导学生在具体问题中体验用对数符号表示指数的过程。同时，数学的简洁美很重要的一个体现就是借助数学符号来描述数学语言，同时让学生自己来创造符号，这也能培养学生"用数学家的思维"来思考问题。

3. 以史为鉴，规范概念

定义：如果 a $(a>0, a \neq 1)$ 的 b 次幂等于 N，即 $a^b=N$，那么就称 b 是以 a 为底 N 的对数（读法），记作 $\log_a N = b$（写法，如图 4-9），其中 a 叫作对数的底

数，N 叫作真数。

$$\log_a N \quad \log_2 3$$

错误写法
$$\log_n N \quad \log aN \quad \log 23$$

图 4-9

师生活动：早在 16、17 世纪之交，为了改进数字的计算方法、适应时代发展的需求，对数概念应运而生。对数概念的雏形是德国数学家斯蒂菲尔（Stifel）发现的关于整数的奇妙性质，"原数"与"代表数"的对应关系如下表（表 4-5）所示，这也正是同学们前面讨论时提到的有一部分数"可以直接解出来"。

表 4-5

原数	1	2	4	8	16	32	64	128	256	512	…
代表数	0	1	2	3	4	5	6	7	8	9	…

英国数学家约翰·纳皮尔创造了"Logarithm（对数）"一词，经过多次演变，现在用"log"来表示。在那个年代，对数的发明令整个天文学界为之疯狂，而后续在数学领域也发挥着奠基性作用，恩格斯曾经把对数的发明和解析几何的创始、微积分的建立并称为 17 世纪数学的三大成就。伽利略也说过："给我空间、时间及对数，我就可以创造一个宇宙。"（板书：$a^b = N \Leftrightarrow \log_a N = b$）$\log_a N$ 是一个整体，离开了底数和真数的孤立符号 log 是没有意义的，类似于 $\sqrt{x}$ 中的 $\sqrt{}$。

设计意图：学生在探究特例的基础上，遵循从具体到抽象的思路，解决前面引入环节时铺设的一般化问题。在形成对数概念时，对数符号是学生学习的难点，陌生的全新符号在书写的层面上对于学生来讲是一个容易因书写不规范而犯错的部分，在这个环节，教师可以有意识地进行学科融合教学，与英文书写中的"四线三格"相结合，起到引导学生规范书写的作用。

活动一：自主举例，合作探究

第一组前三排学生在给定的四线三格中写出一个对数，而同桌在另一个区域写出一个真数，要求底数与真数都是教师所给定的集合 A 的元素，集合 $A = \{-1, 0, 1, 2, 3, 4, 5\}$。

第二组同一排的学生说出这个对数的值或所表示的含义。

第三组同一排的学生说出对数式相应的指数式。

备注：如果学生举例时出现真数为负数或 0 的情形，教师引导学生思考此时出现的问题以及需要注意的地方。

教师根据学生作答情况予以引导，在此基础之上可以追问："大家所选择的数都有什么特点？"进一步引导学生在举例感知的基础上进行更加全面透彻的理性分析。教师对对数定义中的取值范围进行二次强化。

活动二：让学生结合实际生活创新性举例，简要说明自己所举例子的实际意义

设计意图：在形成概念后，学生遵循从一般到特殊的思路，在完成了概念的内涵学习后进一步学习概念的外延。学生通过实践活动，完成对概念的再认识，加强对概念的理解，为后续的学习做铺垫。同时，教师通过学生的自主举例可以有效地检验新概念是否被学习，在小组讨论的过程中，发展学生合作探究的意识和自主探索的能力。

问题5：对数中底数和真数的范围分别是什么？

设计意图：教师从特殊案例的举例到一般情况的分析，从特殊到一般，在具体实践的基础上进一步抽象化，进行理性分析，再一次强化学生对底数与真数的取值范围的认识，发展学生自主探索和归纳总结的能力。学生通过加深对对数概念外延的理解，为后续对数的运算及对数函数的学习打好基础。

4. 初步应用，理解概念

例1：把下列指数式写成对数式，对数式写成指数式。

（1）$2^3 = 8$；（2）$e^{\sqrt{3}} = m$；（3）$27^{-\frac{1}{3}} = \dfrac{1}{3}$；（4）$\log_3 9 = 2$；（5）$\log_3 \dfrac{1}{81} = -4$。

例2：求下列各式的值。

（1）$\log_5 25$；（2）$\log_{0.4} 1$；（3）$\ln \dfrac{1}{e}$；（4）$\lg 0.001$。

例3：求下列各式中 x 的值。

（1）$\log_{\frac{1}{3}} = -3$；（2）$\log_x 49 = 4$；（3）$\lg 0.00001 = x$；（4）$\ln \sqrt{e} = -x$。

师生活动：从例题中归纳概括出性质 $\log_a 1 = 0$，$\log_a a = 1$。对于 $\ln \dfrac{1}{e}$ 和 $\lg 0.001$，学生进一步辨析常用对数和自然对数对底数的省略。

设计意图：学生进行指数式与对数式的简单互化，熟悉指数式与对数式之间的转化。学生认识两种特殊对数——常用对数和自然对数。对于例题3的讲评，教师要注意引导学生进行新旧知识的辨析理解，巩固旧知，为后续对数函数的学习奠定基础。应用"抽象与具体互相转化"策略指导对数的概念教学，教师及时引导学生将新的内容同已有的认知结构相适应，使学生从应用的角度

进一步加深理解。

5. 树立归纳，渗透文化

师生活动：通过本节课的学习，大家学习了哪些知识？

对数源于指数，对数的本质就是指数，那么对数会有哪些运算性质？以对数为模型构造的函数又能发挥什么样的作用？它的图象是什么样的？我们后续会再去研究这些内容。

七、教学实践心得

（一）开放思维辨析，深化概念理解

在引出对数符号的时候，教师通过类比旧知让学生来感悟新知，把学生已有的经验作为知识的生长点，引导学生在具体问题中体验用对数符号表示指数的过程。同时，数学的简洁美很重要的一个体现就是借助数学符号来描述数学语言，教师让学生自己来创造符号，也能够培养学生"用数学家的思维"来思考问题。在这一过程中，教师对学生的想法予以肯定，使学生认识到数学知识是可以创造的，体现数学是讲道理的，减弱对数的神秘感。教师后引入数学史的相关介绍，这里可以发现，学生的认识和历史上数学家的认识是相似的。在已知幂值和底数求指数的过程中，学生也能发现"有些简单的问题可以直接解出，而复杂的则比较困难"。事实上，对数概念的雏形是德国数学家斯蒂菲尔发现的关于整数的奇妙性质，"原数"与"代表数"的对应关系，对数的发明者纳皮尔只不过是让任何"原数"都找到了它的"代表数"。这相当于在斯蒂菲尔离散的表中，插进了无数个中间值，使其呈现连续性。这也正是 HPM 理论中的历史相似性，由此可见，将数学史合理地嵌入教学很有价值。在后续的概念辨析深化理解中，教师设置开放的问题，要求学生在给定的集合中选择两个数，其中一个作为对数的底数，另一个作为真数，以此来构造对数，检验学生概念的把握程度，学生以此来掌握对数概念的外延，即对数式中真数和底数应该满足的条件。在这样的环境下，不同的学生可以构建不同的问题，展现出对概念的不同理解，同时也给其他人的学习提供参考。教师从特殊到一般，进而归纳对数式的一般成立条件，同时又从一般到特殊，得出以 10 为底的常用对数和 e 为底的自然对数，建立概念学习的一般思路即从概念到特例再到运算，总结出法则。

（二）合理设置问题链，注重核心素养的培养与落实

为了利于学生的学习，根据学生数学抽象素养和认知规律的发展，教师赋

予了对数这个学术概念以教育的价值,通过一系列问题串的设计,结合最近发展区理论,先从一般到特殊,以具体的例子来研究,进而通过数形结合的思想,借助指数函数图象指明对数的存在性和唯一性,激发学生思考,让教学过程自然有序。这是应用了"表征积累"策略指导教学,根据教学对象的抽象层次结构,教师真正站在学生核心素养发展的高度,在"怎样问""怎样教""怎样学""学什么""怎样呈现"等细节上下功夫。在进行概念教学时,教师应该遵循知识的发生、发展规律,在关注概念理解的基础上,把相关的研究方法与其他的概念相结合,从而构建出概念认知体系,帮助学生完成概念的构建,形成体系。在数学历史的发展中,对数和指数是相伴而生的,在教学中,教师以问题驱动的方式,引领学生体会幂的底数、幂的值与幂的指数之间的对应关系。本节课重点解决了对数概念产生的必要性和合理性,并通过对数函数符号"log"的引入,让学生明确了概念的内涵,让学生在教师创设的合适情境下有足够的时间经历提问验证、创造、计算、归纳、总结、推理等体验过程。

案例 4　导数的概念及其意义
《数学　选择性必修　第二册》(人教 A 版) 第五章 5.1

一、内容和内容解析

（一）内容

本节课选自普通高中教科书《数学 选择性必修 第二册》(人教 A 版) 第五章 5.1。本节的主要内容是导数的概念。

（二）内容解析

1. 内容的本质

导数是函数主题中非常重要的一部分内容,描述的是函数的局部性质,是函数应用的常用方法之一,尤其在研究函数增减情况,即最大(小)值问题中是非常强有力的工具,也是后续进一步学习微积分所需要的核心概念。

导数的产生基于极限运算,但是基于学生认知发展水平的局限性,教科书并没有安排极限相关的内容,那么,怎样绕过极限去定义导数呢?这就涉及导数概念的第一个核心问题——数学思想。我们考虑到学生在物理中已经接触过变化率的概念,并且学生在数学中已经接触过斜率的问题,所以我们从具体实例出发，从物理的角度，由平均速度到瞬时速度，从几何的角度，由割线斜率到切线斜率，再过渡到代数角度，从平均变化率到瞬时变化率。这个过程符合学生的认知发展变化，也可以使学生理解导数的本质。

在这个过程中，教师不断渗透和应用"运动变化"的观点，引导学生体会"既是变化的，又是确定的"思想，理解为什么在局部范围以不变代替变化、"以直代曲"等微积分的基本思想，让学生切身体验极限的思想，以及尝试应用极限思想解决问题。这样动态的、逼近的、最终又确定的过程，提升了学生的逻辑推理思想。由特殊到一般的抽象过程，以及对导数几何意义的研究，这些不光有利于学生进一步理解导数的概念，又有利于学生直观想象、数学抽象等核心素养的培养。

2. 蕴含的数学思想和核心素养

（1）数形结合思想：由割线的斜率到切线斜率的变化过程，体现了导数中数形结合的思想。

（2）极限思想：由平均变化率到瞬时变化率，经历了动态的运动变化的过程，在不断逼近的动态过程中，我们得到确定的值，以及在这个过程中图像局部不断放大、"以直代曲"的过程，均体现了极限思想。

（3）特殊与一般思想：从物理的平均速度和瞬时速度、几何的割线斜率和切线斜率这样的具体实例出发，经由极限运算，引入导数概念，体现了特殊到一般的思想。

（4）逻辑推理素养：从平均变化率到瞬时变化率，需要突破"想多短就多短"的表述，在这个过程中，学生要有辩证思维，这样可以发展学生的逻辑推理能力。

（5）数学抽象素养：现实生活中很多实例都存在瞬时变化率，比如瞬时速度、切线斜率，从这些学生熟悉的概念出发，得出导数概念，提升了学生的数学抽象素养。

3. 知识的上下位关系

学生已经学习了函数的概念以及性质，研究了一些基本初等函数（包括指数函数、对数函数、三角函数等）；在函数图象的研究过程中，学生接触了"渐近线"的概念，直观感受"越来越接近，但是却永远不相交"，初步有了"变化之中又有确定"的思想；在"二分法"求函数零点的学习中，学生体会到了"逐步逼近"的过程，这些都是研究导数不可或缺的理论基础和思想基础。

此外，学生在高中物理中也学习过有关速度的相关概念，体验了从平均速度到瞬时速度的过程，学生了解了当时间区间越来越小，小到无限趋近于零时，运动过程中不断变化的平均速度逐渐趋近于一个确定的值，而这个确定的值就是物体运动的瞬时速度。这样的极限思想也是导数概念生成过程中非常重要的思想。

教材从具体的实例出发，从学生熟悉的概念出发，学生从具象到抽象逐步得到导数的概念。在后续的学习中，学生将继续学习高中阶段常用的一些基本初等函数的导数的运算，这是利用导数研究函数性质的基本技能。对很多运动变化的问题的研究，我们最终都归结为对相关函数模型的研究。导数定量地刻画了函数的局部性质特征，作为研究函数的一种基本工具，在后续学习中有着重要的地位。

4. 育人价值

从物理和几何中的具体实例出发，教师由学生熟悉的概念引入，逐步跳脱出导数概念的实际背景，抽象出导数的概念，提升了学生的数学抽象核心素养。通过概念生成的过程，学生学会用运动变化的观点来研究问题，体会"逐步逼近、以直代曲"的极限思想，在这个过程中，教师发展学生直观想象的核心素养。此外，教师关于导数产生的数学史的讲解，激发学生的好奇心，增强学生的学习兴趣。

5. 教学重点

导数的概念和极限思想。

二、目标和目标解析

（一）目标

1. 学生能从具体案例中抽象出导数的概念，知道导数是瞬时变化率的数学表达，体会导数的内涵和思想。

2. 学生会用导数定义求函数在某点处的导数，并能归纳出其基本步骤，进一步体会导数的内涵和极限思想。

3. 学生通过函数图象直观理解导数的几何意义。

（二）目标解析

学生达成上述目标的标志。

1. 导数的本源问题即瞬时变化率以及切线斜率，学生能够结合具体情境，通过直观的描述先给出平均变化率，继而过渡到瞬时变化率，由变化率引入导数的概念，符合导数的历史发展规律，也符合学生的认知规律。

2. 教材给出在 P_0 点附近的曲线逐步放大的图像，学生真实感受到曲线逐步向直线过渡的过程，进而从本质上理解以直代曲的思想的必要性。通过图像直观理解导数的几何意义——切线斜率，我们便能通过求出函数在某点处的导数（即图象在此点处的切线斜率），进而得到求曲线切线方程的另一种方法。

3. 通过教材中的割线斜率图以及实例分析，割线的运动变化规律集中到一个图形中，学生通过图像直观感知平均变化率到瞬时变化率的变化过程，理解切线斜率是割线斜率的极限，体验极限思想。结合导数的概念和几何意义，学生可以说明函数在一点处的导数是一个特殊的极限值和确定的数。学生会求简单函数在一点处的导数。

三、教学问题诊断分析

（一）问题诊断

学生在物理课中学习过瞬时速度的概念，在学习函数的时候也接触过"渐近线"，初步有了一定的极限思维，另外还有利用"二分法"逐步去逼近函数零点的相关经验。这些都为学生进一步学习导数提供了知识储备以及方法基础。

在学习过程中，学生首先要突破的第一个难点就是对"极限"的理解。这个概念相对比较抽象，不可触摸，所以教材在本节课前安排了物理角度的变化率和几何角度的切线。学生先初步接触极限思想，在反复的过程中不断"摸爬滚打"，持续深化，形成数学抽象的核心素养。教师应该充分借助信息技术，利用运算来发现其代数变化规律，利用绘图软件来显示图象的运动变化规律，在实际运算与绘图的过程中充分感知数的魅力，当 $\triangle t$ 逐渐趋近于 0 时，比值 $\dfrac{\triangle h}{\triangle t}$ 逐渐趋近于一个定值，这个定值即为瞬时变化率，也就是导数。

从瞬时变化率的理解到导数概念的生成，我们需要引入数学符号语言去得出导数概念。舍去例子中的具体背景，利用符号化的语言精准刻画这样一个"既是动态的，又是确定的"概念，这对学生来讲无疑是一个巨大的挑战，不光需要思想方法的迁移，还需要具体表达方式的迁移。在教学过程中，教师应该充分利用学生已有的知识储备，用瞬时速度这个具体的物理模型，带领学生充分感知从平均速度到瞬时速度的过渡，并且在这个过程中，在几个关键节点加强引导，使符号的引入流畅自然，学生能深刻理解符号所代表的意义并且自然而然地运用这样符号化的表述。

（二）教学难点

极限思想的理解，概括出导数的概念。

四、教学支持条件分析

信息技术的使用可以使抽象的知识内容变得相对直观与可感知。首先，这部分内容涉及比较多的数据运算，所以需要学生能够熟练地使用计算器的各种功能帮助运算；其次，为了让学生更加直观地看到数据的"逼近"，更好地体会极限思想，我们会用到 Excel 等数据统计软件；最后，在展示切线斜率部分，我们希望能够借助绘图软件，更加真实地展现曲线的图像，让学生体会由割线到切线的变化过程，以及在放大的过程中让学生感受"由曲到直"的变化以及理解"以直代曲"的合理性和必要性。

五、教法学法选择分析

教法：启发探究，互动讨论，问题解决。

学法：自主探究，动手操作，归纳总结。

六、教学过程

（一）教学流程设计

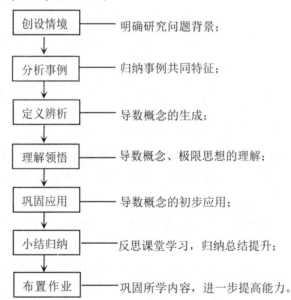

创设情境 —— 明确研究问题背景；

分析事例 —— 归纳事例共同特征；

定义辨析 —— 导数概念的生成；

理解领悟 —— 导数概念、极限思想的理解；

巩固应用 —— 导数概念的初步应用；

小结归纳 —— 反思课堂学习，归纳总结提升；

布置作业 —— 巩固所学内容，进一步提高能力。

（二）教学过程设计

1. 新课导入

问题1：阅读教材第64~66页，回答下列问题。

（1）本节将要探究哪类问题？

（2）本节探究的起点是什么？目标是什么？

师生活动：学生带着问题阅读教材，寻找问题的答案。预设答案：（1）本节课主要学习导数的概念；（2）本节内容通过分析前两节高台跳水问题与曲线上某点处切线斜率的问题，归纳总结导数的概念。导数是本章的核心概念，它是研究函数的基础。在学习过程中，学生要注意特殊到一般、数形结合、极限等数学思想方法的渗透。

设计意图：通过阅读课本，学生明晰本阶段的学习目标，初步搭建学习的框架。

2. 创设情境，提出问题

问题2：我们前面研究了两类变化率问题：一类是物理学中的问题，涉及平均速度和瞬时速度；另一类是几何学中的问题，涉及割线斜率和切线斜率。这两类问题来自不同的学科领域，但在解决问题时所使用的思想方法是一致的。你能用自己的语言概括这种一致性吗？

师生活动：教师引导学生从平均速度到瞬时速度、由割线斜率到切线斜率入手思考问题，从回答方向上给出提示，梳理解决两类问题时使用的相同的思想方法，并发现问题的答案也具有相同的形式。

（1）研究对象均为函数。

（2）研究内容均为变化率问题。

（3）研究过程均为由平均变化率到瞬时变化率。

（4）研究结果的表达方法和形式均为极限形式。

设计意图：教师概括两个不同类型的典型实例的共同属性，得到本质特征，为抽象导数概念做好铺垫。在归纳过程中，教师对结构思考的教学与引导，是提升学生理性思维的契机。

3. 归纳概括，得出导数定义

问题3：如何运用上述由"平均变化率"逼近"瞬时变化率"的思想方法，研究更一般的函数 $y=f(x)$ 的"变化率"的问题。

师生活动：学生在前面总结的基础上进行思考，教师通过追问引导学生思路。

追问：（1）我们要想刻画一般函数的变化率，首先需要什么概念？

师生活动：学生进行独立思考、交流互动，得出结论，首先应给出函数的平均变化率的概念。

函数 $y=f(x)$，设自变量 x 从 x_0 变化到 $x_0+\Delta x$，相应地，函数值 y 就从 $f(x_0)$ 变化到 $f(x_0+\Delta x)$。这时，x 的变化量为 Δx，y 的变化量为 $\Delta y=f(x_0+\Delta x)-f(x_0)$。我们把比值 $\dfrac{\Delta y}{\Delta x}$，即 $\dfrac{\Delta y}{\Delta x}=\dfrac{f(x_0+\Delta x)-f(x_0)}{\Delta x}$ 叫作函数 $y=f(x)$ 从 x_0 到 $x_0+\Delta x$ 的平均变化率。

设计意图：我们从平均速度以及割线斜率归纳出平均变化率的概念，体现了从特殊到一般的数学思想。

（2）如何由函数的平均变化率得到函数 $y=f(x)$ 在 $x=x_0$ 时的瞬时变化率？

师生活动：学生独立思考后给出结论。预设答案：$y=f(x)$ 在 $x=x_0$ 时的瞬时变化率是 $\lim\limits_{\Delta x\to 0}\dfrac{f(x_0+\Delta x)-f(x_0)}{\Delta x}$。

师生活动：通过前面的经验，学生会从形式上给出瞬时变化率的表达，此时教师通过进一步追问进行引导和讲解补充。

（3）在高台跳水速度和曲线的切线两个问题中，它们最后的结果都是趋近于一个确定的数，那么对于任意一个一般函数来说，$\lim\limits_{\Delta x\to 0}\dfrac{f(x_0+\Delta x)-f(x_0)}{\Delta x}$ 一定都是确定的值吗？如果是，这个值有什么意义？

师生活动：教师引导学生从以下两个实例出发，思考并回答问题。

（1）设 $f(x)=2x^2$，任取一个实数 x_0。

（2）设 $f(x)=|x|$，任取一个实数 x_0。

在学生自主探究的基础上，师生共同探讨，得出结论：$\lim\limits_{\Delta x\to 0}\dfrac{f(x_0+\Delta x)-f(x_0)}{\Delta x}$ 并不一定趋近于一个确定的值。然后，教师进一步讲解：

函数 $y=f(x)$ 的自变量的某一个取值 $x=x_0$，如果当 $\Delta x\to 0$ 时，$\lim\limits_{\Delta x\to 0}\dfrac{f(x_0+\Delta x)-f(x_0)}{\Delta x}$ 是一个确定的值，即 $\dfrac{\Delta y}{\Delta x}$ 有极限，则称 $y=f(x)$ 在 $x=x_0$ 处可导，并把这个确定的值叫作 $y=f(x)$ 在 $x=x_0$ 处的导数（也称为瞬时变化率），记作 $f'(x_0)$ 或 $y'|_{x=x_0}$，即 $f'(x_0)\lim\limits_{\Delta x\to 0}\dfrac{\Delta y}{\Delta x}=\lim\limits_{\Delta x\to 0}\dfrac{f(x_0+\Delta x)-f(x_0)}{\Delta x}$。

如果当 $\Delta x \to 0$ 时，$\lim\limits_{\Delta x \to 0} \dfrac{f\left(x_0+\Delta x\right)-f\left(x_0\right)}{\Delta x}$ 不是确定的值，这样的情况需要进一步讨论，在今后的高等数学中，我们会研究这个内容。

设计意图：教师从瞬时速度以及切线斜率归纳出瞬时变化率，也就是导数的概念，渗透了从特殊到一般以及极限等数学思想。由于具体例子较少，学生不会关注"当 $\Delta x \to 0$ 时，$\dfrac{\Delta y}{\Delta x}$ 无限趋近于一个确定的值"这个条件，因此需要教师通过反例进行引导。

4. 例题练习，巩固理解

例1：设 $f\left(x\right)=\dfrac{1}{x}$，求 $f'\left(1\right)$。

师生活动：学生尝试依照导数的概念完成求解，教师板书完整规范的解答，强调利用导数定义求解函数在一点处的导数的步骤，并提醒学生注意体会极限的思想。

预设答案：$f'\left(1\right)=\lim\limits_{\Delta x \to 0}\dfrac{f\left(1+\Delta x\right)-f\left(1\right)}{\Delta x}=\lim\limits_{\Delta x \to 0}\dfrac{\dfrac{1}{1+\Delta x}-1}{\Delta x}=\lim\limits_{\Delta x \to 0}\left(\dfrac{-1}{1+\Delta x}\right)=-1$。

设计意图：教师通过具体问题的分析，进一步理解导数的意义，发展学生数学抽象、数学运算和数学建模的核心素养。

例2：将原油精炼为汽油、柴油、塑胶等各种不同产品，人们需要对原油进行冷却和加热，已知在第 x 小时原油的温度（单位：℃）$y=f\left(x\right)=x^2-7x+15$（$0 \leq x \leq 8$），计算第 2h 与第 6h 时，原油温度的瞬时变化率，并说明它们的意义。

师生活动：

（1）教师示范求解第 2h 时原油温度的瞬时变化率，即 $y=f\left(x\right)$ 在 $x=2$ 处的导数，学生求解第 6h 时原油温度的瞬时变化率，请若干同学进行展示，教师进行点评。

预设答案：在第 2h 与第 6h 时，原油温度的瞬时变化率就是 $y=f'\left(2\right)$ 和 $f'\left(6\right)$。

根据导数的定义，$\dfrac{\Delta y}{\Delta x}=\dfrac{f\left(2+\Delta x\right)-f\left(2\right)}{\Delta x}=$

$\dfrac{\left(2+\Delta x\right)^2-7\left(2+\Delta x\right)+15-\left(2^2-7\times2+15\right)}{\Delta x}=\dfrac{4\Delta x+\left(\Delta x\right)^2-7\Delta x}{\Delta x}=\Delta x-3$，所以

f'（2）$=\lim\limits_{\Delta x\to 0}\dfrac{\Delta y}{\Delta x}=\lim\limits_{\Delta x\to 0}$（$\Delta x-3$）$=-3$，同理可得 f'（6）$=5$，在第 2h 与第 6h 时，原油温度的瞬时变化率分别为 -3℃/h 与 5℃/h。

（2）学生自主思考并交流，师生共同归纳出：在第 2h 附近，原油温度大约以 3℃/h 的速度下降；在第 6h 附近，原油温度大约以 5℃/h 的速度上升。一般地，f'（x_0）（$0\leqslant x_0\leqslant 8$）反映了原油温度在时刻 x_0 附近的变化情况。

设计意图：教师通过实际问题的分析，帮助学生掌握求解函数导数的基本步骤，发展学生数学抽象、逻辑推理、数学运算和数学建模的核心素养。

例 3：一辆汽车在公路上沿直线变速行驶，假设 t s 时汽车的速度（单位：m/s）为 $y=v$（t）$=-t^2+6t+60$，求汽车在第 2s 与第 6s 时的瞬时加速度，并说明它们的意义。

师生活动：

（1）教师通过提问学生加速度的意义，明确加速度是速度对时间的导数。

（2）将学生分为两组，分别计算汽车在第 2s 与第 6s 时的瞬时加速度，教师进行点评并给出规范解答。

（3）学生分别表述两个时间点瞬时加速度的意义，教师进行综合总结。

预设的答案：在第 2s 和第 6s 时，汽车的瞬时加速度就是 v'（2）和 v'（6）。

根据导数的定义，

$$\frac{\Delta y}{\Delta x}=\frac{v（2+\Delta t）-v（2）}{\Delta t}=\frac{-（2+\Delta t）^2+6（2+\Delta t）+60-（-2^2+6\times 2+60）}{\Delta t}=-\Delta t+2,$$

所以 v'（2）$=\lim\limits_{\Delta x\to 0}$（$-\Delta t+2$）$=2$。

同理可得 v'（6）$=-6$。

在第 2s 与第 6s 时，汽车的瞬时加速度分别是 $2m/s^2$ 与 $-6m/s^2$，说明在第 2s 附近，汽车的速度大约每秒增加 2m；在第 6s 附近，汽车的速度大约每秒减少 6m。

设计意图：教师通过求解运动物体的加速度，让学生明白瞬时加速度是速度关于时间的瞬时变化率，帮助学生进一步理解导数的内涵、意义和极限思想。

问题 4：通过以上例题，你能归纳出 $y=f$（x）在 $x=x_0$ 处的导数的基本步骤吗？

师生活动：学生思考并回答，教师在学生回答的基础上总结出以下步骤。

第一步，计算函数的平均变化率 $\dfrac{\Delta y}{\Delta x}=\dfrac{f（x_0+\Delta x）-f（x_0）}{\Delta x}$。

第二步，求极限 $\lim\limits_{\Delta x \to 0} \dfrac{\Delta y}{\Delta x}$，若 $\lim\limits_{\Delta x \to 0} \dfrac{\Delta y}{\Delta x}$ 存在，则 $f(x)$ 在 $x = x_0$ 处的导数

$f'(x_0) = \lim\limits_{\Delta x \to 0} \dfrac{\Delta y}{\Delta x}$。

设计意图：教师帮助学生进一步熟悉导数的定义，明确求导的步骤，形成求导技能。

课堂练习：教科书第66页，　练习1、2、3。

设计意图：学生练习巩固本节所学的知识，教师通过让学生解决问题，发展学生的数学运算、逻辑推理、直观想象、数学建模的核心素养。

5. 课堂小结，总结提升

问题5：请同学们回顾本节课的学习内容并回答以下问题。

(1) 导数研究的是什么问题？导数是如何描述运动的变化规律的？

(2) 辨析以下三个命题：

①函数在某个确定点的导数是一个可以变化的数。

②导数就是瞬时速度。

③函数在定义域内都有导数。

师生活动：学生先独立思考后进行全班交流互动，师生共同进行归纳总结。(1) 导数研究某个函数在其定义域内的某个点的变化率问题，是对函数的局部性质的刻画。(2) 三个命题均是错误的，由教师进行点评说明。

设计意图：教师总结本节课的学习内容，精练导数概念的本质，帮助学生进一步理解导数的意义。

6. 目标检测，检验效果

练习1：$f(x) = x^2$ 在 $x = 1$ 处的导数为（　　）

A. $2x$　　　　　　B. 2　　　　　　C. $2 + \Delta x$　　　　　　D. 1

设计意图：教师让学生进一步巩固函数在某点处的导数的求法。

练习2：已知函数 $y = f(x)$ 是可导函数，且 $f'(1) = 2$，则 $\lim\limits_{\Delta x \to 0}$ $\dfrac{f(1+\Delta x) - f(1)}{2\Delta x} = $（　　）

A. 12　　　　　　B. 2　　　　　　C. 1　　　　　　D. −1

设计意图：让学生进一步理解导数的概念。

练习3：若一物体的运动方程如下：（位移 s 的单位：m，时间 t 的单位：s）

$$s = \begin{cases} 3t^2 + 2, & t \geq 3 \ ① \\ 29 + 3(t-3)^2, & 0 \leq t < 3 \ ② \end{cases},$$

求：（1）物体在 $[3, 5]$ 内的平均速度。

（2）物体的初速度 v_0。

（3）物体在 $t = 1$ 时的瞬时速度。

设计意图：学生进一步理解平均速度、瞬时速度的概念以及求法。

课后作业：教科书第 70~71 页，习题 5.1 第 6、7、10 题。

七、教学实践心得

（一）整体把握教材，概念的构建"呼之欲出"

我们从大单元教学的角度来整体看教材安排，前面的课程介绍了变化率的概念，在上一节课程中，通过"气球膨胀率"和"高台跳水"两个具体的实例，经过归纳总结，我们得到了平均变化率的定义，并且引入符号语言，给出了它的精准刻画。紧接着，我们通过图像的直观表示，以及代数的计算与思考，让学生逐渐意识到，只有平均变化率的存在是不足以反映物体的运动变化过程的，那么我们需要引入新的量来刻画，这就为导数概念的生成提供了非常好的背景和铺垫。

本节课在上节课的定义之后，我们借助之前的问题背景以及学生在物理中学习的概念，提出瞬时变化率，并且引导学生在平均变化率符号表示的基础上对瞬时变化率的精确表达做一个探讨。我们通过借助信息技术进行计算发现，当时间变化量无限趋近于 0 的时候，平均变化率无限趋近一个确定的数，在运动变化的过程中发现了不变的量，另外再借助函数图像直观感受，使导数概念的形成水到渠成，呼之欲出，符合学生认知水平的发展规律和知识的自然生成规律。

（二）关注课堂活动，概念的生成"瓜熟蒂落"

在概念教学中，问题的设计，课堂活动的设置非常关键，层次递进的问题运用联系的观点分析问题，能够使概念的发生自然流畅。在这个过程中，从何处入手设置活动、设问的尺度该如何把握、课堂节奏的快慢等都是我们要考虑的。

从何处入手，我们需要充分研究教材，研究学情，确定学生的最近发展区，了解学生的相关知识储备和数学抽象层次；如何设问也是要设计与思考的，设问太过宽泛无法激起学生的探究兴趣，无法突破重点，设问太窄不能激发学生思维的活跃性，限制学生数学素养的提升。好的问题串，一定是既可以激发、调动学生的积极性，引发学生的好奇心，又能引导学生按既定方向去深入探究。

总之，合理、有效的课堂活动，可以帮助学生在探索思考的过程中，充分感知概念的本质属性，积累抽象总结的经验，在这个过程中发展学生的多种数学核心素养。

案例5 三角函数的概念
《数学 必修 第一册》（人教 A 版）第五章 5.2.1

一、内容和内容解析

（一）内容

本节课选自普通高中教科书《数学 必修 第一册》（人教 A 版）第五章 5.2.1。本节的主要内容是三角函数的概念，包括三角函数研究的对象、函数的对应关系特点、三角函数定义的拓展、三角函数定义的应用。

（二）内容解析

1. 内容的本质

三角函数的本质即角终边与单位圆交点的坐标随着角度的变化而发生变化。首先，圆周运动是物理学中常见的变化现象，又是非常典型的周期性变化，而单位圆上点的圆周运动既提供了运算的简洁性，又不失运动变化的一般性，这个过程实质上是数学抽象过程；其次，三角函数的概念是通过几种对应关系实现正弦、余弦、正切函数的定义。角与角的终边是唯一对应的，角的终边与单位圆的交点是唯一对应的，交点与交点的横（纵）坐标是唯一对应的，交点的横（纵）坐标与对应的比值是唯一对应的，从而实现三角函数定义中角（实数）与三角函数值（实数）这种对应关系的存在性和唯一性。另外，这个定义不仅在代数上清晰地表明了正弦、余弦、正切函数中从角度到对应函数值之间的对应关系，而且从几何上直观地体现了正弦、余弦、正切函数值随着角度的变化而发生变化的过程，不论从代数角度还是几何角度，都能清楚地反映这三个函数之间的关系。当然，角 α 是弧度数，即 $\angle xOP = \alpha rad$，所以正弦、余弦、正切函数就是关于任意实数 α 的函数，这时函数的自变量（角）和函数值（对应比值）都是实数，这与函数的一般概念完全一致，正是这种一致性，使我们可以通过比值来描述这三个函数的对应关系。

2. 蕴含的数学思想和核心素养

（1）数形结合思想：我们借助单位圆和角终边上点的坐标理解任意角三角函数（正弦、余弦、正切函数）的定义，感受任意角三角函数的几何形态，并且借助坐标联系角终边与单位圆的交点坐标与三角函数值之间的一一对应关系。

（2）转化与化归思想：角转化为角的终边，角的终边转化为终边与单位圆的交点，交点转化为交点的横（纵）坐标，交点的横（纵）坐标转化为对应的比值，对应的比值就是定义的三角函数值。

（3）特殊与一般思想：我们由特殊角到任意角，由角的终边与单位圆的交点到角的终边上任意一点（除原点外），体现了特殊到一般的思想。

（4）直观想象素养：从三角函数的定义方法可以看出，三角函数与圆有着直接的联系，借助单位圆来理解三角函数的定义并且直观感受函数的变化是非常重要的方法。

（5）数学抽象素养：我们通过单位圆上点的坐标定义任意角的正弦、余弦、正切函数，体现了三角函数的本质。通过一般性的单位圆上点的圆周运动，认识圆周运动的周期性变化现象，得出三角函数定义，以及认识三角函数的周期性，这个定义过程本身就是数学抽象过程。

3. 知识的上下位关系

三角函数是对现实世界中普遍存在的周而复始的现象进行抽象，从而得出变量间的关系和规律。学生在初中初步接触了锐角三角函数的定义，因此在旧的观念中，习惯把任意角的三角函数看作锐角三角函数的一个推广，从学生的认知起点上来说这种方式比较容易被接受，但是却丢失了对函数思想以及模型思想的渗透，对于学生数学核心素养的培养无疑是留有遗憾的。《课程标准》中，进一步强调了函数与三角函数之间的联系，在内容要求方面主要体现在以下的两部分变化中：第一，"三角函数"的内容正式被纳入"函数"中，强调三角函数是函数的一部分；第二，"三角恒等变换"的内容成为"三角函数"的一部分，这无疑对学生进一步理解三角函数的概念，以及感受三角函数间的基本关系有着促进作用；第三，从这两部分变化也可以充分感知函数与三角函数的整体性；第四，在"教学提示"中，也进一步提出，教师应把函数内容与三角函数内容视为一体，进行整体教学。我们在教学设计的过程中，应遵从《课程标准》对内容、教学上的建议以及其设定好的课程结构，从匀速圆周运动这样的数学模型开始，引导学生描述变量之间的变化关系，重温函数概念，借助单位圆抽象概括出三角函数的概念，充分体现模型思想与函数思想。

为了更好地体现内容的整体性，使概念的生成自然而然，内容的衔接行云流水，我们将按照以下的结构来完成："事实（周期性现象）—角与弧度—数学对象（三角函数的定义）—图像与性质—三角恒等变换—联系—应用。"在整个结构流程中，"角与弧度"的定义是基础，为后续的进一步学习提供了知识储备，而"三角恒等变换"是对三角函数的定义以及关系的深入理解和应用。

在教学中，教师带领学生重温函数概念，借鉴几种特殊函数的研究经验及其研究路径，由浅入深，通过具体实例展示周期性变化，引导学生自主探究，通过合理设置问题与追问使学生思考，得出概念的来龙去脉，引入单位圆的价值，发掘数学抽象之美。

4. 育人价值

教师激发学生应用数学的意识，使学生逐步形成分析问题、解决问题的能力，发展学生数学抽象、逻辑推理、数学建模等核心素养。

5. 教学重点

学生借助单位圆界定三角函数的概念，能够灵活运用，给角求值，给值求角。

二、目标和目标解析

（一）目标

1. 学生掌握三角函数概念的生成过程，借助单位圆理解任意角三角函数的定义。

（1）学生能使用定义表示任意角的三角函数。

（2）学生能进一步定义初中的锐角三角函数。

（3）学生知道三角函数是实数集到实数集的对应关系，其中第一个实数集是角的弧度构成的集合，而另外一个实数集则是三角函数对应的集合。

2. 学生在借助单位圆认识任意角三角函数定义的过程中，体会数形结合的思想，并利用这一思想解决有关定义应用的问题。

3. 在定义三角函数的过程中，学生体会抽象建模的过程，并注意由角到角的终边，到角终边上的点，到角的终边与单位圆的交点，到交点的横纵坐标，到正弦、余弦、正切函数定义这一过程体现的转化与化归思想。

（二）目标解析

学生达成上述目标的标志。

1. 了解三角函数应用的实际背景；现实世界中有很多周期性的变化，而三角函数是刻画这种变化规律强有力的工具。

2. 学生在获得数学概念的过程中经历了数学抽象的过程，通过研究生活中的周期现象，联想到匀速圆周运动是刻画周期现象的典型运动，又由此过渡到圆，进一步联想单位圆，以及单位圆上点的旋转运动。数学模型的建立，使模糊的研究对象变得清晰、直观，学生通过分析点在旋转过程中涉及的相应变量，研究变量之间的相互依存关系，抽象得出一般性的规律，即三角函数的概念，并且能够运用相关知识解决实际问题，对于实数范围内的任意角，能够求出任意角的三角函数。

3. 根据定义，通过代数的计算验证和几何图形的观察讨论进行思考，学生能够归纳出三角函数取值的正负规律。

4. 学生理解终边相同角的概念，结合终边相同角的图形表示，以及三角函数的定义，可以得出诱导公式一，并能根据这一公式简化三角函数的运算。

5. 学生根据三角函数的定义，通过观察单位圆上点的横、纵坐标之间的关系，发现并得出"同角三角函数的基本关系"，对于终边相同角，可以知一求三，不同三角函数之间可以相互转化。

三、教学问题诊断分析

（一）问题诊断

三角函数是一个基本初等函数，在此之前学生已经有了对函数概念的认识，以及对另外几个基本初等函数，如幂函数、指数函数和对数函数等图像、性质的研究。有了上述学习经验，在面对这样一个新的函数模型时，我们可以沿用上述研究路径，从具体实例，学生熟悉的匀速圆周运动出发，体会变量之间的相关关系，聚焦于"周而复始"的数学语言的刻画。在有了终边相同角的感知后，我们引导学生发现，引入单位圆后，任意 α，与唯一的终边相对应，唯一的终边对应唯一的交点，而唯一的交点对应唯一的 x、y。学生感受到"对应"，理解角与坐标的对应关系，即角与函数值的对应关系，体会引入任意角、定义任意角三角函数的必要性。

对于三角函数的定义，我们通过以下几点帮助学生理解：

第一，α 是一个任意角，同时也是一个实数（弧度数），所以设 α 为一个任意角，它的意义实际上是"对于 R 中的任意一个数 α"。

第二，"它的终边 OP 与单位圆相交于点 P (x, y)"，实际上给出了两个对应关系，即（1）实数 α（弧度）对应于点 P 的纵坐标 y；（2）实数 α（弧度）对应于点 P 的横坐标 x。

其中 y，$x \in [-1, 1]$。因为对于 R 中的任意一个数 α，它的终边唯一确定，所以交点 P（x，y）也唯一确定，也就是纵坐标 y 和横坐标 x 都由 α 唯一确定，所以对应关系（1）和（2）分别确定了一个函数，这是理解三角函数定义的关键。

第三，引进符号 $\sin \alpha$，$\cos \alpha$ 时，我们类比对数符号的引入，让学生明白符号的整体性，以及符号对应的实际意义。对于任意一个实数 α，按对应关系（1），在集合 $B = \{z \mid -1 \leqslant z \leqslant 1\}$ 中都有唯一确定的数 $\sin \alpha$ 与之对应；按对应关系（2），在集合 B 中都有唯一确定的数 $\cos \alpha$ 与之对应。所以，$\sin \alpha$ 和 $\cos \alpha$ 都是由 α 所唯一确定的实数。

在研究过程中，为什么要取单位圆与终边的交点，这是认知上的一个难点。因为单位圆的特殊性，学生认为这个交点也是特殊点，不具有普适性。对于这一点，我们可以借助相似三角形的相关知识来帮助学生理解：三角函数值是一个比值，只要角确定，不论得到的三角形的边长如何变化，对应的比值都是不会变的。基于此，我们选择了斜边为 1 的三角形，也就是单位圆与终边的交点，因为其任意性，可以用此点的坐标来定义三角函数，选择单位圆也可以使定义最简洁。

（二）教学难点

难点一，理解三角函数是实数集之间的特殊对应关系，以运动变化的观点探究影响的因素；难点二，对符号 $\sin \alpha$、$\cos \alpha$ 和 $\tan \alpha$ 的认识；难点三，对三角函数内在联系的认识。

四、教学支持条件分析

任意角的三角函数是数学家在研究天文学的过程中提出的，为了提高学生的学习兴趣，激发学生的探究意识，新教材引入了更多数学史素材，在教学过程中可以设计相关活动，让学生了解数学家的研究成果和发展历程。这既满足了学生的好奇心，又加深了学生对三角函数相关概念及在实际生活中应用的了解，从多方面深化学生的理解。

此外，概念的抽象性意味着在概念生成的过程中难免会有生涩难懂的时候，我们可以充分借助信息技术，利用信息技术生成动画，让学生直观感受单位圆上点的坐标随着圆心角的变化而发生变化的过程，以及在运动过程中，横纵坐标之间的关系。在充分感受三角函数本质的同时，学生加深了对定义、公式，以及数学思想的理解，不论是"终边相同的角具有相同的三角函数值"，还是"相同的角和不同的三角函数值之间的关系"，以及"三角函数值在各个象限中的符号规律"，都可以通过信息技术直观呈现，提升和发展学生直观想象的数学素养，让学生体会数形结合的思想。

五、教法学法选择分析

教法：启发探究，互动讨论，问题解决。

学法：自主探究，动手操作，归纳总结。

六、教学过程

（一）教学流程设计

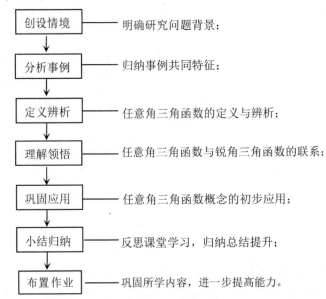

（二）教学过程设计

1. 创设情境，明确背景

引导语：我们知道，现实世界中存在着各种各样的"周而复始"的变化现象，圆周运动是这类现象的代表。如图4-10，单位圆⊙O上的点P以A为起点做逆时针旋转，如何建立一个函数模型，刻画点P的位置变化情况。

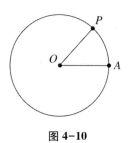

图 4-10

问题 1：根据已有的研究函数的经验，你认为可以按怎样的路径研究上述问题？

师生活动：学生分组讨论，教师提问，小组派代表回答，通过讨论得出研究路径：明确研究背景—对应关系的特点分析—下定义—研究性质。

设计意图：教师引导学生回顾旧知，以及以往研究经验，通过回顾以往的研究过程和基本方法，为接下来的具体研究指明方向。

2. 分析具体事例，归纳共同特征

引导语：我们知道，以射线 OA 为始边，OP 为终边，绕点 O 按逆时针方向旋转得到角 α。将单位圆放入直角坐标系中，如图 4-11，我们以圆心 O 为原点，射线 OA 为 x 轴的非负半轴，建立直角坐标系。此时，点 A 的坐标为 $(1, 0)$，点 P 的坐标为 (x, y)。

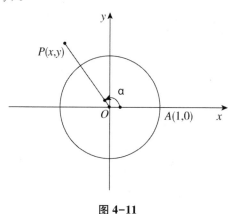

图 4-11

问题 2：我们分别计算当 $\alpha = \dfrac{\pi}{6}$、$\alpha = \dfrac{\pi}{2}$ 以及 $\alpha = \dfrac{2\pi}{3}$ 时，点 P 的坐标，并且思考当角 α 确定时，点 P 的坐标是唯一确定的吗？

师生活动：在学生求出当 $\alpha = \dfrac{\pi}{6}$ 时点 P 的坐标后追问以下问题。

追问：（1）求点 P 的坐标要用到什么知识？（直角三角形的性质）

（2）你可以描述一下求点 P 的坐标的步骤吗？（画出 $\dfrac{\pi}{6}$ 的终边 OP，过点 P 作 x 轴的垂线交 x 轴于 M，在 $\text{Rt}\triangle OMP$ 中，利用直角三角形的性质可得点 P 的坐标是 $\left(\dfrac{\sqrt{3}}{2},\ \dfrac{1}{2}\right)$。）

（3）如何利用上述经验求当 $\alpha=\dfrac{2\pi}{3}$ 时，点 P 的坐标？（可以发现，$\angle MOP=\dfrac{\pi}{3}$，而点 P 在第二象限，可得点 P 的坐标是 $\left(-\dfrac{1}{2},\ \dfrac{\sqrt{3}}{2}\right)$。）

（4）利用信息技术，任意画一个角 α，它的终边 OP 与单位圆交点 P 的坐标能唯一确定吗？这种唯一确定的对应关系你还在什么地方见过？你可以尝试使用数学语言来刻画这种关系吗？[对于 R 中的任意一个角 α，它的终边 OP 与单位圆交点为 $P\ (x,\ y)$，无论是横坐标 x 还是纵坐标 y，都是唯一确定的。这里有两个对应关系。f：实数 α（弧度）对应于点 P 的纵坐标 y；g：实数 α（弧度）对应于点 P 的横坐标 x。]

根据上述分析，$f: R\rightarrow[-1,\ 1]$ 和 $g: R\rightarrow[-1,\ 1]$ 都是从集合 R 到集合 $[-1,\ 1]$ 的函数。）

设计意图：通过梳理函数的对应关系，学生体会从特殊到一般的数学思想，厘清变量之间的对应关系，满足函数的定义，为接下来三角函数的定义打下基础，做好铺垫。通过借助单位圆简化对角的范围的讨论，借助直角坐标系，将代数问题与几何直观联系在一起，学生直观感受到终边的"周而复始"的运动。在此过程中，直角坐标系作为载体不仅从"形"的方面巧妙地展示了三角函数的运动变化规律，还从"数"的角度为任意角的三角函数定义提供了思路。

3. 任意角三角函数的定义与辨析

问题 3：阅读教材第 177 至 178 页，请同学们先思考再回答如下问题。

（1）正弦函数、余弦函数和正切函数分别与 $P\ (x,\ y)$ 的坐标有什么样的对应关系？

（2）符号 $\sin\alpha$、$\cos\alpha$ 和 $\tan\alpha$ 各表示什么？在之前的学习过程中，你有其他引入某个特定符号来表示一种变量的经验吗？

（3）为什么说当 $\alpha\neq k\pi+\dfrac{\pi}{2}\ (k\in Z)$ 时，$\tan\alpha$ 的值是唯一确定的？

（4）正弦函数、余弦函数的定义域为什么是全体实数？正切函数的定义域是什么？为什么？

师生活动：学生阅读教材，在此过程中教师巡视并答疑。

设计意图：以问题为导向，学生通过阅读教材，紧扣关键词，去辨析函数的概念，在知识结构中加入三角函数的定义。教师着重强调变量之间的对应关系和依赖关系，加强学生的函数观念，明确三角函数的三要素。类比过往的学习经验，如对数符号的引入，让学生理解三角函数符号的作用与意义。在三角函数定义的学习后，学生要利用函数的概念，分别从定义域、值域以及对应法则三个方面来说明三角函数定义的合理性。

4. 任意角三角函数与锐角三角函数的联系

问题4：我们曾在初中学习过三种锐角三角函数，在高中学习了任意角、定义了弧度制的基础上，定义了任意角的三角函数。那么，新的定义对于初中学习过的锐角三角函数依然是适用的吗？

师生活动：教师与学生一起画出直角三角形 ABC，其中 $\angle A = x$，$\angle C = \dfrac{\pi}{2}$，再将此三角形放入平面直角坐标系中，令点 A 与原点重合，AC 在 x 轴的非负半轴上，通过计算和比较，得出结论，即任意角三角函数的定义对锐角三角函数依然是适用的。

设计意图：建立锐角三角函数与任意角三角函数之间的联系，学生通过新旧知识的运用与对比体会两种定义之间的关联性与和谐性，更重要的是要借此理解这种"规定"的合理性，同时对三角函数的"函数本质"进行分析（函数三要素），这样有助于学生理解其中的合理性。

5. 任意角三角函数概念的初步应用

例1：利用三角函数的定义求 $\dfrac{5\pi}{3}$ 的正弦、余弦和正切值。

师生活动：学生根据任意角三角函数的定义来解答问题，交流后请学生代表发言，教师进行点评和补充，最后与学生共同总结出求三角函数值的基本步骤。

设计意图：学生学习概念后通过简单应用巩固对知识的理解，并通过实践，梳理总结用定义求三角函数值的基本步骤。

课堂练习：（1）利用三角函数的定义，求 π 和 $\dfrac{3\pi}{2}$ 的正弦、余弦和正切值。

（2）若 $\cos \alpha = 1$，α 的值可能是多少？

师生活动：学生之间互相交流，给出每个问题的答案，教师引导学生梳理答题步骤，总结易于理解和记忆的语句。

设计意图：学生对定义的理解情况体现在题目的解答过程中，教师可以借此判断学生的学习情况。

（3）学生根据任意角三角函数的定义填写下表（表4-6）。

表 4-6

角 α	0°	30°	45°	60°	90°	180°	270°	360°
角 α 的弧度制								
角 α 与单位圆的交点坐标								
交点纵坐标（$\sin\alpha$）								
交点横坐标（$\cos\alpha$）								
交点纵横坐标之比（$\tan\alpha$）								

设计意图：学生运用任意角三角函数的定义求特殊角的三角函数值，以此深化对三角函数概念的理解，并强化其应用。

例2：如下图（图4-12），设 α 是一个任意角，它的终边上任意一点 P（不与原点 O 重合）的坐标为 (x, y)，点 P 与原点的距离为 r。求证：$\sin\alpha = \dfrac{y}{r}$，$\cos\alpha = \dfrac{x}{r}$，$\tan\alpha = \dfrac{y}{x}$。

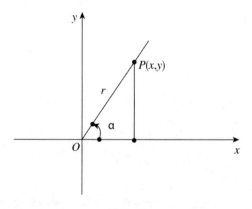

图 4-12

师生活动：教师提出问题后，可以以问题串的形式引导学生深入思考，再尝试证明。

（1）根据任意角三角函数的定义，你能通过作图表示出 $\sin\alpha$、$\cos\alpha$ 吗？

（2）在你所作的图形中，$\dfrac{y}{r}$、$\dfrac{x}{r}$、$\dfrac{y}{x}$ 所表示的是什么？它们与任意角 α 的

三角函数的关系是什么？

（3）为什么这些函数值不会随点 P 位置的改变而改变？你能说出原因吗？

设计意图：教师通过问题串的形式，帮助学生找到两个解决问题关键的三角形 $\triangle OMP$ 和 $\triangle OM_0P_0$，并利用三角形相似的性质，结合任意角三角函数的定义得到证明。

追问：例 2 实际上从另一个角度给出了任意角三角函数的定义，并且通过证明，我们发现这种定义是与已有的定义等价的。你能尝试用数学符号语言表述一下这种定义吗？

师生活动：学生思考后，请几位同学代表发言，全班交流后总结得出准确的数学定义。

设计意图：教师通过证明，引入三角函数的另一个定义加深学生的理解。教师在任意角的终边上取一点，设该点为角的终边与任意圆的交点，利用此圆与单位圆是同心圆，类比利用角的终边与单位圆上交点的坐标定义三角函数的研究方法，得出新的定义。课堂中，教师着重引导学生深入思考、理解两种定义等价背后的原因，最好由学生独立给出新的定义。

6. 课堂小结反思，归纳总结提升

从角的概念推广到任意角，再到弧度制的引入，我们得出任意角三角函数的定义，请回顾这个过程，并梳理我们得出任意角三角函数定义的逻辑关系，我们知道任意角三角函数概念的产生是角扩充后的必然结果。

对比锐角三角函数的定义和任意角三角函数的定义，我们可以发现二者既有相同点，也有不同点。相同之处是，二者定义的三角函数值都是比值；不同之处是，锐角三角函数的定义是基于直角三角形，得出的比值是直角三角形三条边之间的比值关系，而任意角三角函数的定义是以单位圆为媒介，基于单位圆与任意角的终边的交点坐标，得出的比值是点坐标与半径的比值，抑或是坐标与坐标的比值，前者的取值必为正，而后者可正可负，亦可为零。二者发展背景不同，我们要强调不可将任意角三角函数看作锐角三角函数进行推广拓展。

本节课学习三角函数的定义，你能感知哪些数学思想和方法？

设计意图：我们回顾和总结本节课的主要内容和三角函数在本节课中的应用，引导学生体悟课程中蕴含的数学思想。

7. 课堂练习，目标检测设计

练习 1：利用三角函数定义，求 $\dfrac{5\pi}{6}$ 的三个三角函数值。

练习 2：已知角 θ 的终边过点 P $(-12, 5)$，求角 θ 的三角函数值。

设计意图：我们考查学生对任意角三角函数定义的理解和灵活运用。

七、教学实践心得

（一）通过模型建构三角函数概念，形成问题研究路径

三角函数的内容是函数主题中的一部分，我们沿用了前面其他几类基本初等函数的研究路径和研究经验，但是又有所不同。其他几类函数的研究是从特殊到一般的归纳过程，而对于三角函数概念的生成，单位圆发挥了重要的作用，由单位圆上的点在运动过程中的变化规律的描述，在动中找不动，变化中找不变。三角函数概念的建构过程，是一个数学化的过程。我们把定义三角函数这个问题归结为点 P 的坐标与旋转角 α 之间对应关系的探索，然后通过"探究"，引导学生从特殊到一般，对单位圆上点的坐标与相应的角之间的对应关系展开研究，得出点 P 的横纵坐标与角 α 之间的对应关系，即任意角 α，都有唯一确定的坐标与之相对应，这种对应关系就是函数，即三角函数。

在模型的构建过程和概念的生成过程中，我们创设适当的情境，这是激发学生兴趣、促进学生思考的基础。通过具体实例，我们引导学生发现问题的共性以及运动变化过程的规律，让学生体悟数学和现实密不可分。在此基础上，概念的抽象过程是需要重视的环节。整个探究过程基于函数概念的探究，也就是首先要找到集合到集合之间的对应关系，确认任意自变量（角），都有唯一确定的值（三角函数值）与之对应，这样的关系即为函数关系。一次、二次函数都可以通过简单的描点画出图像，增强几何直观，而三角函数相较于之前学习的函数而言，其抽象度比较高，这就需要在教学中设计恰当的问题与活动，帮助学生构建函数模型，生成函数概念，使抽象的运动变化过程可视化、可体验，从而降低学生的认知难度。

单位圆上点的坐标定义任意角的正弦函数、余弦函数，体现了圆周运动这个典型的周期性变化现象，而单位圆上点的圆周运动又不失一般性，这个过程本身就是一个数学抽象过程。另外，单位圆的定义清楚地表明了正弦函数、余弦函数从自变量到函数值之间的对应关系。所以，单位圆定义的三角函数可以更好地反映三角函数的本质，也正是三角函数的这种形式决定了它们在数学（特别是应用数学）中的重要性。

在抽象三角函数定义的过程中，单位圆始终贯穿其中，有着非常重要的作用。事实上，任意角、任意角的三角函数、同角三角函数的关系式、诱导公式、三角函数的图像、三角函数的性质等，都可以借助单位圆得到认识，这也是人

们把三角函数称作"圆函数"的原因。

(二) 突出数学思想方法，引导分析思考解决方法

数学抽象是数学的基本思想，数学概念的教学是培养学生数学抽象思维的重要土壤，学生在此过程中经历数学抽象的过程，由特殊到一般，把握数学本质，去掉外在"包装"，用数学语言、符号语言来描述、刻画事物间的关系。新教材的教学理念之一，便是让学生亲身经历、体验新知识的发生发展过程。

在定义任意角的三角函数的教学过程中，教师也应着力创设合适的问题情境，通过一系列课堂活动，将学生置身于整个概念生成的过程中，让学生去切身体验，并体悟在概念形成的过程中可以从哪些角度进行科学的思辨，并适时渗透数形结合、坐标法等数学思想。依托数学思想方法的深化，教师进一步促进学生对任意角三角函数概念的理解，让学生充分体会在任意角三角函数的定义生成过程中，如何将初中学习过的锐角三角函数，也就是基于直角三角形的"形"的几何问题，转换到基于直角坐标系下，单位圆与任意角终边交点坐标"数"的代数过程，就是从几何到代数的转化过程，不仅提升了学生数学抽象的素养，还进一步培养了学生直观想象的素养。

类比、联系、特殊化、推广、化归等是数学研究中常用的方法。在教学过程中，教师要注意特殊与一般思想，譬如，由特殊角到任意角、由终边与单位圆的交点到终边上任意点、由单位圆定义三角函数到角终边上任意一点定义三角函数，这都是特殊与一般的转化。这一节课随处可见转化与化归的思想，例如，角转化为角的终边，角的终边转化为终边与单位圆的交点，交点又转化为交点的横（纵）坐标，交点的横（纵）坐标转化为对应的比值，对应的比值就是定义的三角函数值。学生从初中学习的锐角三角函数的定义到高中阶段用单位圆上点的坐标表示的任意角三角函数的定义，一个重几何，一个重代数，不可视为简单的概念的拓展。在高中函数概念的指引下，三角函数也是实数到实数的对应，学生对定义的理解很难一步到位，需要分成若干个层次，逐步理解。这就需要教师在深度理解三角函数的概念后，帮助学生概括三角函数的定义，增强学习活动的体验，使学生独立思考、自主探究，用数学思想和方法指引学生学习数学概念，从而使学生真正完成三角函数概念的意义建构。

案例 6　全概率公式
《数学　选择性必修　第三册》（人教 A 版）第七章 7.1.2

一、内容和内容解析

（一）内容

本节选自普通高中教科书《数学 选择性必修 第三册》（人教 A 版）第七章 7.1.2。本节的主要内容是全概率公式和贝叶斯（Bayes）公式。

（二）内容解析

1. 内容的本质

全概率公式包含了对复杂事件的"切分"，需要将看起来不好入手的复杂事件转化为多个互斥、简单的事件，利用"并事件的概率用加法、积事件的概率用乘法"，用相关运算性质来求复杂事件的概率，这是全概率公式的核心思想以及基本思路。

在新教材引入样本空间的概念后，概念不再依据枯燥无味的描述，而是有了集合这个理论基础，有了直观的数学刻画。对于全概率公式的理解，教师亦可以基于此，不仅可以使用文字语言引导学生，还可以使用集合语言来刻画。

教材还给出贝叶斯公式的概念，对于一组两两互斥的事件 A_1，A_2，$\cdots$，A_n，$P(A_i)$ 反映了各子事件发生的可能性，它们在试验前是已知的，称为先验概率。我们利用贝叶斯公式求 $P(A_i/B)$，是在已知试验结果 B 发生的前提条件下，探索导致结果发生的某个"原因" A_i 的可能性，我们称之为后验概率。贝叶斯虽然作为选学内容存在，但是也可以理解为全概率公式的应用，其本质就是求条件概率。

2. 蕴含的数学思想和核心素养

（1）特殊与一般思想：在教学过程中，教师提出具体实例，引导学生归纳求复杂事件概率的基本思路，再将其一般化，得到全概率公式，体现了从特殊到一般、从具体到抽象的思想方法。

（2）转化与化归思想：全概率公式，在解决实际问题时根据事件的意义附加一个条件，按某种标准将复杂事件分解为简单事件，实现从已知的简单事件的概率计算出复杂事件的概率，将复杂问题转化为简单问题。

（3）数学抽象素养：由具体的实例出发，经过一系列抽象归纳，得到一般性的数学结论，这培养了学生的数学抽象素养。

（4）逻辑推理素养：运用概念和公式对实际问题进行分析和推理，掌握解决概率问题的方法，这培养了学生的逻辑推理素养。

（5）数学建模素养：通过分析实际问题，从具体的实例中抽象出数学模型，这提升了学生的数学建模素养。

3. 知识的上下位关系

在高一的学习中，学生通过建立试验的样本空间，将随机事件与集合联系在一起，对随机事件给予了新的定义，即随机事件就是样本空间的子集，在这个基础上，基于子集、并集的概念得出了事件之间的关系，以及事件的运算和概率的加法公式等，这些知识都为后续古典概型的学习、条件概率的构建以及全概率公式的得出奠定了相应基础。

在全概率公式学习之前，学生首先学习了在某些特定条件下的随机事件的概率——条件概率，由此推出了概率论中非常重要的一个公式：概率的乘法公式。新教材引入样本空间的概念，也使学生对条件的概率的理解变得相对直观。

有了以随机事件的关系、概率性质、古典概型以及条件概率为基础，学生用简单事件的运算来表示复杂事件、利用概率的运算法则来简化复杂事件概率的运算就变得水到渠成。在概率问题的处理中，我们首先进行样本空间的划分，以及事件的"切割"，以此突出样本空间的层次，使事件关系变得简单明了。在此基础上，我们归纳得到全概率公式和贝叶斯公式，使概率的运算进一步得以完善，体现了化难为易的转化与化归的思想，加深了学生对随机事件概率的理解与感悟。下图（图4-13）是这些知识的框架结构。

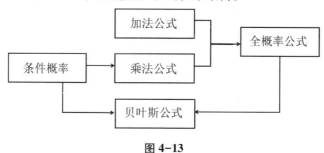

图4-13

4. 育人价值

教师提升学生应用数学的意识，激发学生学习数学的兴趣，培养学生用数学的眼光看待随机事件的概率，通过条件概率等已有知识分析复杂问题，由具体实例抽象得出一般性的数学结论，使学生逐步形成分析问题、解决问题的能力。在公式推广的过程中，教师利用集合的运算法则进行严谨计算，逐步培养学生严密的逻辑思维，提升数学抽象、逻辑推理、数学运算等素养。

5. 教学重点

全概率公式及其应用。

二、目标和目标解析

（一）目标

（1）结合古典概型，让学生利用全概率公式计算概率。

（2）让学生了解贝叶斯公式（选学）。

（二）目标解析

学生达成上述目标的标志。

（1）学生能够结合实例理解全概率公式，利用条件概率以及概率的加法公式得到全概率公式，并且能够具体应用。

（2）学生能够通过具体例子了解贝叶斯公式，按照理解用自己的语言解释贝叶斯公式，理解"先验"和"后验"的内涵。

三、教学问题诊断分析

（一）问题诊断

在全概率公式的学习过程中，教师要求学生从实际问题的解决中归纳研究方法，再一般化得到公式，对数学抽象、逻辑推理等素养有较高要求。反之，学生面对一个实际问题，根据事件的意义附加一个条件，使复杂事件可按某种标准分解为简单事件，从而运用全概率公式解决问题，这也是一个难点。因此，学生对公式的理解、记忆及应用可能存在困难。

在贝叶斯公式的学习过程中，与之相关的实际问题常常无法用直觉判定，难以迅速得到正确答案，或由于答案与直觉相悖而产生困惑。本节教学设计中的课后拓展题"三门问题"，我们若凭直觉思考可能忽略条件概率中的"条件"，错将先验概率作为后验概率，如例 2 "病毒检测问题"，已知某人在检测结果为阳性的情况下，此人得传染病的概率并不是直觉中的接近 100%。因此，学生对公式的理解可能会存在困难。

（二）教学难点

运用全概率公式求概率。

四、教学支持条件分析

在前一阶段的学习中，学生学习了随机事件的概念以及相关运算与性质，为本节课的学习奠定了理论基础和方法基础。在概念引入时，教师可选取学生熟悉的、有趣的、经典的情境，由具体到抽象，逐步引导学生自主探究概念生成的过程。在分析问题时，教师可充分借助多种数学语言，采用韦恩图等直观的图形语言来理解事件的相互关系，借助树状图、列表等具体方式，帮助学生看到和感受样本点，使学生能更深入地理解和应用全概率公式。另外，在学习过程中，教师也可以采用随机模拟的方法，用信息技术工具获得重复随机试验的结果，估计随机事件（如三门问题）发生的概率，帮助学生直观地验证结果。在应用公式时，教师可设置侧重点不同的情境强化学生对知识的应用，用数学模型解决实际问题。

五、教法学法选择分析

教法：启发探究，互动讨论，问题解决。

学法：自主探究，动手操作，归纳总结。

六、教学过程

（一）教学流程设计

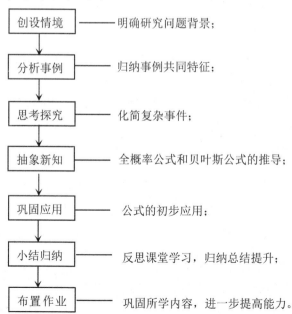

创设情境	—— 明确研究问题背景；
分析事例	—— 归纳事例共同特征；
思考探究	—— 化简复杂事件；
抽象新知	—— 全概率公式和贝叶斯公式的推导；
巩固应用	—— 公式的初步应用；
小结归纳	—— 反思课堂学习，归纳总结提升；
布置作业	—— 巩固所学内容，进一步提高能力。

（二）教学过程设计

1. 创设情境，抽象全概率公式

引导语：在上节课中，我们学习了条件概率的定义与计算公式，并且由其变形拓展到概率的乘法公式 $P(AB) = P(A)P(B|A)$。在现实生活中，我们经常会面临一些比较复杂的随机事件，对于此类事件的概率，我们该如何求解呢？我们先来看几个比较熟悉的例子。

问题1（不放回摸球问题）：从有 a 个红球和 b 个蓝球的袋子中，每次随机摸出1个球，摸出的球不再放回。显然，第1次摸到红球的概率为 $\dfrac{a}{a+b}$，那么第2次摸到红球的概率是多大？如何计算这个概率呢？

师生活动：学生思考并尝试解决问题，教师在巡视过程中发现学生的闪光点并加以引导。

设计意图：在初引入阶段，我们应当将侧重点放在学生的直观感知上，由于抽签在日常生活中并不陌生，由简单随机抽样的公平性，可知第2次摸到红球的概率应该也是 $\dfrac{a}{a+b}$。但是在得出这个结果的同时，学生可能也会觉得不是很确定，因为显然第2次摸球的结果会受第1次摸球结果的影响。教师在此进一步追问。

追问：（1）你能证明第2次摸到红球的概率是 $\dfrac{a}{a+b}$ 吗？怎么证明？

师生活动：教师先由学生自主论证，交流学习结果。教师引导学生从古典概型的角度分步思考，对学生进行点评，并给出严格的推导过程。

事件 R_i = "第 i 次摸到红球"，B_i = "第 i 次摸到蓝球"，$i = 1, 2$。在推导过程中，我们可以借助树形图来表示事件之间的关系，并引导学生将有些复杂的事件进行转化，拆分成几个互斥的简单事件，可得到"第二次摸到红球"这件事依照第一次摸到球的情况，分为"第一次红球且第二次红球"，以及"第一次蓝球且第二次红球"。

我们利用概率的加法公式：$P(R_2) = P(R_1R_2 \cup B_1R_2) = P(R_1R_2) + P(B_1R_2)$，再结合上一节课学习过的乘法公式，进一步可得：$P(R_2) = P(R_1R_2 \cup B_1R_2) = P(R_1R_2) + P(B_1R_2) = P(R_1)P(R_2|R_1) + P(B_1)P(R_2|B_1)$

$$= \frac{a}{a+b} \times \frac{a-1}{a+b-1} + \frac{b}{a+b} \times \frac{a}{a+b-1} = \frac{a}{a+b}$$

设计意图：学生在全概率公式的学习中，如何处理事件的关系、将事件进行转化，这些是关键点。摸球问题是一个常见的古典概型问题，我们可以通过列举写出样本空间所包含的样本点，也可以借助树状图帮助学生更加直观地理清思路。在这个过程中，教师应引导学生将复杂事件分解为简单事件，这两个简单事件应互斥，且并集为全集。

（2）若一开始袋子中还有 c 个黄球，其他条件不变，那么第 2 次摸到红球的概率是多大？如何计算这个概率呢？

师生活动：学生仿照问题 1 的研究过程进行思考，展示成果。

设计意图：教师可引导学生类比问题 1 画出树形图，并且研究两个树形图的变化，发现两个问题在思路分析时的共性与不同。共性是两个问题都可以用树形图分步研究，事件 R_2 都可按第 1 次可能的摸球结果表示为互斥事件；不同的是问题 1 中每一步都有两种可能的结果，追问 2 中则有三种，在树形图中体现为每步多一支。最后，由思路分析进一步进行代数式的分析与计算，在这个过程中，学生将问题从简单到复杂（将复杂事件分别分割成 2 个、3 个互斥事件），为公式一般化（将复杂事件分割成 n 个互斥事件）、归纳出全概率公式做铺垫。

问题 2（就餐选择问题）：某学校有 A、B 两家餐厅，王同学第 1 天午餐时随机选择一家餐厅用餐。如果第 1 天去 A 餐厅，那么第 2 天去 A 餐厅的概率为 0.6；如果第 1 天去 B 餐厅，那么第 2 天去 B 餐厅的概率为 0.8。计算王同学第 2 天去 A 餐厅用餐的概率。

师生活动：学生类比问题 1 的求解思路进行思考，与同桌交流，并展示成果。教师引导学生采用类比的方法，借助树状图厘清思路，对学生在解题过程中的不严谨之处进行纠正、补充。最后，师生共同得出严谨的解题过程。

设计意图：在解题过程中，教师可引导学生归纳解题步骤。第一步，用符号表示随机事件；第二步，划分样本空间，分为几个互斥的积事件的和；第三步，分别计算概率 $P(A_1)$、$P(B_1)$、$P(A_2 \mid A_1)$、$P(A_2 \mid B_1)$，继而用概率乘法公式分别计算几个积事件的概率；第四步，利用概率加法公式计算所求事件概率 $P(A_2)$。

追问：（1）若学校有 A、B、C 三家餐厅，其他条件不变，那么王同学第 2 天去 A 餐厅用餐的概率是多少？如何计算这个概率？

师生活动：学生分组讨论，教师巡视并进行适当指导。

设计意图：学生再次经历类似问题 1 的从简单到复杂的过程（复杂事件分别被分割成 2 个、3 个互斥事件），感受两个问题的共同点，为得到一般化的公式做铺垫。

（2）以上两个问题的求解思路有何共同点？将这个过程一般化，你能归纳出求复杂事件概率的基本思路吗？你能从问题解决过程中抽象出关键公式，并用代数式表示吗？

师生活动：师生共同归纳出如下解题思路。

（1）问题1与问题2的共同点：首先都用符号语言表示事件；在问题分析的过程中都将事件进行了分步；两个问题的第一步都包含了多种情况且互斥。

（2）求复杂事件概率的基本思路：复杂事件可拆分为两两互斥的事件，再由概率的加法公式和乘法公式求得这个复杂事件的概率。

（3）关键公式（全概率公式）：一般，设 A_1，A_2，…，A_n 是一组两两互斥的事件，$A_1 \cup A_2 \cup \cdots \cup A_n = \Omega$ 且 $P(A_i) > 0$，$i = 1, 2, \cdots, n$，则对任意的事件 $B \subseteq \Omega$，有 $P(B) = \sum_{i=1}^{n} P(A_i) P(B \mid A_i)$。

教师指出这个公式称为全概率公式，它是计算概率的基本公式之一。

设计意图：在一般化的过程中，教师可用结构图、韦恩图等方式直观表述，引导学生归纳两个问题的共性特征，帮助学生更加深刻地理解全概率公式的思想。同时，教师应注重从具体问题中归纳公式的使用条件。

结合图形，教师可更直观地引导学生进一步挖掘全概率公式的本质。

如图（图4-14），我们要求复杂随机事件的概率为 $P(B)$，如果把"全"部概率 $P(B)$ 根据其实际意义分解成多个互斥事件之和，它的实际意义为在较复杂的情形下不易直接计算 $P(B)$，但挖掘出事件 B 的发生总是跟某个 A_i 的发生有关，因此，可以根据事件的意义将复杂事件 B 分解为 A_iB，再依据概率的乘法公式，计算即可简化。

此外，我们假定事件 A_1，A_2，…，A_n 是导致试验结果的"原因"，当各种"原因"发生的可能性大小 $P(A_i)$ 已知时，利用全概率公式求 $P(B)$，即"由因求果"。

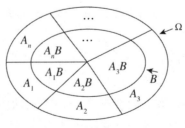

图4-14

设计意图：教师由具体实例，通过数学抽象得出一般性的数学结论，这是培养学生抽象素养的重要途径。在这一环节中，教师设置了两个学生熟悉的、经典的情景，通过比较异同，归纳解决问题的方法与思想。在这个过程中，教师培养学生用数学的眼光看待随机事件的概率，使学生逐步形成分析问题、解决问题的能力，提升学生数学抽象、逻辑推理、数学运算等素养。

2. 拓展思考，了解贝叶斯公式

问题 3（零件加工问题）：有 3 台车床加工同一型号的零件，第 1 台加工的次品率为 6%，第 2、3 台加工的次品率均为 5%，加工出来的零件混放在一起。我们已知第 1、2、3 台车床加工的零件数分别占总数的 25%，30%，45%。

（1）任取一个零件，计算它是次品的概率。

（2）如果取到的零件是次品，计算它是第 i（$i = 1$, 2, 3）台车床加工的概率。

师生活动：教师先提出问题 3，首先要求学生用符号语言表示问题 3 中的事件，并明确题干中每个概率值的含义，再引导学生结合韦恩图将事件 B 表示为 3 个两两互斥事件。接着，学生自主解决问题，可与同学讨论，由一位学生代表展示思路。教师引导学生按步骤解决问题。

设计意图：教师通过例题进一步强化学生符号化表示的意识，使学生熟练用全概率公式计算概率的方法与步骤。问题 3（2）中条件概率的计算，为引出贝叶斯公式做准备。

问题 4：在上面的例题解答中，概率 P（A_i）、P（A_i | B）的实际意义是什么？

师生活动：教师在学生先行思考的基础上进行讲解，指出 P（A_i）是在所有零件中，第 i 台车床加工的零件所占比例，是在事件发生之前就已知的，称为先验概率。在已知抽到的零件是次品（B 发生）的前提下，P（A_i | B）是这件被抽到的次品来自第 i 台车床的可能性，通常称为后验概率。也就是在这个事件中，我们如果对次品的产生追究相应的责任，那么次品源于第 1、2、3 台车床操作员的可能性分别是 $\frac{2}{7}$、$\frac{2}{7}$、$\frac{3}{7}$。

追问：你能梳理出解决问题 4 过程中的等价关系，并写出相应等式吗？在数学概念的学习中，我们经常用类比的思想方法，那么你能仿照刚才得全概率公式的过程，得出其一般形式吗？

师生活动：首先，教师引导学生梳理出解决问题 4 过程中的关键等式，即条件概率的计算公式，$P（A_i | B） = \dfrac{P（A_i B）}{P（B）} = \dfrac{P（A_i）P（B | A_i）}{P（B）}$，$i = 1$, 2,

3。接下来，学生回顾刚才的推导过程，由关键等式尝试推导得出贝叶斯公式：
设 A_1，A_2，$\cdots$，A_n 是一组两两互斥的事件，$A_1 \cup A_2 \cup \cdots \cup A_n = \Omega$ 且 $P(A_i) > 0$，$i = 1$，2，$\cdots$，n，则对任意的事件 $B \subseteq \Omega$，$P(B) > 0$，有 $P(A_i \mid B) =$

$$\frac{P(A_i)\,P(B \mid A_i)}{P(B)} = \frac{P(A_i)\,P(B \mid A_i)}{\sum\limits_{i=1}^{n} P(A_i)\,P(B \mid A_i)}。$$

教师指出：这个公式是由英国数学家贝叶斯首先发现的，称为贝叶斯公式，它的本质就是条件概率，贝叶斯公式和全概率公式反映了解决概率问题时两种不同的思维方式，这在生产实践和统计学中有着极为广泛的应用。

设计意图：教师借助信息技术和结构图，引导学生通过对比研究贝叶斯公式与全概率公式的本质关联，让学生体会贝叶斯公式的思想。教师借助具体实例，让学生经历贝叶斯公式的一般化过程，在此过程中提升学生的数学抽象能力，使学生认识到事物之间存在广泛的联系，而这种联系需要有敏锐的数学眼光才能发现。

3. 运用公式，深化概念理解

例 1（信号发送问题）：在数字通信过程中，信号是由数字 0 和 1 组成的。由于随机因素的干扰，发送的信号 0 或 1 有可能被错误地接收为 1 或 0。我们已知发信号 0 时，接收为 0 和 1 的概率分别为 0.9 和 0.1；发送信号 1 时，接收为 1 和 0 的概率分别为 0.95 和 0.05。我们假设发送信号 0 和 1 是等可能的，（1）分别求接收的信号为 0 和 1 的概率；（2）已知接收的信号为 0，求发送的信号是 1 的概率。

师生活动：教师先引导学生通过画树形图（其中记事件 A = "发送信号为 0"，B = "发送信号为 1"）分析复杂事件及各概率值的含义，选择适当的方法求解 [第（1）问用全概率公式，第（2）问用贝叶斯公式]。

教师再结合学生的解答情况，给出分析和解答的过程。

设计意图：教师让学生熟悉用树形图分析复杂事件的方法，通过具体实例，巩固全概率公式和贝叶斯公式，加强它们的应用，使学生积累用条件概率、概率的乘法公式、全概率公式、贝叶斯公式来解决问题的经验，并且灵活运用。

例 2（病毒检测问题）：用验血的方式诊断某人是否感染乙肝病毒，A 表示"被检者感染了乙肝病毒"，B 表示"被检者验血结果为阳性"，$P(B \mid A) = 0.99$，$P(B \mid \overline{A}) = 0.05$。假设某一群体感染乙肝病毒的概率为 0.5%，该群体中某人检测结果呈阳性，他感染乙肝病毒的概率是多大？（保留两位有效数字）

师生活动：教师先引导学生通过树形图分析复杂事件，明确题干中的概率值对应哪个事件的概率，选择贝叶斯公式求解。

设计意图：教师让学生熟悉用树形图分析复杂事件的方法，通过医学实例，让学生进一步体会贝叶斯公式中各条件概率的实际意义，理解概率思想。另外，教师由结果再次引导学生，对于数学问题，不能仅凭感觉来判断，而要进行严格的推导证明。

4. 总结提升，启迪思维

小结与反思：

（1）全概率公式中将样本空间分拆成若干两两互斥事件的并集的作用是什么？

（2）应用全概率公式计算概率的步骤是什么？

（3）条件概率和贝叶斯公式有什么联系？

设计意图：教师通过问题组梳理全概率公式的基本思想和应用的步骤，有助于学生把握数学思想方法，提升数学素养。

课后拓展题（三门问题）：在一个抽奖游戏中，主持人从编号为 1、2、3 的三个外观相同的空箱子中随机选择一个，放入一件奖品，再将三个箱子关闭。主持人知道奖品在哪个箱子里。游戏规则是主持人请抽奖人在三个箱子中选择一个，若奖品在此箱子里，则奖品由抽奖人获得。我们设你选了 1 号箱，在箱子打开之前，主持人先打开此箱之外的一个空箱子（不妨设为 3 号箱）。给你一次重新选择的机会，你是坚持选 1 号，还是改选 2 号？

提示：结合教材第 53 页"阅读与思考"，解决上述问题，并了解贝叶斯公式与人工智能的关系。

设计意图：教师为学生课后拓展提供方向，点出数学在高科技发展中占有的重要地位，激发数学学习热情，提升数学应用的意识。

七、教学实践心得

（一）注重逻辑和直观，促进概念理解

全概率公式、贝叶斯公式的生成过程与本质理解是本节课的重点和难点，教师设计三个问题，借助学生熟悉的情境，结合学生的最近发展区，让学生经历从现实中发现数学问题，并将公式一般化、代数化的过程，力求强调重点、突破难点，实现基于理解的深度教学。

在这个部分，我们可以从逻辑和直观两个方面入手，帮助学生进一步深入理解。从直观上来讲，本节课借助韦恩图，帮助学生从集合的角度认识和理解

事件之间的关系，以及运用全概率公式的必要性和化难为易、化未知为已知的化归思想。对照直观的图形，来理解抽象晦涩的公式，这符合学生的认知特点，可以帮助学生理解其本质。在贝叶斯公式的学习中，学生也可以进一步感受两个公式的差别和应用场景。

（二）领悟思维与转化，提升核心素养

学生理解全概率公式和贝叶斯公式之后，本设计注重引导学生剖析其数学本质。这两个公式虽然是通过概率的加法公式和乘法公式综合应用推导而来的，但其本身蕴含着很强的数学思想，如全概率公式能使计算化繁为简，可由因求果，而贝叶斯公式可由果索因。教师对公式的数学本质的剖析，有助于真正实现学生严密逻辑思维的培养，提升数学抽象、逻辑推理、数学运算等数学核心素养。

这两个公式体现了解决概率问题的两个不同的思维方式。

全概率公式是"由因推果"，问题的关键在于找准样本空间的合理切分点，理解切分样本空间的必要性以及实际意义，而构成样本空间的样本点类型的差异性，往往成为我们入手的关键以及划分的标准。即，我们要求复杂事件 B 发生的概率，需先探求引起事件发生的原因 A_i，这里的 A_i 需尽量单一简单，并且相互无公共交叉的部分（互斥），而所有的可能又刚好是整个样本空间；找准 A_i 后，对样本空间进行划分，求复杂事件的概率便转化成求多个积事件的概率之和。求积事件的概率便可以通过上节课学习过的概率乘法公式来完成，学生成功实现了由难到易，由未知到已知的转化。

贝叶斯公式则是"执果索因"，其本质就是条件概率的应用。在已知事件 B 已经发生的前提下，探求其中可能引起 B 发生的某个原因 A_i 所占的比重（也称为其对结果 B 的发生所做的贡献），由条件概率的定义可知，我们需要得到的是构成事件 B 的某个积事件的概率与事件 B 发生的概率的比值，在计算两个概率的过程中，需要概率乘法公式及加法公式的运用。在实际的生产生活实践中，贝叶斯公式的这种"执果索因"的意义显得更重要，应用也更广泛。

总之，在这部分概念教学中，教师一定要引导学生真正领悟概率解决问题的思维与转化，这样学生才能深层理解概念，灵活运用公式，提升数学素养。

（三）分层差异考虑略有不足

本设计强调逻辑推理，重视运算，对学生的理解能力和思维水平有较高的要求，适合功底扎实的示范性高中学生，对基础薄弱的学生来说较困难，我们需要在突破关键难点的部分进一步加以设计，尽可能用更通俗易懂的实例与语言启发学生，利用信息技术等手段给学生更直观的感受，使整个逻辑概念的生成更顺畅与自然。教师一定要避免将这样的课堂变成概念的死记硬背和公式的生搬硬套。

案例 7　椭圆及其标准方程
《数学　选择性必修　第一册》（人教 A 版）第三章 3.1.1

一、内容和内容解析

（一）内容

本节课选自普通高中教科书《数学 选择性必修 第一册》（人教 A 版）第三章 3.1.1。本节的主要内容是椭圆的几何特征、椭圆的标准方程、椭圆几何特征的发现、椭圆标准方程的推导。

（二）内容解析

1. 内容的本质

椭圆的标准方程是圆锥曲线方程的第一课，学生在学习直线和圆的方程的基础上，先抽象椭圆的几何特征，然后建立它的标准方程，再利用方程研究它的几何性质，并利用它们解决简单的实际问题。我们从知识的前后联系看，这是坐标法的进一步运用，所要解决的仍然是解析几何两个重要的基本问题：由几何性质通过坐标法得出标准方程和通过标准方程更进一步地研究图形的几何性质。

从本章知识的内部结构看，椭圆、双曲线、抛物线这三种圆锥曲线的研究背景、研究思路、研究方法具有高度的相似性，因而椭圆的标准方程的学习在全章的学习中具有基础地位，可以发挥很重要的典型性作用。解析几何的出发点是几何，落脚点也是几何，椭圆概念的提出是在问题"椭圆具有怎样的几何特征"的引领下进行的，学生从中发现椭圆的几何特征，进而获得椭圆的概念，明晰研究的基础与出发点。"椭圆标准方程"部分，先根据椭圆的几何特征建立平面直角坐标系，然后通过代数运算得到椭圆的标准方程。"椭圆的简单几何性质"部分，在明确要研究的性质的基础上，学生可以通过椭圆的方程研究椭圆的范围、对称性、顶点、离心率等。上述过程体现了研究圆锥曲线的一般思路和方法，其包括如何发现曲线的几何特征、如何建立适当的坐标系、如何简化和优化方程、研究曲线的哪些性质、如何运用方程进行研究等。椭圆单元最重要、最根本的数学思想方法是坐标法。另外，在解决问题的过程中，数形结合、转化与化归、整体与局部等也发挥着重要作用。椭圆单元的学习有助于学生学会合乎逻辑地、有条理地、严谨精确地思考和解决问题，有助于发展学生数学抽象、数学建模、逻辑推理、数学运算、直观想象等方面的素养。

2. 蕴含的数学思想和核心素养

（1）数形结合思想：学生借助椭圆的几何特征，建立平面直角坐标系，从而再经过代数运算得到椭圆的标准方程。在此过程中，学生构建曲线与方程的联系尤为重要。

（2）转化与化归思想：面对椭圆轨迹方程这样一个陌生的问题，学生可以通过类比圆的轨迹方程，根据熟悉的原则，从而得到椭圆的标准方程。

（3）从整体到局部思想：学生可以先从完整的椭圆入手，研究椭圆的整体性质，如对称性、由圆压缩可得等，进而借助部分椭圆曲线的判断转而进行定量研究。

（4）直观想象素养：椭圆的标准方程的推导离不开对椭圆的几何性质的直观感知，选择合适的坐标系也依赖椭圆的对称性。

（5）数学抽象素养：从日常生活中司空见惯的物体中概括椭圆的基本形状，并通过坐标系来展示，这个定义过程本身就是数学抽象过程。

3. 知识的上下位关系

在此之前，学生学习过直线与圆的方程，从"数"到"形"，根据方程准确地描述直线与圆的方程的几何性质，从"形"到"数"，通过直观感受直线与圆的几何性质，建系设点、列式运算，从而得出圆的标准方程。圆的轨迹方程求解已经在一定程度上为学生掌握求解曲线的轨迹方程进行了铺垫，学生已经了解平面解析几何主要研究两个问题：一是由几何性质通过坐标法得出标准方程，二是通过标准方程进一步研究图形的几何性质。类比前面直线与圆的思路，本节仍然按照"建系—设点—列式—代入运算—化简"的步骤推导椭圆的标准方程。为了能从定量的角度精准确定椭圆的形状，掌握其几何特性，教师需要引导学生思考如何建立适当的坐标系才能使后续的运算更加简单，最终标准方程的形式更加简洁。教师借助椭圆的几何性质以及数学的"方程之美""对称之美"，通过对称性，设置参数的合理取值，使定点焦点等信息尽量简化。在对标准方程进行化简的时候，因为学生以前没有接触过含有两个根式的方程化简问题，缺少对应的运算经验，教师在教学时应当尽量通过正面板书示范的形式，演示求解过程，并从数学之美的角度对每一步的变形给予合理的解释。从整体角度来看，椭圆、双曲线、抛物线的研究背景、研究问题、研究方法具有高度内部相似性，椭圆的学习为后面研究双曲线、抛物线提供了基本的研究路线和模式，因而本单元的学习是全章学习中的基础，具有示范性作用。

4. 育人价值

教师激发学生应用数学的意识，使学生逐步形成分析问题、解决问题的能力，并进一步培养学生数学抽象、数学运算、逻辑推理、数学建模等核心素养。

5. 教学重点

类比求解轨迹方程的一般思路，归纳图像中的几何性质，通过坐标法推导椭圆的轨迹方程。

二、目标和目标解析

（一）目标

（1）学生掌握椭圆的定义和标准方程，能够通过坐标法推导椭圆的标准方程。

（2）学生能用标准方程判定曲线是否为椭圆，并能进行简单的应用。

（3）学生通过对椭圆标准方程的推导，了解形成曲线方程的基本方法和基本的运算思路，形成数形结合的思想。

（4）教师通过实际背景，让学生感受椭圆的应用价值和文化价值，提高学生学习数学的兴趣。

（二）目标解析

学生达成上述目标的标志。

（1）在进行数学实验时，学生观察实验现象，使用一个平面截圆锥，当平面与圆锥的轴所成的角不同时，可以得到不同的图形，包括圆、椭圆、双曲线和抛物线等等。学生通过实例的学习，了解圆锥曲线在实际的生产、生活中的应用价值，通过椭圆的学习，简单认识本章节所要传达的学习方法、学习价值。

（2）学生在观察椭圆和探究实验的过程中认识椭圆的几何特征，给出椭圆的定义，选择合适的位置建立坐标系，结合椭圆定义选择合适的参量进行列式，并对方程化简，进一步推导椭圆的标准方程。

（3）学生深刻体会椭圆标准方程的历史背景和实际应用价值，在数学史的学习过程中体会坐标法的出现对解析几何乃至整个数学发展的重要意义，以此促进数学思维能力的发展和数学运算素养的提升。

三、教学问题诊断分析

（一）问题诊断

在此之前，学生在上一章已经学习了直线和圆，已经初步了解和体验了研究解析几何的重要方法——坐标法，坐标法对学生来说并不是一个新方法，学生已有的相关知识经验为本节课的教学提供了方法保障。本节课的教学重点是利用坐标法推导椭圆的标准方程，学生解析方法的使用是本节的难点。在教学中，教师根据椭圆的几何性质，通过"建系—设点—列式—代入运算—化简"五个步骤推导椭圆标准方程。这里的困难在于列式之后如何化简多个未知数的高次方程，这就需要引导学生类比圆的标准方程的简洁、优美的形式，从而得到椭圆的标准方程。

（二）教学难点

难点一："算什么""如何算"的问题一直得不到教师和学生的重视，计算问题经常被认为"剩下的就是计算"而被略过，但计算又总是学生在考场上的易失分点。在本节中，教师化简由椭圆的几何特征直接得到的方程。这个方程是二元无理方程，是初高中教材衔接的空白点，化简这个方程需要两边两次配平方，并且涉及的字母多，对学生数学运算素养和运算能力进行很大考验。难点二：解析几何归根到底解决的是几何问题，通过直观感知、认识椭圆的几何意义，这对学生来讲并不容易，将圆锥曲线的几何生成和历史发现融入课堂也需要进行进一步调整。

四、教学支持条件分析

为了加强学生对椭圆几何性质的直观感受，加强学生对椭圆定义的理解，帮助学生克服在理解定义过程中可能遇到的障碍，所谓耳听为虚、眼见为实，我们这里选择采用数学实验的方式，让学生亲自动手尝试画图。同时，教师需要收集大量实物照片，展示椭圆的日常应用价值。在教学中，教师可以利用几何画板进行动态分析，展示如折纸法或者压缩圆等学生不容易亲身实验得出的椭圆定义方法，借助"多元联系表示"的教学情境帮助学生构建概念，体会数形结合、转化与化归等思想方法。

五、教法学法选择分析

教法：启发探究，互动讨论，问题解决。

学法：自主探究，动手操作，归纳总结。

六、教学过程

（一）教学流程设计

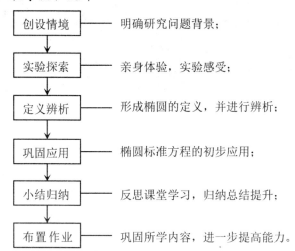

创设情境 ——— 明确研究问题背景；

实验探索 ——— 亲身体验，实验感受；

定义辨析 ——— 形成椭圆的定义，并进行辨析；

巩固应用 ——— 椭圆标准方程的初步应用；

小结归纳 ——— 反思课堂学习，归纳总结提升；

布置作业 ——— 巩固所学内容，进一步提高能力。

（二）教学过程设计

1. 创设情境，明确背景

引导语：同学们，大家都知道，使用一个平行于圆锥的底面的平面截圆锥，所得到的截口曲线其实是一个圆。那么，如果此时所用的平面不再平行于底面，通过改变截面的方向，我们会得到怎样的曲线呢？

师生活动：教师借助信息技术动画演示。用一个平面截圆锥，当圆锥的轴与截面所成的角不同时，我们可以得到不同的截口曲线，像这样，我们分别得到了椭圆、抛物线、双曲线。所以，我们也把这三种曲线称为圆锥曲线。

圆锥曲线的发展简史介绍：

圆锥曲线的发现和研究始于古希腊，在古希腊数学家阿波罗尼奥斯（Apollonius of Perga）的《圆锥曲线论》中，三种圆锥曲线是基于平面截圆锥给出的。在16世纪，数学家卡尔丹（Cardano）使用方程来描述圆锥曲线。这使圆锥曲线的研究更加具体化与可操作化。到了17世纪，数学家笛卡尔进一步推动了圆锥曲线的发展。他将平面坐标系引入圆锥曲线，为后来解析几何学真正的出现和发展奠定了基础。坐标法的出现为几何问题的量化研究提供了重要前提。

图 4-15

问题 1：我们本章继续采用坐标法，类比直线与圆的方程的研究过程，大家认为我们研究这类问题的一般路径是什么呢（如图 4-16）？

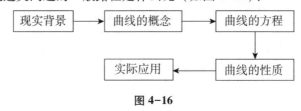

图 4-16

设计意图：教师通过介绍圆锥曲线的形成和发展简史，根据历史的相似性原理，让学生借助多媒体生动、直观地进行演示，激发学生的学习兴趣，并通过前一章节直线与圆的学习，总结相应的研究方法，让学生明白本章的研究路径，为后续的学习做好准备。

2. 实验探索，深入研究

活动探索：我们取一条长度固定的细绳，将两端都固定在演示板的同一点，细绳套住铅笔，拉紧绳子，移动笔尖，这时笔尖绕着定点所画出的轨迹是一个圆。教师进一步引导学生猜测：如果把细绳的两端分别固定在图板的两点 F_1 和 F_2 上，细绳套上铅笔，拉紧绳子，此时再移动笔尖，由此画出的轨迹是什么曲线？

学生活动：学生通过事先准备好的图钉和绳子进行操作。

问题 2：在画椭圆的过程中引导学生思考以下三个问题：

（1）在画图过程中，细绳的两端是否被固定住，端点可以运动吗？

（2）在画图过程中，绳子的长度和两个定点的距离需要满足什么关系？

（3）在画图过程中，绳子的长度是否发生改变，这与到两个定点的距离有什么关系？

师生活动：类比圆的定义，给出椭圆的定义。

我们把平面内与两个定点 F_1、F_2 距离的和等于常数（大于 $|F_1F_2|$）的点的轨迹叫作椭圆。这两个定点叫作椭圆的焦点，两焦点间的距离叫作椭圆的焦距，焦距的一半称为半焦距。

追问：平面上到两个定点 F_1、F_2 的距离之和等于定值的图形一定是椭圆吗？

师生活动：因为三角形的两边之和大于第三边，所以当这个常数等于 $|F_1F_2|$ 时，平面内与两个定点 F_1、F_2 的距离的和等于常数的点的轨迹为线段 F_1F_2，而当这个常数小于 $|F_1F_2|$ 时，平面内与两个定点 F_1、F_2 的距离的和等于常数的点的轨迹不存在。

设计意图：一般情况下，最初的数学抽象始于直观，对事物的直观感知是学生认知新的数学概念的起点。新课标强调"了解圆锥曲线的实际背景，感受圆锥曲线在刻画现实世界和解决实际问题中的作用"，本环节通过简单的实验操作，让学生形成基于现实的直观感受，类比圆的定义，初步体会椭圆的概念。同时对两个定点 F_1、F_2 的距离之和进行讨论，教师进一步对椭圆的定义进行完善。

3. 量化定义，方程推导

问题3：在现实生活中，我们可以发现许多椭圆的例子，直观上我们也能知道椭圆的大致形状，大家能否通过现实生活中的椭圆例子试着归纳椭圆的性质。

预设答案：对称性，两条对称轴，可以通过圆压缩得到。

追问：很好，大家都能够看到椭圆的整体性质，那如果任意地给大家一条曲线（如图4-17），如何判断这是不是椭圆的一个部分呢？

图 4-17

预设答案：无法判断。

设计意图：解析几何的出发点是几何，但解析几何能够和学生以前学习的传统几何区分开的重要特征就是借助代数法（坐标法）来解决几何问题。通过判断"曲线的部分"的形状的设计，学生更为自然地想到定量研究椭圆的标准方程。

椭圆标准方程的探究：从定性走向定量。

展示坐标法求动点轨迹的一般过程：建系→设点→列式→代入→化简。

问题4：对椭圆轨迹方程的推导，我们应该如何建系处理会更加方便？

学生活动：学生可以借助刚刚观察到的对称性，选择以 F_1F_2 的中点为原

点，以 F_1F_2 所在直线为 x 轴，F_1F_2 的垂直平分线为 y 轴，建立平面直角坐标系，此时为了简化运算，不妨设焦距 $|F_1F_2|=2c$，设椭圆上一点 M 到 F_1、F_2 的距离之和为 $2a$，则 F_1 $(-c, 0)$，F_2 $(c, 0)$。

因为 $|MF_1|+|MF_2|=2a$，即 $\sqrt{(x+c)^2+y^2}+\sqrt{(x-c)^2+y^2}=2a$。

师生活动：教师如果让学生对比，设焦距 $|F_1F_2|=c$，设椭圆上一点 M 到 F_1、F_2 的距离之和为 $2a$，则得到的式子为 $\sqrt{\left(x+\dfrac{c}{2}\right)^2+y^2}+\sqrt{\left(x-\dfrac{c}{2}\right)^2+y^2}=a$，计算量明显更大。

设计意图：教师有意识地引导学生去探索简化计算的方式，数学运算作为新课标提出的六大核心素养之一，往往是最容易被学生和教师忽视的。教师在课堂上的正面示范以及计算方法的优化引导对学生计算能力的提升有很大的帮助。

学生对上式化简整理得 (a^2-c^2) $x^2+a^2y^2=a^2$ (a^2-c^2)。

师生活动：式子的化简到此已经结束，但是相比圆的标准方程，这个式子不够美观，因此可以将上式两边同时除以 a^2 (a^2-c^2)，得 $\dfrac{x^2}{a^2}+\dfrac{y^2}{a^2-c^2}=1$，由椭圆定义可知，$2a>2c$，即 $a>c$，$a^2-c^2>0$，为了使方程形式更简单，把方程变为 $\dfrac{x^2}{a^2}+\dfrac{y^2}{b^2}=1$ $(a>b>0)$，我们把这个方程称为椭圆的标准方程。

设计意图：体悟数学之美是将五育并举融入数学课堂的重要举措之一，而数学的对称美正是数学之美的重要组成部分，设 $a^2-c^2=b^2$ 并不是由教师强加给学生的，而是通过类比圆的标准方程的形式或者从方程的对称美的角度进行感悟的。当然，椭圆中的三个基本量 a、b、c 本身也有其特定的几何意义，学生在后续的学习中会涉及。

4. 学以致用，例题巩固

例1：已知椭圆的两个焦点坐标分别是 $(-2, 0)$ 和 $(2, 0)$，并且椭圆经过点 $\left(\dfrac{5}{2}, -\dfrac{3}{2}\right)$，求它的标准方程。

师生活动：学生独立完成后，通过"畅言智慧课堂"提交，选取典型答案全班交流，由学生分享两种不同的方法。一种方法是根据椭圆定义，求点 $\left(\dfrac{5}{2}, -\dfrac{3}{2}\right)$ 到两个焦点的距离之和，从而得到 $2a$，再根据 a、b、c 的关系求出

b，从而求出标准方程。另一种方法是设椭圆的方程为$\dfrac{x^2}{a^2}+\dfrac{y^2}{b^2}=1$（$a>b>0$），将点$\left(\dfrac{5}{2},-\dfrac{3}{2}\right)$的坐标代入方程，再根据 a、b、c 的关系求出 a 和 b，从而求出标准方程。

课堂测验：

（1）过点 A（3，-2）且与椭圆$\dfrac{x^2}{9}+\dfrac{y^2}{4}=1$有相同焦点的椭圆方程为（　　）

A.$\dfrac{x^2}{15}+\dfrac{y^2}{10}=1$　　　B.$\dfrac{x^2}{25}+\dfrac{y^2}{20}=1$　　　C.$\dfrac{x^2}{10}+\dfrac{y^2}{15}=1$　　　D.$\dfrac{x^2}{20}+\dfrac{y^2}{15}=1$

（2）椭圆$\dfrac{x^2}{10-m}+\dfrac{y^2}{m-2}$的焦距为4，则 m 等于（　　）

A. 4　　　　　　B. 8　　　　　　C. 4 或 8　　　　　　D. 12

设计意图：学生及时巩固椭圆的定义及椭圆的标准方程，教师及时掌握学生对当堂课内容的落实程度，并及时进行评价和讲解。其中，第（1）题是考查椭圆方程，第（2）题考查在哪个坐标轴上。

5. 课堂小结反思，归纳总结提升

知识层面：椭圆的定义及其标准方程。

方法层面：用坐标化的方法求动点轨迹方程，化简含根式的式子，优化运算的常见策略（如换元法、构造法、替换法等）。

本节课学习椭圆的标准方程，你能感知哪些数学思想和方法？

设计意图：教师回顾和总结本节课的主要内容、椭圆的标准方程在本节课中的应用、蕴含的数学思想。

6. 课堂练习，目标检测设计

练习1：椭圆$\dfrac{x^2}{8}+\dfrac{y^2}{m}=1$的焦距是2，则 m 的值是_____。

练习2：已知椭圆 E 的两焦点分别为（-1，0）、（1，0），且经过点$\left(1,\dfrac{\sqrt{2}}{2}\right)$，求椭圆的标准方程。

设计意图：这两道题考查学生对椭圆标准方程的理解情况。

七、教学实践心得

（一）体现数学学科育人价值

数学核心素养观下的课堂教学，是一个将显性的教学活动转换为隐性的数学素养培育的过程，它"外显于学生数学学习的教学活动中，又通过学生的数学学习活动内化为学生的数学素养，如此周而复始，实现数学核心素养之内隐与外显的相互转变"①。学生回顾圆的定义及标准方程的推导过程，在得出椭圆定义的基础上，教师提出如何类比圆的标准方程，借助坐标法求椭圆的标准方程。问题直接提出后，学生回顾解析法求曲线方程的五个步骤：建系—设点—列式—化简—说明。这促使学生的思维从几何定义"走上"代数方程的转化之路。学生观察图形建立坐标系时，学生有充分的"自主权"去自由建立坐标系并说出自己观察图形后的思考，不同的建系方式所产生的不同效果相互碰撞，为学生头脑中初步建构解析思想体系打下坚实的基础。椭圆作为二个重要的圆锥曲线之一，同时作为学生学习的第一个圆锥曲线，无论是通过几何性质进行定义的探索还是标准方程的推导，毫无疑问都对后续双曲线和抛物线的学习起到了重要的引领、示范作用。在教学过程中，教师要注重让学生经历一个完整的解析几何问题的研究过程，不仅使学生坐标化思想得以强化，而且教会学生研究解析几何问题的基本方法，使双曲线、抛物线的学习有章可循。

（二）注重数学运算素养的培养与落实

运算能力不仅是一种数学的实践能力，还是一种数学的思维能力。数学运算的要求，不仅要求学生能"算对"，而且要求学生能"算好"。学生在平时往往对计算不够重视，教师也认为一个问题如果"剩下的就是计算"便不再继续讲解，结果上了考场就错误百出。数学运算的培养主要在平时。椭圆标准方程的推导，既是本节课的重点也是难点。相对复杂的多元二次方程化简、数量较多的参数，是培养学生数学运算核心素养的有利条件，而如何借此机会进行有效的教学，这是非常关键的。首先，教师用"如何判断部分曲线是否属于椭圆的一部分"这一问题激发学生的探究兴趣，引导学生从定性判断学习椭圆性质到定量推导椭圆标准方程，通过数形结合，借助椭圆的对称性确定如何建系，让学生对比不同建系方式的区别和优势。之后的设点也是进一步利用对比分析的形式设焦距为 $2c$，点 M 到 F_1、F_2 的距离之和为 $2a$，阐述了"优化运算"的重要性，实现了学生认知思维在具象和抽象中的转换，有效地促进了学生核心素养和实践能力的深度发展。

---

① 布兰思福特. 人是如何学习的 [M]. 程可拉，孙亚玲，王旭卿，译. 上海：华东师范大学出版社，2013.

案例 8　等差数列的概念
《数学　选择性必修　第二册》（人教 A 版）第四章 4. 2. 1

一、内容和内容解析

（一）内容

本节课选自普通高中教科书《数学 选择性必修 第二册》（人教 A 版）第四章 4. 2. 1。本节的主要内容是等差数列的概念及表示，包括等差数列的定义、等差中项的定义及性质、等差数列的通项公式、等差数列与一次函数的关系。

（二）内容解析

1. 内容的本质

数列的本质是一种特殊的函数。在高中阶段函数的学习中，学生为了解函数的概念、表示方法，研究函数的性质，接着研究了几种特殊的函数模型，如指数函数、对数函数、幂函数，这不仅加深了学生对函数的理解，而且掌握了很多有用的函数模型。学生类比这样的研究路径来研究数列这类特殊函数，来了解数列的一般概念，再研究数列的表示、性质，紧接着研究一些具有特殊变化规律的数列，最后运用它们解决实际问题和数学问题，从中感受数学模型的应用。本节课就是研究一类具有特殊变化规律的数列——等差数列。

2. 蕴含的数学思想和核心素养

（1）类比思想

学生通过类比函数研究路径，从函数概念、表示方法、性质，到几种特殊的函数模型，用此研究路径来研究数列这类特殊函数。从数列的概念、表示方法、性质，到研究等差数列等具有特殊变化规律的数列，学生最后运用它们解决实际问题和数学问题。

（2）函数与方程思想

在解决数列问题时，学生常常利用数列的本质是一类特殊的函数来解决。类比函数，利用函数的性质、图像以及函数与方程的关系，从数和形的角度，来解决数列问题。

（3）数学抽象素养

学生通过日常生活中常见的三个情境实例，抽象出三个数列，观察这三个数列的取值规律，从而归纳概括出等差数列的概念，在这个过程中，学生经历了完整的探究归纳的过程，这个过程就是数学抽象的过程。

（4）数学运算素养

数列的研究过程就是数学运算的体现，如先通过减法运算发现"差相等"，再用严谨的数学语言概括等差数列的定义、等差数列通项公式的推导、基本量的运算等，教师强调通过代数运算解决问题，培养学生的数学运算素养。

3. 知识的上下位关系

本节内容是在了解了一般数列的概念、性质之后继续学习的一种特殊数列。本节课的主要内容包括等差数列的概念、通项公式、等差中项的概念及其性质、等差数列与一次函数的关系。通过本节课的学习，学生既能进一步深化对数列的理解，又可以掌握一种新的能够解决数学问题和实际问题的数列模型。同时，等差数列的学习也为下节课研究等比数列提供了基础和参考，为以后继续学习数列极限等内容做好准备。因此，本节课在数学体系中起着承前启后的作用。

4. 育人价值

教师激发学生应用数学的意识，使学生逐步形成分析问题、解决问题的能力，发展数学抽象、逻辑推理、数学建模等核心素养。

5. 教学重难点

等差数列的定义、等差数列通项公式的推导和应用、等差数列与函数的关系。

二、目标和目标解析

（一）目标

1. 学生掌握等差数列的概念，能够判断和证明等差数列。

2. 学生理解并熟练应用等差数列的通项公式，会利用基本量解题。

3. 学生理解等差数列与一次函数的关系，熟悉等差数列的性质。

（二）目标解析

学生达成上述目标的标志。

1. 学生在概括等差数列概念的过程中，体会如何从运算角度研究数据的取值规律，并用数学符号语言表示。学生能够熟练应用等差数列的概念，判断和证明等差数列。

2. 学生能够熟练应用等差数列通项公式，理解几个基本量 a_1、d、a_n、n 之间的关系，形成利用等差数列"基本量"代数关系式解决问题的思想。学生能够了解等差数列的本质，理解一次函数与等差数列的关系，因此可以利用函数与方程思想进行解题。

3. 学生能利用等差数列的性质，尤其是等差中项的概念及性质解题，为后续学习做铺垫。

三、教学问题诊断分析

（一）问题诊断

1. 教师在引导学生归纳等差数列定义的过程中，应该辨析学生表达不完善之处，如概念中的"从第二项起"是因为第一项没有前一项，"每一项与前一项的差"说明了作差顺序，此为后续容易犯错的地方，"同一个常数"是等差数列名字的由来。

2. 学生要重视对等差数列通项公式的理解，引导学生从本质出发，即一次函数。因此，数列问题通常也可以转化为函数问题。学生必须熟练应用几个基本量 a_1、d、a_n、n 之间的关系，形成利用等差数列"基本量"代数关系式（方程组或者不等式组）解决问题的思想，这也是今后解决数列问题最常用、最基本的方法，"基本量"法实际就是函数与方程思想的应用。

3. 对等差数列的性质的理解和应用，尤其是等差中项、下标性质的应用，学生要熟悉用等差数列的通项公式证明性质的过程。此外，学生也可以尝试从函数的角度去理解性质，寻找几何意义，在理解的基础上记忆性质。

（二）教学难点

难点一：等差数列通项公式的推导和应用；难点二：等差数列与函数的关系应用；难点三：等差数列性质的应用。

四、教法学法选择分析

教法：启发探究，互动讨论，问题解决。

学法：自主思考，小组探究，抽象归纳。

五、教学过程

（一）教学流程设计

创设情境 —— 明确研究问题背景；

分析事例 —— 归纳事例共同特征；

定义辨析 —— 概括SS等差数列的定义并辨析；

理解领悟 —— 等差数列与一次函数的联系；

巩固应用 —— 等差数列概念性质的初步应用；

小结归纳 —— 反思课堂学习，归纳总结提升；

布置作业 —— 巩固所学内容，进一步提高能力。

（二）教学过程设计

1. 创设情境，探究规律

请大家观察下面几个情境中的数列。

情境一：下图（图4-18）是2023年7月份的日历，周一的日期数字分别是3、10、17、24、31。

图4-18

情境二：我国有用十二生肖纪年的习惯。2023年是兔年，兔年对应的年份分别是2023、2035、2047、2059、2071……

情境三：测量某地垂直地面方向上海拔 500 米以下的大气温度，得到从距离地面 20 米起每升高 100 米处的大气温度（单位：℃）依次为 25、24.4、23.8、23.2、22.6。

问题 1：通过观察，你能发现这三组数列有什么共同特征？

追问：类比代数的学习，你能通过运算得出上述数列的取值规律吗？

师生活动：填写下表（表 4-7）。

表 4-7

数据分析			
情境一	10-3=7	17-10=7	24-17=7	……
情境二	2035-2023=12	2047-2035=12	2059-2047=12	……
情境三	24.4-25.0=-0.6	23.8-24.4=-0.6	23.2-23.8=-0.6	……

设计意图：教师以日历、生肖、大气温度这三个生活中的实例为情境，激发学生的学习兴趣，说明人们在日常生活、赛事举办等方面会应用到"相等间隔"的数，体现出等差数列广泛存在于现实生活中。数学源于生活，也用于生活。学生观察数列的共同特征，可以猜测出整体规律，学生若无法猜测出，则要引导学生通过运算来推理得到数列的整体规律。教师通过引导学生经历完整的数列规律探究过程，让学生体会数学之美。

2. 归纳猜想，生成概念

问题 2：你能归纳出这一共同特征并给出等差数列的定义吗？

师生活动：学生尝试归纳等差数列的定义，并与教材中的定义进行对比，标记出定义中的关键语句。等差数列的定义：一般，如果一个数列从第二项起每一项与它的前一项的差等于同一个常数，那么这个数列就叫作等差数列。这个常数叫作等差数列的公差，通常用字母 d 来表示。

追问：（1）如何理解定义中的"从第二项起""每一项与其前一项的差""等于同一个常数"这三个关键短语？

设计意图：学生通过观察，对数列进行共性归纳，从而用更严谨的数学语言概括等差数列的概念，教师追问学生对概念中三个关键词的理解，有利于学生发现并弥补自己遗漏的关键点，从而加深学生对知识的记忆和理解，有利于学生抓住等差数列的本质属性，促进学生对等差数列概念的深层次理解，培养了学生数学抽象的核心素养。教师对概念的反复强调，培养了学生思维的严谨性，也达到突出重点的目的。

（2）我们上一节课学习了数列的表示方法，了解了递推公式是反映数列项与项之间关系的等式，你能借助递推公式，用数学符号语言描述等差数列的定义吗？

师生活动：得到等差数列的定义后，教师顺势引导学生探索等差数列的符号定义，即递推公式。设数列 $\{a_n\}$ 的首项为 a_1，公差为 d，由等差数列的定义可得 $a_{n+1}-a_n=d$（d 是常数，$n \in N^*$）。

课堂练习1：判断下列数列是不是等差数列，如果是，写出它的公差。

（1）9，7，5，3，1，-1　　　　　（2）5，5，5，5，5，5

（3）ar，$ar-br$，$ar-2bt$，$ar-3br$　　　（4）1，0，1，0，1，0

师生活动：待学生完成课堂练习1后，教师引导学生对等差数列的公差进行总结，教师适当点拨：等差数列的公差可以是正数，也可以是负数，还可以是0（常数列也是等差数列）。

课堂练习2：若3、A、9成等差数列，A 是多少？

师生活动：待学生完成课堂练习1后，教师引导学生学习等差中项的概念。

等差中项：由三个数 a、A、b 组成的等差数列，我们可以看成是最简单的等差数列。这时，A 叫作 a 与 b 的等差中项。根据等差数列的定义，我们可以知道，$2A=a+b$。

设计意图：等差数列的递推关系式为接下来探究等差数列的通项公式进行铺垫，引出等差中项的概念，为后续研究等差数列的性质打好基础。

3. 深化概念，推导性质

问题3：类比一次函数有统一的表达式，等差数列也有统一的通项表达式吗？

师生活动：我们设一个等差数列 $\{a_n\}$ 的首项为 a_1，公差为 d，根据等差数列的定义，可得 $a_{n+1}-a_n=d$，所以 $a_2-a_1=d$，$a_3-a_2=d$，$a_4-a_3=d$。

于是 $a_2=a_1+d$，

$a_3=a_2+d=(a_1+d)+d=a_1+2d$

$a_4=a_3+d=(a_1+2d)+d=a_1+3d$

……

归纳可得 $a_n=a_1+(n-1)d$（$n \geqslant 2$）。

当 $n=1$ 时，上式为 $a_1=a_1+(1-1)d=a_1$。这就是说，当 $n=1$ 时上式也成立。

因此，首项为 a_1、公差为 d 的等差数列 $\{a_n\}$ 的通项公式为 $a_n=a_1+(n-1)d$。

追问：上述推导方法是否严谨？你还有其他更严谨的方法来推导通项公

式吗？

师生活动：以上方法是通过归纳法得到的结论，不够严谨。学生若没有思路，教师引导学生依次多写几个递推关系式，再进行观察。

$a_2 - a_1 = d$

$a_3 - a_2 = d$

$a_4 - a_3 = d$

······

$a_{n-1} - a_{n-2} = d$

$a_n - a_{n-1} = d$

以上各式相加得 $a_n - a_1 = (n-1) d$，即 $a_n = a_1 + (n-1) d$。

所以，等差数列的通项公式是 $a_n = a_1 + (n-1) d$，这种方法我们称之为"累加法"。

设计意图：教材上给出归纳法求出等差数列的通项公式，此种方法对学生而言，直观且简单易懂，但这仅仅是猜想，不够可靠，还需要严谨证明，教师可以利用后续学到的数学归纳法严谨证明，因此在此基础上补充介绍"累加法"求等差数列的通项公式。这是递推公式的一种应用，但是带有一定的技巧，这种方法很实用，以后在数列的学习中还会接触。

4. 小组合作，探究本质

问题 4：观察等差数列的通项公式 $a_n = a_1 + (n-1) d$，你认为它与函数有什么关系？小组讨论 5 分钟。

师生活动：通过观察通项公式 $a_n = a_1 + (n-1) d$，学生发现和一次函数形式类似。通项公式的变形 $a_n = a_1 + (n-1) d = dn + (a_1 - d)$，所以当 $d \neq 0$ 时，a_n 是一次函数 $f (x) = dx + (a_1 - d) (x \in \mathbb{R})$。$x = n$ 的函数值，即 $a_n = f (n)$。

追问：（1）如何从几何角度理解等差数列和一次函数？

我们从几何角度，根据 $a_n = a_1 + (n-1) d = dn + (a_1 - d) = f (n)$，在平面直角坐标系中画出函数 $f (x) = dx + (a_1 - d)$ 的图像（如图 4-19），就得到一条斜率为 d，截距为 $a_1 - d$ 的直线。$(1, a_1)$，$(2, a_2)$，$\cdots$，(n, a_n) 是这条直线的离散的点，它们均匀分布在直线 $f (x)$ 上。

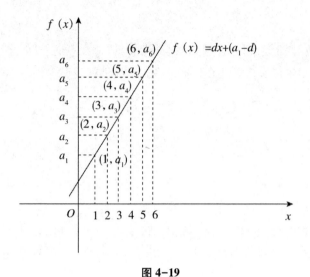

图 4-19

（2）反之，任意一次函数 $f(x)=kx+b$（k、b 为常数）对应的数列 $\{kn+b\}$ 是等差数列吗？

师生活动：教师引导学生根据定义判断是否为等差数列，假设 $a_1=f(1)=k+b$，$a_2=f(2)=2k+b$，$\cdots$，$a_n=f(n)=nk+b$，因为 $a_n-a_{n-1}=nk+b-[(n-1)k+b]=k$，经检验 $n=1$ 也符合等差数列的定义，所以 $\{kn+b\}$ 构成等差数列，首项为 $(k+b)$，公差为 k。

设计意图：通过小组合作探究，学生从函数的视角理解数列，从通项公式和图象的两个方面加深了对等差数列本质的认识。此外，学生类比一次函数解析式确定一个一次函数需要两个独立条件，同样确定一个等差数列也需要两个独立的条件，即首项和公差这两个基本量，在数列学习中也特别要注意基本量的作用。在此过程中，教师培养学生类比的数学思想方法，发展学生数学抽象、数学运算的核心素养。

问题 5：已知数列 $\{a_n\}$ 是等差数列，p、q、s、$t\in N^*$，且 $p+q=s+t$。求证：$a_p+a_q=a_s+a_t$。

师生活动：教师引导学生利用等差数列的定义，用基本量写出 a_p、a_q、a_s、a_t，设数列 $\{a_n\}$ 的公差为 d，则 $a_p=a_1+(p-1)d$，$a_q=a_1+(q-1)d$，$a_s=a_1+(s-1)d$，$a_t=a_1+(t-1)d$。所以，$a_p+a_q=2a_1+(p+q-2)d$，$a_s+a_t=2a_1+(s+t-2)d$。因为 $p+q=s+t$，所以 $a_p+a_q=a_s+a_t$。

追问：如何从几何角度理解这条性质？

师生活动：教师启发学生从等差数列图像上某条直线上均匀分布的点着手，

说明上述性质可以从几何直观的角度理解。一次函数上分布的四个点如下图（图4-20）所示，如果将 a_p、a_q、a_s、a_t 分别看作直角梯形的底边长，那么 a_p+a_q 和 a_s+a_t 可以看作两个梯形中位线长的两倍。因为 $p+q=s+t$，所以两梯形的中位线相同，所以 $a_p+a_q=a_s+a_t$。这就从几何上非常直观地解释了上述性质。学生提出 a_p、a_q、a_s、a_t 中若有负数如何处理？教师引导学生向上平移一段距离 d，得到 a_p+d，a_q+d，a_s+d，a_t+d 均为正数，即原结论依旧成立。

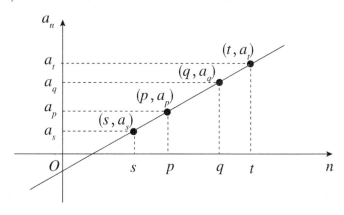

图 4-20

设计意图：问题5给出了一个等差数列的重要性质，需要学生在理解的基础上记忆。教师引导学生从"数"和"形"两个方面对这个性质进行证明。从代数的角度，这是典型的利用等差数列的通项公式推导性质的证明方法，用"基本量"表示数列中的项去构造方程或不等式。从几何的角度，在一次函数图象上更加直观地说明了性质。

5. 性质应用，巩固提升

例1：若等差数列 $\{a_n\}$ 中，$a_4=6$，$a_7=10$，求 a_1 和 d。

师生活动：先由学生对解题步骤进行阐述，教师引导学生列出方程组 $\begin{cases} a_1+3d=6 \\ a_1+6d=10 \end{cases}$，从而解方程求 a_1 和 d。

追问：类比一次函数，你还有其他方法求 a_1 和 d 吗？

师生活动：根据数列与函数图象的关系，$(1, a_1)$，$(2, a_2)$，$\cdots$，(n, a_n) 是对应一次函数直线上的离散的点，所以直线斜率 $d=\dfrac{a_m-a_n}{m-n}$，从而快速求出 $d=\dfrac{a_7-a_4}{7-4}=2$。

设计意图：学生再次感受数列和函数的关系，体会利用函数解决数列问题的优势，教师强化学生利用等差数列的"基本量"建立代数关系式（方程、方程组）解决问题的思想方法。

例 2：在数列 $\{a_n\}$ 中，$a_1 = 2$，$a_{n+1} = \dfrac{2a_n}{a_n+2}$。求证：数列 $\left\{\dfrac{1}{a_n}\right\}$ 是等差数列。

师生活动：教师引导学生利用定义证明等差数列，$\dfrac{1}{a_{n+1}} - \dfrac{1}{a_n} = \dfrac{a_n+2}{2a_n} - \dfrac{1}{a_n} = \dfrac{a_n+2-2}{2a_n} = \dfrac{1}{2}$，又因为 $\dfrac{1}{a_n} = \dfrac{1}{2}$，所以数列 $\left\{\dfrac{1}{a_n}\right\}$ 是以 $\dfrac{1}{2}$ 为首项，以 $\dfrac{1}{2}$ 为公差的等差数列。

追问：你还有其他方法吗？

师生活动：刚刚是从等差数列定义的结论出发，教师不妨引导学生从条件出发，通过对条件分式的变形，得到 $\dfrac{1}{a_{n+1}} = \dfrac{a_n+2}{2a_n} = \dfrac{1}{2} + \dfrac{1}{a_n}$，所以 $\dfrac{1}{a_{n+1}} - \dfrac{1}{a_n} = \dfrac{1}{2}$，又因为 $\dfrac{1}{a_1} = \dfrac{1}{2}$，所以数列 $\left\{\dfrac{1}{a_n}\right\}$ 是以 $\dfrac{1}{2}$ 为首项，以 $\dfrac{1}{2}$ 为公差的等差数列。

设计意图：学生再次巩固等差数列的定义，即从结论出发直接探究 $\dfrac{1}{a_{n+1}} - \dfrac{1}{a_n}$ 的关系。教师追问是否有其他的方法，引导学生不妨直接从条件切入，通过代数变形，去凑配 $\dfrac{1}{a_{n+1}} - \dfrac{1}{a_n}$ 这一项。我们后续会有非常多递推关系式的变形，分式类型是非常重要的模型。

6. 课堂反思，总结提升

回顾本节课的学习，你还记得我们是如何定义等差数列、如何推导等差数列的通项公式的吗？本节课主要学习了等差数列的概念、通项公式，等差数列与函数的关系，并进行了简单的应用。通过与函数研究路径的类比，学生建立了研究数列的一般研究路径，这个思路也贯穿了数列这一整章，为后续学习等比数列等内容做好了铺垫。

通过本节课的学习，你能感知哪些数学思想和方法？

设计意图：教师回顾和总结本节课的主要内容，对等差数列知识点和蕴含的数学思想及数学核心素养进行反思，有利于学生知识框架和体系的建立。

7. 课堂练习，目标检测设计

练习1：设 $\{a_n\}$ 是等差数列，且 $a_1=3$，$a_2+a_5=36$，则 $\{a_n\}$ 的通项公式为_____。

练习2：已知在等差数列 $\{a_n\}$ 中，a_2 与 a_6 的等差中项为5，a_3 与 a_7 的等差中项为7，则数列 $\{a_n\}$ 的通项公式为（　　）

A. $a_n=2n$　　　　B. $a_n=2n-1$　　　　C. $a_n=2n+1$　　　　D. $a_n=2n-3$

练习3：某公司购置了一台价值为220万元的设备，随着设备在使用过程中的老化，其价值会逐年减少。经验表明，每经过一年其价值就会减少 d（d 为正常数）万元。已知这台设备的使用年限为10年，超过10年，它的价值将低于购进价值的5%，设备将报废，请确定 d 的取值范围。

设计意图：这些题考查学生对等差数列定义、性质的理解情况。

六、教学实践心得

（一）明确知识本质，形成研究路径

在对具有特殊取值规律的数列研究的过程中，学生要掌握基本的数列模型，为后续性质的应用和更为复杂的数列问题做铺垫。数列与函数的研究路径类似，贯穿了"为什么学、学什么、怎么学"的问题，从特殊到一般，再回归到特殊进行性质研究，整个过程逻辑严谨。

数列是特殊的函数，那么对数列问题的处理也可以类比函数问题的研究策略，尤其是数形结合、函数与方程思想的应用，可以迁移到数列问题中。问题3、问题4、问题5等问题串，从"数"和"形"两个方面加深了学生对等差数列本质的认识，明确利用"基本量"表示数列中的项从而构建代数关系的解决思路。在问题5中，教师引导学生从"数"和"形"两个方面对这个性质进行证明。在问题串的设计中，教师反复强化数列问题的一般研究路径和方法。

（二）渗透运算素养，突出问题设计

数列的研究过程就是数学运算的体现。学生先通过减法运算发现"差相等"，再用严谨的数学语言抽象出等差数列的定义、等差数列的通项公式的推导、基本量的运算等，强调通过代数运算来解决问题。在等差数列中，学生主要研究项与项之间的关系，实际就是"探究运算中的不变性和规律性"。在后面学习了等差数列更多的性质以及前 n 项和以后，学生可以从项与项拓展到项与和、和与和之间的关系，这种关系主要还是依靠代数运算，因此数列这个部分对运算素养有很高的要求。整个教学设计以运算设计为暗线,教师引导学生通过运算发现特殊数列的取值规律,并解决生活和数学问题,这渗透了数学运算和逻辑推理的核心素养。

在教学设计中,教师把握好"问题是数学的心脏",通过一系列问题串的设计,逐步突破教学难点。其中,问题串一定要根据学生的最近发展区设计,符合学情和班情,才能在问题串一步步推进过程中帮助学生概括数学概念、提升运算技能和感悟数学思想方法。教师通过精心设计、环环相扣的问题串让学生从"事实"出发,发现事物本质,提升学生的数学抽象、数学运算和逻辑推理素养。

案例9 直线与平面垂直(第1课时)
《数学 必修 第二册》(人教 A 版)第八章 8.6.2

一、内容和内容解析

(一)内容

本节课选自普通高中教科书《数学 必修 第二册》(人教 A 版)第八章 8.6.2。本节的主要内容是直线与平面垂直的概念、判定定理,承接平面与平面垂直的判定定理,还涉及点到平面的距离及直线与平面所成的角。

(二)内容解析

1. 内容的本质

直线与平面垂直是直线与平面相交中的一种特殊情况,它既是空间直线与直线垂直位置关系的拓展,又是平面与平面垂直的基础,是空间垂直关系转化的核心,是研究空间中的直线与直线垂直关系和平面与平面垂直关系的中介。直线与平面垂直也是定义点到平面的距离、直线和平面所成的角、直线到平面的距离与两个平行平面之间的距离等内容的基础,具有承上启下的作用。

直线与平面垂直的定义是直线垂直于该平面内所有方向的直线。这本身就揭示了直线与平面垂直的意义。如果一条直线垂直于一个平面,那么它将与该平面内的任何直线都垂直,这可以看作判定线面垂直关系的方法之一。直线与平面垂直的判定定理,将定义中的"与任意直线垂直"转化为"与两条相交直线垂直",这种转化思路从烦琐到简洁,从无限问题到有限问题,实现了问题的简化。这一思维方式代表了从复杂到简单的策略，有助于我们理解和应用直线与平面垂直的关系。

2. 蕴含的数学思想和核心素养

（1）类比思想：类比直线与平面平行的判定与性质的学习，本课也应按照"定义—判定定理—性质"的顺序学习。此外，学生根据定义证明直线与平面内的所有直线垂直，也可以通过类比直线与平面平行的判定，即直线与此平面内的一条直线平行，猜想判定直线与平面垂直，应该也可以转化为判定直线与平面内有限条直线垂直，同样也将"无限"问题转化为"有限"问题。

（2）转化与化归思想：学生在探索直线与平面垂直判定定理的过程中发展合情推理能力，感悟和体验"空间问题转化为平面问题""线面垂直转化为线线垂直"的方法，进一步感悟数学中"以简驭繁"的转化思想。

（3）直观想象素养：在探究直线与平面垂直的定义和判定的过程中，学生要大胆地进行直观想象，进行动手操作确认后续步骤。在证明点、线、面位置关系的过程中，图形的表示非常有利于思维的发散。

3. 知识的上下位关系

直线与平面垂直作为直线与平面相交的特殊情况，承接空间中直线与直线垂直内容的学习，为后续研究平面与平面垂直打下基础，是研究空间中直线与平面垂直关系和平面与平面垂直关系的中介。同时，直线与平面垂直也是定义点到平面的距离、直线和平面所成的角、直线到平面的距离与两个平行平面之间的距离等内容的基础。

4. 育人价值

学生感受"直观感知—操作确认—思辨论证"的研究路径，在数学实验中体会几何的魅力，在定理应用中体会数学符号语言的简洁，提升直观想象、逻辑推理、数学建模等核心素养。

5. 教学重点

直线与平面垂直定义的抽象与归纳，以及直线与平面垂直判定定理的发现与验证。

二、目标和目标解析

（一）目标

（1）学生理解直线与平面垂直的定义。

（2）学生探索并了解直线与平面垂直的判定定理，能应用判定定理证明直线和平面垂直的简单问题。

（3）自主探索直线与平面垂直判定定理、掌握"空间问题转化为平面问题""线面垂直转化为线线垂直"的方法，体会数学中"以简驭繁"的转化思想。

（二）目标解析

学生达成上述目标的标志。

（1）学生通过实例直观感知、操作确认，抽象归纳出直线与平面垂直的定义；知道点到平面的距离，理解直线和平面所成的角的概念，能在具体情境中找出并表示。

（2）学生能通过直观感知、操作确认发现直线与平面垂直的判定定理，能在直线与平面垂直的情境中利用定义与判定定理证明直线与平面垂直，能结合直线与平面垂直的判定定理和直线与平面所成角的概念，在具体情境中求直线和平面所成的角。

（3）学生能理解证明直线与平面内的所有直线垂直，只需证明该直线与这个平面内的两条相交直线垂直即可，了解其中两条相交直线在平面中的作用；知道求直线与平面所成的角可转化为求两条特殊直线所成的角等；能认识"直线与平面垂直的判定"与"直线与平面平行的判定"在知识结构、学习方法等方面的逻辑一致性，体会空间位置关系判定的一般思路和方法。

三、教学问题诊断分析

（一）问题诊断

教学问题一：学生在现实生活中可以直观感知线面垂直的概念，但是由于学生将空间问题转化为平面问题的意识和能力还不够强，用确切数学语言表达直线与平面垂直的概念对学生来说具有一定的困难。为了克服这些困难，教师可以采用一些教学策略来提升他们的理解和掌握能力。对于直线与平面垂直的定义，学生可以通过教师的引导，在已有的数学经验基础上，用"任意一个"取代"所有对象"，从而更加直观地把握概念。通过具体实例，学生可以自行得出直线与平面垂直的定义并尝试归纳概括，这将有助于他们更好地理解这个概念。

教学问题二：在直线与平面垂直的判定定理方面，学生可以通过探究和实践，初步认识当直线与平面内两条相交直线垂直时，直线与该平面垂直。尽管他们可能缺乏完备的逻辑推理，但通过反复验证和引导，学生可以逐步解决这一问题。此外，教师可以结合平面向量基本定理，让学生感受"如果一条直线与一个平面内的两条相交直线垂直，那么该直线与平面垂直"判断的合理性。

（二）教学难点

本节课的教学难点是发现并验证直线与平面垂直的判定定理。

四、教学策略分析

新课程标准明确指出：数学教学活动应激发学生兴趣，调动学生积极性，引发学生的数学思考，鼓励学生的创造性思维。因此，本节课在"目标导引教学"这一理念的指引下，主要采用的是启发探究教学法。本节课的教学目标与教学问题为我们选择教学策略提供了启示。为了让学生通过观察、归纳得到直线与平面垂直的判定定理、点到平面的距离及直线与平面所成的角，教师应该为学生创造积极探究的平台。因此，在教学过程中，教师多多借助生活中的实物模型让学生从被动学习状态转到主动学习状态中来。

在教学设计中，教师采取问题引导方式来组织课堂教学。问题的设置给学生留有充分的思考空间，让学生围绕问题主线，通过自主探究突出教学重点、突破教学难点。

在教学过程中，教师重视直线与平面垂直的判定定理的推导，让学生体会从一般到特殊的推导过程，同时定理的证明与定理的应用其实就是数学模型的建立与应用的典范。因此，本节课的教学是实施数学具体内容教学与核心素养教学有机结合的尝试。

五、教法学法选择分析

教法：启发探究，互动讨论，问题解决。

学法：直观感知，操作确认，抽象归纳。

六、教学过程

（一）教学流程设计

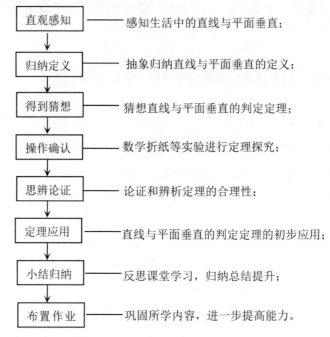

```
直观感知 —— 感知生活中的直线与平面垂直；
   ↓
归纳定义 —— 抽象归纳直线与平面垂直的定义；
   ↓
得到猜想 —— 猜想直线与平面垂直的判定定理；
   ↓
操作确认 —— 数学折纸等实验进行定理探究；
   ↓
思辨论证 —— 论证和辨析定理的合理性；
   ↓
定理应用 —— 直线与平面垂直的判定定理的初步应用；
   ↓
小结归纳 —— 反思课堂学习，归纳总结提升；
   ↓
布置作业 —— 巩固所学内容，进一步提高能力。
```

（二）教学过程设计

1. 建构直线与平面垂直的定义

问题1：在日常生活中，旗杆与地面、桥桩与江面、门轴与地面都呈现了什么样的位置关系？你们还能举出类似的例子吗？

追问：在生活中，我们对直线与平面垂直有很多感性认识（如图4-21），上述案例都给我们以直线与平面垂直的形象，那什么叫作直线与平面垂直呢？怎样用数学语言刻画直线与平面垂直呢？

图4-21

设计意图：教师从旗杆、大桥、门框等生活中常见的案例引入，从实际背景出发，直观感知直线和平面垂直的位置关系，引导学生思考如何将这种直观的位置关系用数学语言刻画。

问题2：在阳光下观察直立于地面的旗杆 AB 及它在地面的影子 BC。随着时间的变化，影子 BC 的位置在不断地变化，旗杆所在直线 AB 与其影子所在直线 BC 是否垂直？

师生活动：教师用多媒体课件演示旗杆在地面上的影子随着时间的变化而移动的过程（如图4-22），学生能够直观感知旗杆所在直线与地面经过 B 的所有直线都垂直。

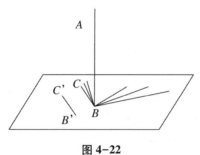

图 4-22

追问：（1）旗杆所在直线 AB 与平面内除了影子 BC 外其余的直线是否垂直？

师生活动：学生发现平面内其余的直线可以由经过 B 的直线进行平移得到。因此，旗杆所在直线 AB 与平面内的所有直线垂直。为方便研究，可以初步抽象归纳出直线与平面垂直的定义（如图4-23）。

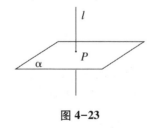

图 4-23

（2）能将定义中的"所有"改为"无数"条直线吗？

师生活动：教师提出问题，引导学生自己举出反例（如图4-24），满足直线与平面内的无数条互相平行的直线垂直，但此时直线与平面不垂直。所以，"所有"不能改为"无数条"直线。为了方便研究，教师也可以引导学生将"所有"改为"任意"直线这一等价描述。

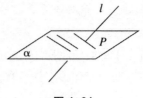

图 4-24

设计意图：教师引导学生从生活中的直观感知出发，将生活中模糊的位置关系变成几何位置关系，再用文字语言抽象化、具体化，在问题串的设计中逐步完善直线与平面垂直的定义，并引导学生自主举反例及逆向辨析，使学生对直线与平面垂直定义的理解更为深刻。

问题 3：如何用图象文字语言和符号语言表示直线与平面垂直？你还需要建构哪些辅助性概念？

师生活动：学生回顾直线和直线垂直的相关概念，了解直线与平面垂直的符号表示，即 $l \perp \alpha$，理解垂线、垂足、垂面等概念（如图 4-25）。教师介绍直线与平面垂直的画法，通常把直线画成与表示平面的平行四边形的一边垂直，更为直观。

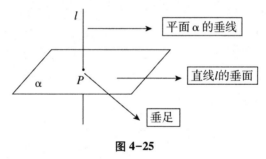

图 4-25

设计意图：学生类比直线与直线垂直，完善符号表示，补充垂线、垂面、垂足等概念，理解学习数学概念的"基本思路"。

2. 探究直线与平面垂直的判定定理

问题 4：如何证明一条直线与平面垂直？根据定义，如何证明这条直线与平面的所有直线都垂直？

师生活动：显然无法验证。教师引导学生回顾旧知，这个问题在前面学习中也出现过，同样无法验证无限延伸的直线与无限延展的平面没有公共点的问题。

追问：（1）我们在直线与平面平行的判定中是如何解决这种"无限"带来的问题的？

师生活动：教师引导学生回忆将直线与平面平行转化为直线与直线平行，且是直线与此平面内的一条直线平行，将"无限"问题转化为"有限"问题。

（2）是否可以类似地解决直线与平面垂直的判定中的"无限"问题呢？

师生活动：类比直线与平面平行，教师引导学生提出以下猜想，并进行验证。为了更加直观，学生可以拿起笔当作直线 l（如图 4-26），把桌面当作平面 α，直观感受直线与平面垂直，也可以转动笔进行操作确认。

图 4-26

猜想 1：直线 l 与平面 α 内的一条直线垂直。

师生活动：学生在转动笔的过程中，很容易得到反例（如图 4-27）。因此条件需要再加强，学生猜想直线与平面内的两条直线垂直。

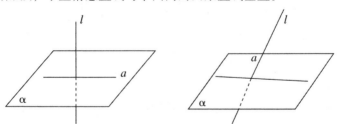

图 4-27

猜想 2：直线 l 与平面 α 内的两条直线垂直。

师生活动：教师引导学生首先考虑平面内两条直线的位置关系，即平行和相交。若两条直线平行，学生通过转动笔尝试找出反例，若笔垂直于桌面前沿和后沿这两条平行直线，但是与桌面不垂直（如图 4-28），则猜想不成立，紧接着猜想直线垂直于两条相交直线。

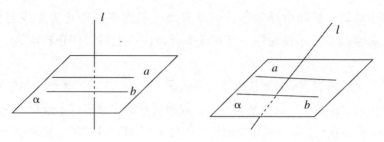

图 4-28

猜想 3：直线 l 与平面 α 内的两条相交直线垂直。

师生活动：学生利用笔和桌面不好体现三条直线的关系，为了更直观，采用折纸的方法来观察和操作。如图 4-29，准备一块三角形纸片 ABC，过 ABC 的顶点 A 作 BC 边上的高 AD，然后把三角形纸片沿着 AD 翻折，将翻折后的纸片竖起放置在桌面上（BD、DC 与桌面接触）。分小组实验并回答以下问题：

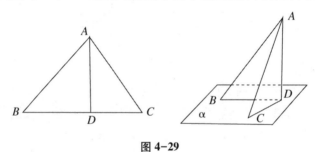

图 4-29

（1）折痕 AD 与桌面垂直吗？

（2）如何翻折才能使折痕 AD 与桌面垂直？

师生活动：学生分小组进行数学实验，并展示实验结果。最终得到 AD 所在直线与桌面所在平面 α 垂直的充要条件是折痕 AD 是 BC 边上的高。这时，由于翻折之后垂直关系不变，得到直线 AD 与平面 α 内的两条相交直线 BD、DC 都垂直。

追问：为什么直线 l 与平面 α 内的两条相交直线垂直，直线与平面垂直？

师生活动：教师引导学生从基本事实的推论和平面向量的基本定理出发，两条相交直线可以确定一个平面，且根据平面向量基本定理，平面内两个不共线的非零向量可以表示平面内的任意一个向量。所以，一条直线和一个平面内的两条相交直线都垂直，这条直线就垂直于这个平面。

设计意图：教师提出问题"如何证明直线与平面垂直"，给学生思考的时间，学生分小组进行讨论和实验探究，去自主发现判定定理。学生通过类比证明直线与平面平行，提出猜想再进行操作确认，并不断改进猜想得到判定定理。根据《课程标准》的要求，判定定理在本章不要求严谨证明，而是在选择性必修课程"空间向量与立体几何"中进行证明。因此在教学中，学生可以结合实践操作举出反例，以及通过平面向量基本定理对此判定定理的正确性进行说明即可。通过判定定理的得出过程，教师可以让学生进一步体会直线与平面垂直向直线与直线垂直转化，体会知识的建构过程，体会"直观感知—操作确认—思辨论证"的研究立体几何的一般过程，发展直观想象素养。

3. 表示直线与平面垂直的判定定理

问题5：我们尝试分别用文字语言、符号语言和图形语言表示直线与平面垂直的判定定理。

师生活动：教师引导学生自主尝试用规范的数学语言表示定理。

文字语言：如果一条直线与一个平面内的两条相交直线垂直，那么该直线与此平面垂直。

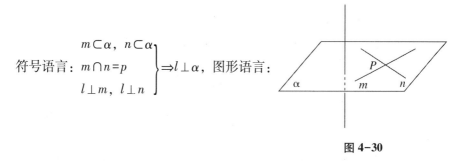

符号语言：$\left.\begin{array}{l} m \subset \alpha,\ n \subset \alpha \\ m \cap n = p \\ l \perp m,\ l \perp n \end{array}\right\} \Rightarrow l \perp \alpha$，图形语言：

图 4-30

设计意图：对于直线与平面垂直的判定定理，教材虽然更侧重由直观感知和操作确认得到定理的过程，弱化了定理的证明，但用三种不同形式的数学语言对定理进行简洁精练的表述是后续应用定理的基础，也有助于发展学生的逻辑推理能力。

4. 应用直线与平面垂直的判定定理

例1：求证：如果两条平行直线中的一条直线垂直于一个平面，那么另一条直线也垂直于这个平面。

追问：（1）你能用符号语言表示条件和结论，并画出示意图吗？

（2）结合所画的示意图，你的证明思路是什么？

（3）你还有其他不同的证法吗？

师生活动：教师要求学生用符号语言写出已知、求证，画出示意图，并与学生共同分析证明思路，根据直线与平面垂直的判定定理可知，只需证明另一条直线垂直于这个平面内的两条相交直线即可。因此学生需要构造出平面内的两条相交直线，再利用"两条平行直线中的一条垂直于某一直线，则另一条也垂直于这一条直线"进行转化即可。此为利用判定定理证明，也可以引导学生用直线与平面垂直的定义来证明。实际教学中，教师可让一名学生上台板书，其他学生自己写，最后师生交流，共同完成证明。

设计意图：这一证明得出的结论是学生后续解题、证明应用中经常会用到的结论，作为课本例题，教师在教学中要利用好。教师让学生上台板书，更能暴露学生在学习中存在的问题，以便及时纠正。在这部分教学中，教师要特别关注数学语言的严谨性和逻辑的严密性，为后续复杂证明奠定基础。教师最后通过引导学生运用不同方法证明问题，使学生提高思维的灵活性。

例2：如图4-31，AB 是圆 O 的直径，PA 垂直于圆 O 所在的平面，M 是圆周上任意一点，$AN \perp PM$，垂足为 N，求证：$AN \perp$ 平面 PBM。

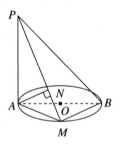

图4-31

设计意图：学生通过例2，进一步加强直线与平面垂直的判定定理的应用，熟悉判定定理的符号语言，规范证明题书写格式，提升逻辑推理能力。

5. 课堂小结反思，归纳总结提升

最后，教师带领学生一起回顾本节课所学的主要内容，并请学生回答以下问题：

（1）本节课你学到哪些知识？用怎样的方法学到了这些知识？

（2）直线与平面垂直的定义与判定和前面学过的直线与平面平行的定义与判定在知识结构、思想方法等方面有哪些共同点和不同点？

（3）请对本节课的学习情况做一个简单的自我评价，是否还存在困惑。

设计意图：教师通过小结，梳理本节课所学的知识，并回顾本节课的学习过程，进一步体会立体几何的研究内容和研究方法，培养学生对学习内容反思的意识和习惯，帮助学生在更大的范围内把所学的知识系统化、结构化，使学生掌握相应的学习方法。

6. 课堂练习，目标检测设计

练习1：求证：与三角形的两条边同时垂直的直线必与第三条边垂直。

练习2：过△ABC 所在平面 α 外一点 P，作 PO⊥α，垂足为 O，连接 PA、PB、PC。

（1）若 PA=PB=PC，则点 O 是△ABC 的_____心。

（2）若 PA=PB=PC，∠C=90°，则点 O 是△ABC 边的_____。

（3）若 PA⊥PB，PB⊥PC，PC⊥PA，垂足都为 P，则点 O 是△ABC 的____
____心。

练习3：如图 4-32，在直四棱柱 A′B′C′D′-ABCD 中，当底面四边形 ABCD 满足什么条件时，A′C⊥B′D′？

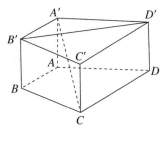

图 4-32

设计意图：这些题考查学生对直线与平面垂直的定义和判定定理的掌握情况。

七、教学实践心得

（一）明确知识联系，形成研究路径

在点、线、面位置关系的教学过程中，我们始终贯穿"定义—判定定理—性质"的学习顺序，具体通过"直观感知—操作确认—思辨论证"的研究路径进行。类比直线与平面平行的研究路径，这节课进行了生活中直线与平面垂直的直观感知、猜想和数学实验操作确认，以及思辨论证猜想的合理性，从而探索立体几何垂直这一位置关系的规律。这个过程不仅夯实了数学基本活动经验，还为我们积累了宝贵的经验。此外，在数学思想方法方面，通过类比空间平行关系的论证，我们运用了"转化""降维"和"平面化"的数学思想和方法，这种方法的应用也是研究立体几何的主要思路。通过这一过程，我们不仅加深了学生对数学基本思想的理解，还进一步提升了学生的直观想象、逻辑推理的能力。

（二）重视问题设计，发挥学生主体作用

问题是数学的心脏，在教学预设中，问题串的设计非常重要。因为存在问题，才促使思考，思考才能使学生真正融入教学活动。在本节课中，学生参与直观感知、动手操作确认和思考论证的数学实验活动，教师以五个问题及其延伸问题链引导教学过程。问题串的设计不仅使学生掌握了直线与平面垂直关系的定义和判定定理，还使他们感受和理解了判定定理的合理性，学习了给数学概念下定义的方法和思路。在这个过程中，教师通过问题引导，也把思维的主动权移交给学生，使他们在课堂中占据主体地位。学生在掌握知识和技能的同时，他们的直观想象等核心素养也得到了培养和发展，教师最终实现了培养人才的目标。

案例 10　事件的相互独立性
《数学　必修　第二册》（人教 A 版）第十章 10.2

一、内容和内容解析

（一）内容

本节课选自普通高中教科书《数学 必修 第二册》（人教 A 版）第十章 10.2。本节的主要内容是事件相互独立的概念。

（二）内容解析

1. 内容的本质

概率论研究的是事件的随机性及不确定性，独立性是概率论的基本概念，与计算积事件的概率有关，可以简化运算，具有重要意义。独立性的直观意义是"在随机试验中，事件 A（或 B）发生与否不影响事件 B（或 A）发生的概率"，本质是 $P(AB) = P(A)P(B)$。

互斥事件与相互独立事件的内涵是不同的。事件 A 与 B 互斥是指事件 A 与 B 不能在任一随机试验中同时发生，其实质为事件 A 与 B 的积事件为空集。因此，事件 A 和 B 的概率都大于 0，如果两事件互斥，则一定不相互独立，反之，如果事件相互独立，则一定不互斥。学生研究事件的相互独立性，对在生产实践中进行数学建模、解决实际问题有重要的理论意义，对概率运算的简化亦有不可或缺的作用，为后续学习独立重复实验以及二项分布也奠定了基础。

2. 蕴含的数学思想和核心素养

（1）特殊到一般的思想：通过具体案例，学生从"两个事件的发生互相不影响"中概括事件的独立性，探究积事件的概率与两个事件概率的积的关系，得到事件相互独立的定义，这体现了研究数学概念所遵循的由特殊到一般的思想方法。

（2）数学建模素养：学生从数学视角对现实问题进行分析，构建合适的概率模型并解决问题，这能发展学生数学建模意识和素养。

（3）数学运算素养：类比古典概型，利用独立性的定义判断独立性，并计算积事件的概率，这能提高学生的数学运算素养。

（4）数学抽象素养：通过具体实例，整理归纳，感受数学概念的核心思想并发现数学本质，从而得到数学概念，这提升了学生的数学抽象素养。

3. 知识的上下位关系

通过对概率的基本性质的学习，学生进一步加深了对随机事件与样本的关系、事件和样本空间关系的理解，并类比集合关系与集合运算，研究和事件、积事件、对立事件的意义及概率关系，并对这些有了较为清晰的认识，掌握了研究事件关系的一般思路，为深入研究事件的独立关系做好了理论准备。

学生理解事件独立性的深刻含义，以便将复杂事件化归为简单的相互独立事件的积事件，并进行刻画，渗透化归思想，感悟理性精神与不确定思维对认识世界的意义，清晰地理解频率和概率的关系，设计随机模拟试验。这为后续学习条件概率、理解 n 重伯努利试验、掌握离散型随机变量分布规律以及独立性检验打下扎实的基础，并能发展学生的数学核心素养。

4. 育人价值

学生通过具体案例直观理解，再用数学表达式刻画两个随机事件的独立性，实现从特殊到一般，从感性认识上升到理性认识。在这个过程中，学生经过观察、分析、归纳、抽象，来提升自己自主探究的能力，也在小组讨论合作中提高自己团结协作的能力，体会合作学习的快乐。

5. 教学重点

了解两个事件相互独立的含义，利用事件的独立性解决有关的概率计算问题。

二、目标和目标解析

（一）目标

1. 学生结合有限样本空间，了解两个随机事件相互独立的含义，从独立性的感性认识（直观判断）过渡到独立性定义的理性认识。

2. 学生结合古典概型，利用事件的独立性计算概率，形成逻辑推理、数学运算素养。

（二）目标解析

学生达成上述目标的标志。

1. 学生通过经历掷硬币和有放回摸球试验的具体实例，并利用有限样本空间和古典概型的知识，直观感知两个随机事件独立的含义，并通过归纳类比、数学运算得出事件独立性的定义，体会数学的严谨性。在此过程中，学生发展数学抽象和逻辑推理素养，体会由特殊到一般的数学思想方法。

2. 学生通过合作探究深度理解概念，能利用独立性定义及其性质计算复杂事件的概率，并能解决一些实际问题，发展逻辑推理和数学运算素养，增强应用意识。

三、教学问题诊断分析

（一）问题诊断

在学习了古典概型后，很多学生对通过求随机事件样本点的个数来求古典概型的概率有了一定的了解，但是经常忽略样本点的"等可能性"，在列举样本点的时候出现偏差。有些学生也会利用生活经验列出与概率相关的乘法算式，但此时学生对事件分析的严谨性还不够，认识比较模糊，可能由于误打误撞，发现有时直接相乘求概率是对的，有时直接相乘求概率是错的。在这个基础上，事件的相互独立性，解答了学生对"能不能乘"的疑惑，符合学生的认知。

另外，在判断是否独立的问题上，学生会采用直接感知的方式，通过 A 的发生是否影响 B 的发生来判断。这种方法在部分情况下适用，对部分情况难免不适用，事件独立性的概念由精准的计算来定义，解决了感性认识模糊的问题。

最后，在新课过程中，很多学生对"互斥"和"独立"的概念混淆不清，教师应通过具体实例的对比引导学生认识互斥与独立并没有必然联系。

（二）教学难点

事件独立性的定义，以及事件独立性的判定

四、教学支持条件分析

概率是研究随机现象规律的数学学科，事件的独立性是其中比较重要的一部分内容。在必修一中，学生初步学习了随机事件，包括随机事件概率的定义以及性质，还学习了古典概型的运算，这些内容都为事件独立性的讨论奠定了理论基础。与旧教材基于条件概率的定义相比，新教材给出了不同的解读和建议，这种新的定义方式跳脱了条件概率的束缚，更易推广多个事件的独立性，从而为后续学习 n 次独立重复试验、二项分布做铺垫。新的定义采用定量的方式，也更易得到积事件的对称性，以及对立事件独立性的运算。

五、教法学法选择分析

教法：启发探究，互动讨论，问题解决。

学法：自主探究，动手操作，归纳总结。

六、教学过程

（一）教学流程设计

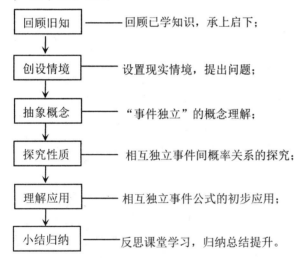

（二）教学过程设计

1. 回顾旧知，承上启下

引导语：我们前面研究过互斥事件、对立事件的概率性质，还研究过和事件的概率计算方法，对于积事件，我们知道事件 AB 表示事件 A 与事件 B 同时发生，因此积事件 AB 发生的概率一定与事件 A、B 发生的概率有关，那么，这种关系是怎样的呢？

师生活动：教师引导学生复习互斥事件、对立事件及其概率计算公式，观察学生能否主动参与互动和交流，能否准确表达互斥事件与对立事件的相关知识，教师对学生的回答，进行鼓励、补充及完善。

表 4-8

	符号表示	概率计算
事件 A、B 互斥	$A \cap B = \emptyset$	$P(A \cup B) = P(A) + P(B)$
事件 A、B 对立	$A \cap B = \emptyset$ $A \cup B = \Omega$	$P(A) + P(B) = 1$ $P(A) = 1 - P(B)$

一般性：$P(A \cup B) = P(A) + P(B) - P(AB)$。

教师提出 $P(AB)$ 与 $P(A)$ 和 $P(B)$ 有什么关系？$P(AB) = P(A)P(B)$ 成立吗？

设计意图：教师在整章通过集合的观点定义了随机事件后，在上一节课研究和事件之后，自然引出研究积事件的概率，起到了承上启下的作用。

2. 创设情境，提出问题

问题1：下列两个随机试验各定义了两个随机事件 A 和 B，事件 A 发生与否会影响事件 B 发生的概率吗？

试验1：分别抛掷两枚质地均匀的硬币，$A =$ "第一枚硬币正面朝上"，$B =$ "第二枚硬币反面朝上"。

试验2：一个袋子中装有标号分别是1、2、3、4的4个球，除标号外没有其他差异。我们采用有放回方式从袋中依次任意摸出两个球，设 $A =$ "第一次摸到球的标号小于3"，$B =$ "第二次摸到球的标号小于3"。

师生活动：学生基于直观经验，进行判断，并回答交流，教师引导学生关注关键词"分别抛掷两枚硬币""有放回依次摸球"。对于试验1，因为两枚硬币分别抛掷，第一枚硬币的抛掷结果与第二枚硬币的结果互相不受影响，所以事件 A 发生与否不影响事件 B 发生的概率；对于试验2，因为是有放回摸球，第一次摸球的结果与第二次摸球的结果互相不受影响，所以事件 A 发生与否也不影响事件 B 发生的概率。

追问：分别计算 $P(A)$、$P(B)$、$P(AB)$，看看它们之间有什么关系？

师生活动：教师引导学生利用古典概型求解对应事件的概率。

试验3：用1表示硬币"正面朝上"，用0表示硬币"反面朝上"，则样本空间为 $\Omega = \{(1, 1), (1, 0), (0, 1), (0, 0)\}$，包含4个等可能的样本点。

$A = \{(1, 1), (1, 0)\}$，$B = \{(1, 0), (0, 0)\}$，所以 $AB = \{(1, 0)\}$。

学生由古典概型概率计算公式得 $P(A) = P(B) = \dfrac{1}{2}$，$P(AB) = \dfrac{1}{4}$。

试验4：样本空间 $\Omega = \{(m, n) \mid m, n \in \{1, 2, 3, 4\}\}$ 包含16个等

可能的样本点。

$A=\{(1,1),(1,2),(1,3),(1,4),(2,1),(2,2),(2,3),$ $(2,4)\}$，$B=\{(1,1),(1,2),(2,1),(2,2),(3,1),(3,2),(4,$ $1),(4,2)\}$，$AB=\{(1,1),(1,2),(2,1),(2,2)\}$，所以 $P(A)=$ $P(B)=\dfrac{1}{2}$，$P(AB)=\dfrac{1}{4}$。

由计算结果，学生得到（见下表4-9）：两个试验中，$P(A)P(B)=P(AB)$。

表4-9

	$P(A)$	$P(B)$	$P(AB)$	结论
试验1	$\dfrac{1}{2}$	$\dfrac{1}{2}$	$\dfrac{1}{4}$	$P(A)P(B)=P(AB)$
试验2	$\dfrac{1}{2}$	$\dfrac{1}{2}$	$\dfrac{1}{4}$	$P(A)P(B)=P(AB)$

追问：试验1、试验2中的事件 A 与 B 都满足 $P(A)P(B)=P(AB)$，这个规律具有一般性吗？

师生活动：学生独立思考后进行交流，教师引导学生举反例，如将试验2中"有放回方式"从袋中依次任意摸出两个球，改为"不放回"依次摸出两个球。

试验5：一个袋子中装有标号分别是1、2、3、4的4个球，除标号外没有其他差异。我们采用不放回方式从袋中依次任意摸出两个球，设 $A=$"第一次摸到球的标号小于3"，$B=$"第二次摸到球的标号小于3"。

样本空间 $\Omega=\{(m,n)\mid m,n\in\{1,2,3,4\}\}$ 包含12个等可能的样本点。$A=\{(1,2),(1,3),(1,4),(2,1),(2,3),(2,4)\}$，$B=\{(1,2),(2,1),(3,1),(3,2),(4,1),(4,2)\}$，$AB=\{(1,2),(2,1)\}$，所以 $P(A)=P(B)=\dfrac{1}{2}$，$P(AB)=\dfrac{1}{6}$，不满足 $P(A)P(B)=P(AB)$。

追问：你认为在什么条件下，$P(AB)=P(A)P(B)$ 会成立。

师生活动：教师引导学生辨析试验3和试验1、试验2的不同之处，学生思考后，注意到试验3中事件 A 发生与否会影响事件 B 发生的概率，从而猜想 $P(AB)=P(A)P(B)$ 成立的前提条件是事件 A 的发生对事件 B 发生的概率没有影响。教师观察学生能否主动参与互动和交流，能否较熟练地利用古典概型，求得随机事件的概率，能否观察归纳发现共性，辩证地思考 $P(AB) = P(A)P(B)$ 成立的条件。

设计意图：学生根据具体试验，利用前面所学的有限样本空间和古典概型知识探索共性，经过"观察归纳—提出猜想—验证猜想"的过程，得到独立事件的直观定义，来提高自己的学习兴趣和学科素养。

3. 抽象概念，探究性质

问题2：类比互斥事件、对立事件的研究，对于事件的独立性，你认为接下来要研究哪些特殊案例？

师生活动：学生思考，小组交流，教师引导学生研究两个特殊事件：必然事件Ω、不可能事件∅。这两个事件与任意事件相互独立。

直观感知：显然必然事件Ω一定发生，不受其他事件影响；不可能事件∅一定不发生，不受其他事件影响。

定义判定：$P(A\Omega) = P(A) = P(A)P(\Omega)$；$P(A\emptyset) = P(\emptyset) = 0 = P(A)P(\emptyset)$。

设计意图：教师验证，它们与任意一个随机事件相互独立。如何从感性认识上升到理性认识，这将会是学生思维的一个跳跃点，教师类比独立性定义的抽象过程引导学生尝试运用概率的基本性质解决此问题，巩固相互独立事件的定义，提升学生逻辑推理、数学运算素养。

活动评价：教师观察学生能否用相互独立的直观定义给出结论，同时是否能用定义严格论证，学生是否具备"直观感知—严谨证明"的逻辑思维。

追问：若事件A与事件B相互独立，那么它们的对立事件是否也相互独立？

试验6：一个袋子中装有标号分别是1、2、3、4的4个球，除标号外没有其他差异。我们采用有放回方式从袋中依次任意摸出两个球，设A="第一次摸到球的标号小于3"，B="第二次摸到球的标号小于3"，验证A与$\overline{B}$、$\overline{A}$与B、$\overline{A}$与$\overline{B}$相互独立。

师生活动：学生利用概率计算验证，最后对一般性事件严格求证。

学生经计算可求得 $P(A) = P(B) = \dfrac{1}{2}$，$P(\overline{A}) = P(\overline{B}) = \dfrac{1}{2}$，

$$P(AB) = P(A\overline{B}) = P(\overline{A}B) = P(\overline{A}\,\overline{B}) = \dfrac{1}{4},$$

所以A与$\overline{B}$、$\overline{A}$与B、$\overline{A}$与$\overline{B}$相互独立。

严格求证：若事件A与事件B相互独立，则 $P(AB) = P(A)P(B)$，

$A = AB \cup A\bar{B}$，AB 与 $A\bar{B}$ 互斥，所以 $P(A) = P(AB) + P(A\bar{B})$，

所以 $P(A\bar{B}) = P(A) - P(AB) = P(A) - P(A)P(B) = P(A)[1 - P(B)] = P(A)P(\bar{B})$，

所以 A 与 $\bar{B}$ 相互独立，其他两组请同学们自行证明。

设计意图：教师类比事件 A 与事件 B 相互独立的问题得出与事件 A、B 相互独立等价的三条性质。这里提出新的问题，既是知识的自然延伸，又可以提升学生发现问题、提出问题、分析问题、解决问题的能力。同时，教师引导学生严格利用定义证明，培养学生符号运算能力，提升学生数学抽象、逻辑推理能力。

活动评价：教师观察学生能否通过案例获取结论，同时是否能用定义严格论证，教师通过引导、补充、追问，完善学生的回答。

4. 概念应用，深化理解

例 1：甲、乙两名射击运动员进行射击比赛，甲的中靶概率为 0.8，乙的中靶概率为 0.9，求下列事件的概率。

（1）两人都中靶；

（2）恰好有一人中靶；

（3）两人都脱靶；

（4）至少有一人中靶。

追问：（1）如何用符号语言表示事件？

（2）甲中靶和乙中靶是否相互独立？

（3）最后一个问题有其他解法吗？

师生活动：教师引导学生分析随机试验，用集合语言表示随机事件，学生独立思考，展开交流。

解：设 $A =$ "甲中靶"，$B =$ "乙中靶"，则 $\bar{A} =$ "甲脱靶"，$\bar{B} =$ "乙脱靶"，由于两个人射击的结果互不影响，所以 A 与 B 相互独立，A 与 $\bar{B}$，$\bar{A}$ 与 A，$\bar{A}$ 与 $\bar{B}$ 都相互独立。

由已知可得，$P(A) = 0.8$，$P(B) = 0.9$，$P(\bar{A}) = 0.2$，$P(\bar{B}) = 0.1$。

（1）$AB =$ "两人都中靶"，由事件独立性的定义，得 $P(AB) = P(A)P(B) = 0.8 \times 0.9 = 0.72$。

（2）$A\bar{B} \cup \bar{A}B =$ "恰好有一人中靶"，且 $A\bar{B}$ 与 $\bar{A}B$ 互斥，根据概率的加法公式和事件独立性定义，得 $P(A\bar{B} \cup \bar{A}B) = P(A\bar{B}) + P(\bar{A}B) = P(A)P(\bar{B}) +$

$\overline{P\ (A)}\ P\ (B)\ =0.8×0.1+0.2×0.9=0.26$。

（3）$\overline{A}\,\overline{B}$＝"两人都脱靶"，所以 $P\ (\overline{A}\,\overline{B})\ =P\ (\overline{A})\ P\ (\overline{B})\ =\ (1-0.8)\ ×\ (1-0.9)\ =0.02$。

（4）方法1：$AB∪A\overline{B}∪\overline{A}B$＝"至少有一人中靶"，且 AB、$A\overline{B}$ 与 $\overline{A}B$ 两两互斥，所以 $P\ (AB∪A\overline{B}∪\overline{A}B)\ =P\ (AB)\ +P\ (A\overline{B})\ +P\ (\overline{A}B)$。

方法2：事件"至少有一人中靶"的对立事件是"两人都脱靶"，根据对立事件的性质，得事件"至少有一人中靶"的概率为 $1-P\ (\overline{A}\,\overline{B})\ =1-0.02=0.98$。

设计意图：教师引导学生用集合和符号表示随机事件，凸显符号语言的简洁性和严谨性，运用事件独立的性质，简化运算，积累直观判断与定义判断两种方式解决相互独立事件的经验。

活动评价：教师观察学生能否积极主动进行交流、分享自己的成果，是否能准确运用符号语言表示事件，是否能运用事件独立的性质求解实际问题。教师一旁鼓励、引导学生。

例2：甲、乙两人组成"星队"参加猜成语活动，每轮活动由甲、乙各猜一个成语，已知甲每轮猜对的概率为 $\frac{3}{4}$，乙每轮猜对的概率为 $\frac{2}{3}$。在每轮活动中，甲和乙是否猜对互不影响，各轮结果也互不影响。求"星队"在两轮活动中猜对3个成语的概率。

师生活动：教师引导学生分析随机试验，用集合语言表示随机事件，学生独立思考，展示交流。

解：设 A_i＝"甲两轮猜对 i 个成语"，B_i＝"乙两轮猜对 i 个成语"，$i=1$，2。

我们根据独立性假定，得 $P\ (A_1)\ =2×\frac{3}{4}×\frac{1}{4}=\frac{3}{8}$，$P\ (A_2)\ =\left(\frac{3}{4}\right)^2=\frac{9}{16}$，$P\ (B_1)\ =2×\frac{2}{3}×\frac{1}{3}=\frac{4}{9}$，$P\ (B_2)\ =\left(\frac{2}{3}\right)^2=\frac{4}{9}$。

设 A＝"两轮活动'星队'猜对3个成语"，则 $A=A_1B_2∪A_2B_1$，且 A_1B_2 与 A_2B_1 互斥，A_1 与 B_2、A_2 与 B_1 分别相互独立，所以 $P\ (A)\ =P\ (A_1B_2)\ +P\ (A_2B_1)\ =P\ (A_1)\ P\ (B_2)\ +P\ (A_2)\ P\ (B_1)\ =\frac{3}{8}×\frac{4}{9}+\frac{9}{16}×\frac{4}{9}=\frac{5}{12}$。

因此，"星队"在两轮活动中猜对3个成语的概率是 $\frac{5}{12}$。

设计意图：教师让学生综合利用事件互斥关系的性质和事件的独立性计算两个事件积的概率，培养学生良好的学习习惯，进一步增强学生的符号表达能力，在分析问题、解决问题中提升逻辑推理能力。

活动评价：教师观察学生能否积极主动进行交流，是否能准确运用符号语言表示事件，是否能运用事件独立的性质求解实际问题。教师一旁鼓励、引导学生。

教师总结求较复杂事件的概率的方法的步骤。

（1）列出题中涉及的各事件，并且用适当的符号表示；

（2）理清事件之间的关系（两事件是互斥还是对立，或者是相互独立），列出关系式；

（3）根据事件之间的关系准确选取概率公式进行计算；

（4）直接计算符合条件的事件的概率。当该事件较复杂时，可"正难则反"，先间接计算其对立事件的概率，再求出符合条件的事件的概率。

5. 小结提升，形成结构

问题3：回顾本节课学习内容，并回答下列问题。

（1）你能说一说，事件 A 与事件 B 相互独立的含义吗？如何判断两事件相互独立？

（2）你能说一说互斥事件和对立事件的区别吗？

师生活动：学生独立思考，教师根据学生回答，进一步引导学生把握概念的本质，区分"两个事件相互独立"和"两个事件互斥"。

事件 A 与 B 相互独立是从概率的角度来下的定义，其本质是 $P(AB)=P(A)P(B)$，强调一个事件的发生对另一个事件发生的概率没有影响，而事件 A 与 B 互斥是从事件运算的角度得到的定义，其内涵是 $AB=\varnothing$，强调的是两个事件不能在任一随机试验中同时发生。

设计意图：教师一方面引导学生反思本节课重点，概括判断事件相互独立的方法；另一方面促进学生对事件的互斥与独立性概念进行比较、澄清。

活动评价：观察学生能否回顾事件独立性的定义及判定，能否准确描述互斥事件与相互独立事件的区别。

6. 课堂教学目标检测

练习1：抛掷两枚质地均匀的硬币，若事件 A＝"既出现正面，又出现反面"，事件 B＝"最多出现一次正面"，讨论事件 A 与 B 的独立性。

设计意图：考查在熟悉的情境下，学生能否正确判断事件的独立性。

练习2：从一副去掉大小王的扑克牌中随机抽取一张，事件 A 表示抽到"梅花"，事件 B 表示抽到"Q"。事件 A 和事件 B 是否独立？

设计意图：考查在熟悉的生活情境下，学生能否正确判断事件的独立性.

练习3：遗传学知识告诉我们，当一个家庭中父亲的血型为 O 型，母亲的血型为 AB 型时，孩子的血型可能为 A 型或 B 型，且概率相等。设事件 S 为"孩子的血型中既有 A 型，又有 B 型"，事件 T 为"孩子的血型中最多只有一个 A 型"，当该家庭中有两个孩子时，判断事件 S 与事件 T 是否相互独立？

设计意图：考查在科学情境下，学生能否正确判断事件的独立性。

练习4：我们知道，若事件 A、B、C 两两互斥，那么概率加法公式：$P(A+B+C)=P(A)+P(B)+P(C)$ 成立，当事件 A、B、C 两两独立时，是否也能类比互斥时的情况，得到 $P(ABC)=P(A)P(B)P(C)$ 成立呢？

设计意图：教师巩固本节课所学概念，及时复习，对能力较强的学生，鼓励他们在两个事件独立的基础上，对三个事件的独立性进行探索，发展学生的逻辑推理素养，也为学生后续学习二项分布打下基础。

七、教学实践心得

（一）从最近发展区出发，保证体验过程的主观性

新课标提出我们在教学中要发展学生的学科核心素养，创设合适的、符合学生最近发展区的问题情境，激发兴趣，启发思考，使学生沉浸在问题情境中，能够体验整个概念生成的过程。概率问题在我们生活中随处可见，在我们的生活经验中经常有意无意地遇到甚至用到它，这为我们进行情境教学创造了便利的条件。

数学概念的引入，是基于学生过往的生活体验以及已学的知识，通过合适的问题情境的创设，初步让学生进行概念的直观感知，并安排体验活动进行探究，在切身体验的过程中形成对概念的进一步深化认识，在具体的体验中感知数学本质，抽象数学概念。此外，在课程一开始，教师类比之前学习过的加减乘除四种基本运算，引导学生回忆概率加法的由来，通过研究互斥事件的概率运算有了概率的加法，学生也知道积事件 AB 发生的概率一定与事件 A、B 发生的概率有关，进而抛出这节课的研究对象：它们之间的关系如何呢？教师接下来给出学生非常熟悉的扔硬币和摸球两种不同情境，通过放回与不放回的对比，先给出直观感受：两个事件是否相互影响，继而引出概率的定量计算，观察得到相关规律，从而对事件相互独立进行准确刻画。

（二）使用合适的问题串，保证提炼过程的概括性

问题串是我们在概念教学中常用的教学手法，也是基于大单元的教学设计

来促进学生思考、引导学生深入探究并触摸概念本质属性的教学手段。一个好的问题串，可以从最表层的现象逐步深入，使学生的思维顺着问题串的延伸，自然而然地理解数学概念的内涵、外延，深化理解并最终触及概念的本质。在这个过程中，学生思维得到深层锻炼。

一开始，教师提出合适的问题设计，引导学生思考为什么要研究事件的相互独立性，如何去研究事件的相互独立性，从而理解概念产生的情况与条件。在此基础上，教师再通过继续的几个问题以及合理的追问，让学生从生动具象的情境出发，通过观察、分析、归纳、提炼，概括事件相互独立性的本质，尝试用数学语言对事件的相互独立性进行精准刻画。

新教材从章头引言开始，前后内容紧密衔接，给了我们较为完整和系统的介绍。我们在教学中应该让学生体验概率生成的完整过程，在有充分的体验活动的基础上，利用问题串的设计，让学生在教师的引导下将感性的体验内化，通过不断思考、讨论、反馈、修改，转化对概念本质的分析和感悟，最后将文字语言转化为数学语言，尝试对数学本质进行精准刻画，这能促进学生数学核心素养的发展。

参考文献

（一）专著

[1] 布兰思福特. 人是如何学习的［M］. 程可拉，孙亚玲，王旭卿，译. 上海：华东师范大学出版社，2013.

[2] 克莱因. 古今数学思想：第一册［M］. 张理京，张绵炎，江泽涵，等译. 上海：上海科学技术出版社，2014.

[3] 罗增儒，李文铭. 数学教学论［M］. 西安：陕西师范大学出版社，2003.

[4] 帕尔默. 教学勇气［M］. 沈桂芳，金洪芹，译. 上海：华东师范大学出版社，2005.

[5] 史宁中. 数学基本思想18讲［M］. 北京：北京师范大学出版社，2016.

[6] 史宁中. 数学思想概论［M］. 长春：东北师范大学出版社，2014.

[7] 涂荣豹. 数学教学认识论［M］. 南京：南京师范大学出版社，2003.

[8] 张景中. 张景中教育数学文选［M］. 上海：华东师范大学出版社，2021.

[9] 郑毓信. 数学方法论［M］. 南宁：广西教育出版社，1991.

[10] 中华人民共和国教育部. 普通高中数学课程标准（2017年版2020年修订）［M］. 北京：人民教育出版社，2020.

（二）期刊

[11] 安富海. 促进深度学习的课堂教学策略研究［J］. 课程·教材·教法. 2014，34（11）.

[12] 鲍建生，黄荣金，易凌峰，等. 变式教学研究［J］. 数学教学，2003（01）.

[13] 陈柏良. 在深度学习中发展数学核心素养［J］. 中学数学教学参考，2017（13）.

［14］陈寅文．问题导向的高中数学深度学习实践［J］．数学教学通讯，2020（30）．

［15］冯小辉．把握数学概念本质，促进学生深度体验［J］．学校教育研究，2019（18）．

［16］郭华．深度学习及其意义［J］．课程·教材·教法，2016，36（11）．

［17］胡清秋．谈谈如何进行数学概念的生成教学［J］．初中数学教与学，2019（02）．

［18］黄芳芳．新课标下高中数学概念教学的实践与思考［J］．数学教学研究，2009，28（02）．

［19］黄祥勇．数学核心素养导向下的深度教学［J］．数学通报，2018，57（07）．

［20］纪晖．对高中数学教学中学习迁移理论的应用分析［J］．数学学习与研究，2019（22）．

［21］贾兵，陆学政．"APOS 理论"指导下的高中数学概念教学［J］．中学数学教学，2012（06）．

［22］李彩红，李祎．基于三种学习理论整合的数学概念教学设计［J］．数学通报，2014，53（05）．

［23］李晓晶．以问题为驱动，促进深度学习，培养核心素养——以"指数函数"的教学为例［J］．数学教学通讯，2021（36）．

［24］李晓琴．学习迁移理论在中学数学教学中的应用［J］．教育理论与实践，2017，37（02）．

［25］刘徽．"大概念"视角下的单元整体教学构型——兼论素养导向的课堂变革［J］．教育研究，2020，41（06）．

［26］刘九华．谈高中数学概念的生成与功能定位［J］．数学教学通讯，2015（15）．

［27］刘君，朱哲民．浅谈新课程改革下数学探究教学的内涵与意义［J］．数学学习与研究，2014（06）．

［28］吕增锋．"深度学习"从"问题提出"开始——以一道教材例题为例［J］．中学数学，2019（17）．

［29］吕增锋．大概念引领下的数学单元教学［J］．中学数学，2021（15）．

［30］马云鹏．深度学习的理解与实践模式——以小学数学学科为例［J］．

课程·教材·教法，2017，37（04）．

[31] 梅楠．基于问题驱动的数学概念深度学习——以"分数乘法"教学为例 [J]．数学大世界（上旬），2019（06）．

[32] 牟惠兰．高中数学概念教学模型建构的思考 [J]．数学教学研究，2018，37（05）．

[33] 邵光华，章建跃．数学概念的分类、特征及其教学探讨 [J]．课程·教材·教法，2009，29（07）．

[34] 孙秀良，郑德友．运用问题驱动 激活数学课堂——问题驱动策略在数学教学中的应用 [J]．教育教学论坛，2010（26）．

[35] 王冰燃．剖析数学概念内涵的教学方法 [J]．中国现代教育装备，2010（10）．

[36] 王嘉琨．让高中数学的预设与生成"并蒂花开"[J]．读与写（教育教学刊），2013，10（06）．

[37] 王钦敏，余明芳．数学深度学习中的知识关系建构问题论析 [J]．课程·教材·教法，2022，42（07）．

[38] 王新军．问题驱动法在高中数学教学中的应用 [J]．数理化解题研究，2023（03）．

[39] 王莹．"高阶思维"与学生数学"深度学习"[J]．数学教学通讯，2018（19）．

[40] 魏民．精心设计问题系列，促进学生深度学习——"三角函数的周期性"的教学与反思 [J]．中学数学月刊，2012（04）．

[41] 吴敏，何嘉驹．基于深度学习的高中数学概念课教学探析——以人教版必修二《直线的倾斜角与斜率》为例 [J]．中学数学研究（华南师范大学版），2018（20）．

[42] 吴秋菊．理解·辨析·强化·迁移——数学概念建构"四重奏"[J]．成才之路，2021（35）．

[43] 徐慧艳．浅谈新课标下高中数学概念教学 [J]．试题与研究：教学论坛，2014（09）．

[44] 杨子舟．从浅层学习走向深度学习 [J]．教育探索，2016（07）．

[45] 叶昀喆．数学抽象视角下的高中概念课教学 [J]．中学数学教学参考，2018（33）．

[46] 张春莉，马晓丹．布卢姆教育目标分类学修订版在数学学科中的应用 [J]．课程·教材·教法，2017，37（01）．

［47］张惠玲．高中圆锥曲线的概念教学处理方法探析［J］．课程教育研究，2018（40）．

［48］张景中．感受小学数学思想的力量——写给小学数学教师们［J］．人民教育，2007（18）．

［49］张峻．高中数学核心素养在"问题—互动"教学中的培育［J］．数学学习与研究，2018（22）．

［50］张有德．略论数学概念的内涵［J］．数学教学，1991（03）．

［51］张玉明．浅议数学知识的有效迁移［J］．初中数学教与学，2018（11）．

［52］张筑生．数学与数学教育（一）［J］．中学生数学，2003（04）．

［53］章建跃．核心素养统领下的数学教育变革［J］．数学通报，2017（04）．

［54］章建跃．数学学习迁移概述［J］．中小学教材教学，2002（18）．

［55］郑步春．论职业高中数学概念的特点、教学原则与方法［J］．职教通讯（江苏技术师范学院学报），2006（11）．

［56］郑毓信．多元表征理论与概念教学［J］．小学数学教育，2011（10）．

［57］周福云．基于深度学习的高中数学单元教学研究［J］．数学教学通讯，2018（27）．

［58］周频．浅析高中数学生成性课堂的构建策略［J］．教育导刊，2012（06）．

［59］周远方，冯定应．优化教材训练系统 落实数学核心素养——以修订人教 A 版高中数学教材"数列"单元为例［J］．中国数学教育，2018（22）．

（三）其他

［60］王宣．基于多元表征理论的高中数学概念教学模式研究［D］．通辽：内蒙古民族大学，2022．

后　记

这节内容与其说是后记，不如说我想借这个地儿，感谢工作以来，一路关心、支持、帮助和鼓励我的师长、同伴、学生和家人。

感谢福建省厦门双十中学，和谐、以人为本的教育环境让我全身心地投入工作中，享受教书育人的乐趣。数学教研组的温馨、互帮互助、学术上的专业让我快速成长。学校领导的宽容和肯定是我成长的催化剂。学校欧阳玲书记、校长对我说："你的所有后顾之忧我们都会帮你解决！"她像姐姐般用掏心窝子的话让我能迈开步子，大胆地在"教书匠"的路上不断前行；李海北副校长是数学组的定海神针，他治学的严谨深深地影响着我；数学组的黄雄副校长通达睿智，如兄长般关心和支持着我；教研室罗俊明主任温柔敦厚又不失专业地帮助我！

感谢我的青春挥洒的地方——厦门市第十中学和北京师范大学厦门海沧附属学校。厦门十中是我工作的首站，是我"教育梦"起航的地方，在这里"起航"了九年，留下了我的汗水与泪水、欢笑与热血。我在北师大附校仅仅驻足三年，但李双利校长治校的宽松，让我能逐渐形成自己独有的、追寻自在的教学风格，这三年让我找到生活的热忱、工作的自信和教书的意义，我开始爱上教育，爱上与学生相处的日子，爱上与数学心灵相通的邂逅！

感谢师长，你们的激励使我的"核心素养"得到提升。史宁中先生温文尔雅又高屋建瓴，我崇敬他，同时又很亲近他。赵祥枝老师面壁功深，用他的一言一行诠释了什么是一个"腹有诗书气自华"的学者、优秀的教师、如父的兄长，他一丝不苟地帮我，润物细无声地督促我成长，让我感恩于心。陈中峰老师在治学上的严谨，让我时时记得标点符号的"孙子、儿子、我、爸爸、爷爷"，他在高三省质检命题时，认真做题的形象，深深地刻在我的脑海中。陈智猛老师提携助力我进步，关心呵护我成长。张瑞炳老师是数学组的组长（数学竞赛总教练），文理兼修、富有诗意。感谢陈文强校长、祝国华校长、柯艳瑜老师、肖文辉老师、邱宗如老师、王钦敏教授、郭少榕研究员、陈清华教授、刘

286

小辉教授、朱福胜博士……，你们的鼓励和帮助、呵护与支持是我前行的动力！

感谢同伴：李名济、王陈勇、谢业昌、黄天顺、许波、邓世兵、余启友、韩耀辉、陈勋、黄昌毅、梁琪雅、林祉恒、黄建春、谢怡然、范承禹、邱义平、于飞、张丽云、郭欣欣、潘贤槟、尤婉红、王心怡、赵晞滢、李冰洁，正是你们的提醒和指点、鼓励和鞭策，我才能不断坚持，不断奋进。我要感谢厦门市高中"提质增效"专家型教师培训班的小伙伴们，是他们的督促和关心，让我在痛苦的码字过程中感受到快乐，如期交稿！

感谢我可爱的学生们，你们让我到现在还有一颗童心！

感谢参考文献里的所有作者，你们在我写文章时给我借鉴，让我顺利书写。

感谢《光明日报》出版社的编辑张金良先生，你的鼓励、帮助终于让我的字变成铅字！你的专业和严谨，让我的著作能更完美地呈现给读者！

感谢我的父母，你们辛勤的培养，让我走出小山村，前行在教书育人的路上！感谢我的兄嫂、妹妹妹夫、侄子侄女，你们让我永远有一个能随时回去的歇脚处！

最后感谢我家夫人和孩子，我知道，是你们，让我永远都能拥有欢快的心情，拥有温馨的家！

愿你、我、他，每个人都能向下扎根，向阳生长，向外探寻，向内思考，在教书育人生涯中收获自己丰盈的人生！

谢谢！

白福宗
2023 年 9 月于厦门